DAS GROSSE
TRAUMBUCH

ELSIE SECHRIST

DAS GROSSE TRAUMBUCH

»DREAMS – YOUR MAGIC MIRROR«

Geleitwort von
Hugh Lynn Cayce

Aus dem Amerikanischen übersetzt von Karl Friedrich Hörner
Die Originalausgabe erschien unter dem Titel
»Dreams – Your Magic Mirror«

Umschlagmotiv:
Johann Heinrich Füßli, Der Nachtmahr – 1781

Lizenzausgabe 1992 für
Manfred Pawlak Verlagsgesellschaft mbH,
Herrsching
© Contemporary Books, Inc., New York
Alle Rechte vorbehalten
Umschlaggestaltung: Bine Cordes, Weyarn
Gesamtherstellung: Mohndruck, Gütersloh
Printed in Germany
ISBN 3-88199-917-5

Inhalt

Für meinen Mann Bill,
ohne dessen Geduld und Unterstützung
dieses Buch nicht entstanden wäre

Geleitwort

Elsie Sechrist, die Verfasserin dieses Buches, hat nach meinem Wissen mehr getan als alle anderen unter den Tausenden von Menschen, die das Medium Edgar Cayce kannten und überzeugt waren, daß er ihnen geholfen hat. Sie trug dazu bei, daß Cayces Einsichten weiteren Tausenden bekannt wurden, die die Richtigkeit dieser geistigen Lehren täglich erleben können.

Dieses Buch behandelt vor allem die medialen Aussagen von Edgar Cayce. Er gehört zu den Sensitiven, deren Werk in der Geschichte der parapsychologischen Forschung am besten dokumentiert ist. Cayce wuchs Ende des letzten Jahrhunderts auf einer Farm in der Nähe von Hopkinsville, Kentucky, auf und entdeckte durch seine eigene Krankheit – eine Lähmung der Sprechmuskulatur –, daß er willentlich sein Bewußtsein verlieren und in einen tiefen, hypnoseähnlichen Schlaf versinken konnte. In diesem vermochte er zu denen, die seine Hilfe suchten, über ihre Erkrankungen zu sprechen und ihnen Behandlungen zu empfehlen. Über fünf Jahre lang studierten Ärzte und Mediziner seine Tätigkeit, bevor sie darüber vor der medizinischen Forschungsgesellschaft in Boston 1910 berichteten. Edgar Cayces Ruf ging durch das ganze Land, und die anhaltenden Erfolge exakter Diagnostik und richtiger Behandlungsvorschläge zogen Tausende von Anfragen nach sich. So verbrachte Edgar Cayce schließlich 43 Jahre seines Lebens damit, stenographisch dokumentierte Readings*) zu geben. Heute sind fast 14000 mit Schriftwechsel und Berichten katalogisiert; sie sind Grundlage für die noch andauernden Forschungen und Experimente unter der Schirmherrschaft der Association for Research and Enlightenment, Inc. (Gesellschaft für Forschung und Erleuchtung e. V.) in Virginia Beach, Virginia. Unter diesen Dokumenten befinden sich mehr als tausend Readings über Träume, aus denen die Verfasserin dieses Buches häufig zitiert.

---

*) »Reading« heißt, wörtlich übersetzt, »Lesung«. Bei Edgar Cayce kann es je nach Zusammenhang Prophezeiung, Deutung, Weissagung, Prognose oder Diagnose bedeuten. (Anm. d. Ü.)

Mrs. Wilfred (Elsie) Sechrist und ihr Mann suchten Edgar Cayce 1943 auf, um persönliche Readings von ihm zu erhalten, die – wie sie empfanden – im Physischen wie auch im Psychischen außerordentlich hilfreich für sie wurden. In den Jahren vor Edgars Tod im Januar 1945 wurden sie herzliche Freunde. Zu Elsie Sechrists frühesten Erlebnissen mit Edgar Cayce gehören telepathische Träume.

Mrs. Sechrist war Teilnehmerin an der ersten Studiengruppe für Edgar Cayces Readings in New York City. Sie und ihr Mann setzten diese Tätigkeit auch in Los Angeles fort, wo sie eine Zeitlang wohnten, wie auch an ihrem heutigen Wohnort in Houston, Texas. Zur Zeit ist Mrs. Sechrist der National Director des Studiengruppen-Programms der Association. Sie hält Vorträge in Colleges, Universitäten, Religionsgemeinschaften, leitet A. R. E.-Tagungen und Seminare im ganzen Land und erschien schon in vielen Fernseh- und Radiosendungen.

Bei der Erarbeitung der Programme für Studiengruppen, von Vorträgen und Seminaren konzentrierte sich Mrs. Sechrist auf die Empfehlungen Edgar Cayces in seinen Readings über Träume. So ermunterte sie Menschen aus allen weltanschaulichen Richtungen, ihre Träume aufzuzeichnen, sich mit ihnen zu beschäftigen und die Sprache ihres eigenen Unterbewußtseins zu erlernen. Damit konnte Mrs. Sechrist vielen Menschen zu einem besseren Verständnis ihrer selbst helfen, und – was noch wichtiger ist – zur praktischen Arbeit mit ihren Träumen. Elsies Freunde wissen, daß sie die hier veröffentlichten Gedanken selbst täglich mit Leben erfüllt.

Dieses Buch bringt Ihnen das Resümee jahrelanger Studien und intensiver Arbeit, zusammen mit vielen neuen, herausfordernden Ideen. Gesunder Menschenverstand, Humor, psychologisches Verständnis und eine spirituelle Zielsetzung verbinden sich hier zu einer Aufforderung an den Leser, in den Zauberspiegel seiner eigenen Träume zu blicken.

HUGH LYNN CAYCE

Vorwort

In den zwanzig Jahren, die ich mit dem Studium der komplexen Beziehung zwischen dem Menschen und seinen Träumen verbrachte, begann die Wissenschaft, langsam und zögernd den Einfluß des Schlafes – und damit der Träume – auf das körperliche Wohlbefinden des Menschen zu erkennen. Wissenschaftliche Schlaf-Experimente begannen, die Tatsache zu untermauern, daß die Träume ein sehr wichtiger Faktor für die körperliche wie auch die geistige Gesundheit sind. Diese neue Form der Traumforschung machte so schnelle Fortschrittte, daß dadurch die medizinischen und wissenschaftlichen Abhandlungen über das Thema »Träume« schon überholt sind, wenn sie die Öffentlichkeit erreichen.

Je mehr der unbekannte Kontinent Schlaf erforscht wird, desto größere und weitere Gebiete öffnen sich der Erschließung. Die neueren Entdeckungen lassen nicht nur die frühen Arbeiten der ersten Traum-Forscher als überholt erscheinen, sondern widersprechen ihnen auch. Hier verhält es sich ähnlich wie in der Geographie: Vergleicht man die Landkarten der amerikanischen Ostküste aus der Zeit des Kolumbus mit den modernen Karten, findet man kaum Übereinstimmungen, obgleich dasselbe Gebiet dargestellt ist. So kann man verstehen, daß im Jahre 1963 Professor Nathaniel Kleitman von der Chicagoer Universität über sein Buch *Sleep and Wakefulness* (Schlaf und Schlaflosigkeit) von 1939 sagen konnte, es wäre »hoffnungslos veraltet, der Text selbst überholt«; es wäre nötig, das Buch völlig neu zu schreiben.

Meine Erfahrung mit Träumen und Träumenden basiert auf der Beobachtung, dem Studium der Menschen selbst. Meine Studienobjekte sind gewöhnliche, durchschnittliche Mitglieder unserer Gesellschaft, nicht Patienten von Ärzten oder Psychologen. Materielle Quellen meines Wissens sind in erster Linie die riesigen Archive mit dem Werk Edgar Cayces, eines der wichtigsten Seher Amerikas, dem »schlafenden Propheten« von Virginia Beach – einem Mann, den persönlich kennen zu dürfen ich das Glück hatte.

Die Bedeutung, die Edgar Cayce dem Traume zusprach, betont dessen spirituellen Gehalt und seine moralische Wichtigkeit für das Bewußtsein des Träumenden. Demnach haben Träume eine Vielseitigkeit, ja Universalität, die so grundlegend für uns Menschen ist wie die Atmung.

In der selbst herbeigeführten hypnotischen Trance sagte Cayce über die Wichtigkeit der Träume: »Alle Visionen und Träume werden zum Wohle und Nutzen des Menschen geschenkt – *würden wir sie nur genau deuten!* Träume sind die Handlungen unseres wirklichen Selbst in der unsichtbaren Welt...

Visionen und Träume sind – ganz gleich wie sie kommen – Reflexionen, Widerspiegelungen von:

1. körperlichen Zuständen,
2. dem Unterbewußten. (Hier manifestieren sich) Zustände, die sich auf den physischen Körper und sein Tun beziehen, entweder durch das Denken oder durch Elemente des Geistigen.
3. einer Projektion, und zwar von dem Geistigen (Überbewußtes) in das Unterbewußtsein des Menschen.

Wer sagen kann, daß er durch einen Traum, eine Vision, angesprochen wurde, ist glücklich zu heißen.« (294-D-l)*)

Für die Leser, die mit dem Werk dieses außergewöhnlichen Mannes nicht vertraut sind, seien kurz die wichtigsten Fakten wiederholt: Edgar Cayce wurde am 18. März 1877 nahe Hopkinsville, Kentucky, geboren und starb am 3. Januar 1945 in Virgina Beach, Virginia. Er besaß eine der wirklich bemerkenswertesten medialen Begabungen aller Zeiten und gebrauchte während der 67 Jahre seines Lebens diese angeborene Fähigkeit in selbstloser Hingabe.

Obgleich er nur wenig Schulbildung und keine Anlage zum Gelehrten hatte, konnte er sich selbst in einen Trance- oder Tiefschlaf-Zustand versetzen, der sein Tagesbewußtsein ausschaltete und ihm Zugang zu dem gewährte, was C. G. Jung das kollektive Unbewußte nannte – das universelle Wissen des Menschen an seiner unterbewußten Quelle.

---

*) Sämtliche Cayce-Readings wurden genauestens mitstenographiert und später katalogisiert. Die hier und im weiteren Verlauf angegebenen Nummern beziehen sich auf das Cayce-Archiv der A. R. E. in Virginia Beach.

Eine solche Gabe, wie sie Edgar Cayce besaß, kann in vielerlei Weise gebraucht und mißbraucht werden. Cayce hatte sich entschieden, damit seinen Mitmenschen zu helfen. Die Informationen, die er medial empfing, beschränkten sich in der ersten Hälfte seines Lebens auf körperliche Krankheiten der Menschen, die ihn um Hilfe baten. Die immer gleiche Exaktheit seiner Diagnosen sowie die Wirksamkeit der manchmal unorthodoxen Behandlungsmethoden, die er empfahl, ließen ihn in erster Linie zu einem medizinischen Phänomen werden. Cayce brauchte nur den Namen und Aufenthaltsort eines Menschen irgendwo auf der Welt zu erfahren, um eine detaillierte Diagnose von dessen körperlichem Zustande geben zu können. In Trance wurde er nach der Quelle seines Wissens gefragt. Er antwortete, die Informationen stammten grundsätzlich aus dem Unterbewußtsein der betreffenden Person, mit der er, Cayce, im Schlafe in der Lage war, eine Verbindung aufzunehmen. Eine Information, die Cayce in seinem un- oder unterbewußten Bewußtseinszustande gab, wurde Reading genannt.

Cayce sah das kollektive oder universelle Unbewußte als einen riesigen Gedankenstrom, der durch Zeiten und Ewigkeit fließt, gespeist aus der Summe der mentalen Aktivität des Menschen seit seinem Anbeginn. Er sagte, dieser Strom sei jedem zugänglich, der nur bereit ist, mit genügend Geduld und Mühe seine medialen oder spirituellen Fähigkeiten zu entwickeln.

Viele Gelehrte, Philosophen und Mystiker der alten und neuen Zeit haben dies schon gesagt. Edgar Cayce konnte jedoch mit seiner medialen Begabung dieser Theorie durch Beweise Gestalt geben; Cayces Beweise ließen die Theorie vor der Praxis standhalten. Edgar Cayces Gabe gründete sich in sehr orthodoxen religiösen Glaubensinhalten, weit entfernt von aller Esoterik.

Über die Genauigkeit der Cayce-Readings und Cayces Leben wurde in seiner Biographie *Edgar Cayce – Sein Leben* von Thomas Sugrue anschaulich berichtet. Die Aufzeichnungen in den Archiven wurden ausgewertet und behandelt in *Venture Inward* von seinem Sohn Hugh Lynn Cayce, *Der schlafende Prophet* und *Door to the Future* von Jess Stearn, *The World Within* und *Erregende Zeugnisse von Karma und Wiedergeburt* von Gina Cerminara.

Die Archive mit dem Cayce-Readings stehen unter der Verwaltung der Edgar Cayce Foundation, einer Zweigorganisation der Association for Research and Enlightenment (A. R. E.). Die A. R. E. selbst ist eine 1931 gegründete gemeinnützige, wohltätige Organisation, deren Aufgabe es ist, die hellsichtigen Readings von Edgar Cayce zu erhalten, zu studieren und zu verbreiten. In der Zentrale der A. R. E. in Virginia Beach, Virginia, befinden sich 14243 Readings. Eine ungefähre Einteilung der Readings nach Sachgebieten weist 8976 Readings über medizinische Themen auf, 799 über geschäftliche Fragen, 401 über geistige und geistliche Probleme, 24 über Haushalt und Ehe, 2500 sog. Lebensreadings, 879 Readings über gemischte Themen und 1009 über Träume und deren Deutung.

Ich hatte das Glück, Edgar Cayce kennenzulernen und bis zu seinem Tode mit ihm zu arbeiten.

Ich kann mich persönlich für die Richtigkeit der Readings verbürgen, die Cayce für meinen Mann und mich gab. Mein eigenes Studium der Träume zeugt ebenso für die Richtigkeit der Einsichten Cayces; so dienen mir seine Gedanken über die Träume als Grundlage für dieses Buch.

Als National Director des Studiengruppen-Programms der A. R. E. habe ich mit Tausenden von Träumen gearbeitet und fand hierbei die Philosophie Cayces ebenso praktisch wie inspirierend.

Die Trauminterpretationen in diesem Buch, die aus den Cayce-Archiven stammen, sind fettgedruckt, um sie von denen abzuheben, die aus anderen Quellen und aus meinen eigenen Studien und Erlebnissen kommen.

Zur Hilfe der Leser, die sich eingehender mit dem Studium der Cayce-Readings beschäftigen möchten, wird bei Zitaten aus Readings die Registriernummer angegeben; mit ihrer Hilfe können die vollständigen Readings in den Archiven leicht gefunden werden.

Nach Edgar Cayces Aussage ist jeder selbst sein bester Traumdeuter. Manche Menschen sprechen schnell auf ihre Träume an. Wenn andere länger zum Lernen brauchen, liegt der Fehler wahrscheinlich bei mentalen Blockaden, die durch die Träume jedoch aufgezeigt werden.

Kinder sind ab sechs Jahren durch Träume ebenso ansprechbar wie Erwachsene. Was mich – wie auch die Eltern – jedesmal von neuem freut, ist die Überzeugungskraft eines korrekt gedeuteten Kinder-Traumes, wenn es darum geht, daß das Kind seine Fehler richtigstellen muß. Viele Eltern bestätigten, daß selbst wenn Ermahnungen und Schelten erfolglos geblieben waren, ein einziger Traum das Kind dazu gebracht hat, die Anweisung seines inneren Ratgebers in die Tat umzusetzen. Besonders Teenager sprechen gut auf die nachvollziehbaren Schlüsse an, die sich aus dem Symbolgehalt ihrer Träume ziehen lassen.

Dieses Buch soll den »jungen Menschen jeden Alters« helfen, die verborgene Weisheit ihres Unterbewußtseins anzuzapfen. Ebenso gerne möchte ich jedoch betonen, daß ich auf den folgenden Seiten auch eine solide Grundlage geben möchte, auf der sich der interessierte Leser weise und verantwortungsvoll dem Studium seiner eigenen Träume nähern kann.

Außer den Edgar Cayce-Readings habe ich bei den Arbeiten zu diesem Buche zahlreiche andere Werke zu Rate gezogen. Hierunter waren *The Science of Dreams* (Die Wissenschaft von den Träumen) von Edwin Diamond, *Dreams and Dreaming* (Träume und Träumen) von Norman MacKenzie, *The Twilight Zone of Dreams* (Das Dämmerreich der Träume) von Andre Sonnet, *Erinnerungen, Träume und Gedanken* und *Der Mensch und seine Symbole* von Carl Gustav Jung.

Die Zitate aus *Märchen, Mythen, Träume* von Erich Fromm auf Seite 21 und aus der Autobographie der heiligen Therese vom Kinde Jesus auf Seite 176 f. erscheinen mit Genehmigung der Herausgeber.

All den nicht genannten Freunden und Bekannten möchte ich auch meine Dankbarkeit ausdrücken; sie haben nicht nur ihre Träume aufgezeichnet, sondern mir auch erlaubt, daß ich sie für dieses Buch verwende.

Besonderer Dank gilt Natalie McAfee für ihre Geduld und Hilfe bei der Herstellung des Konzepts für dieses Buch, Hugh Lynn Cayce für seine Beratung, für Vorschläge und Verbesserungen des Manuskripts, und Noel Langley, dem Verfasser des Buches *Edgar Cayce on Reincarnation* (Edgar Cayce über Reinkarnation) für seine Hilfe, mit der das Manuskript dieses Buches seine endgültige Form annahm.

Die Zukunft in unseren Träumen

In der Nacht des 17. Februar 1964 las Stabsfeldwebel James Lee vom Sheppard-Luftwaffenstützpunkt gerade zu Hause in Wichita Falls, Texas, als das Telefon klingelte. Es war seine Schwiegermutter, Mrs. Rose Smith, die aus Clovis, New Mexico, anrief, ca. 500 km entfernt. Sie erzählte ihrem Schwiegersohn, daß sie gerade von einem Alptraum erwacht sei. Sie hatte geträumt, ihrer Tochter – seiner Frau Selma Louise – wäre etwas Schreckliches zugestoßen. Lee versicherte ihr, daß es Selma Louise gut ginge; er riefe sie ans Telefon, damit sie es selbst bestätigen könnte. Als seine Frau auf sein Rufen hin nicht kam, suchte er sie im Hause und fand die Badezimmertür verriegelt. Er trat die Türe ein und fand Selma Louise tot. (*Houston Post* vom 18. Februar 1964, Seite 12, Spalte 3)

Am Sonntag, dem 2. Januar 1966, war der 15jährige Jerry Crosser vermißt gemeldet worden; Captain Grant Ilseng, Führer der Harris County Sheriff Department's Marine Rescue Division of Texas, war verantwortlich für die Suchgruppe, die zwei Tage lang im Houston-See erfolglos nach der Leiche des Jungen gesucht hatte. Fast eine Woche danach träumte Ilseng, er sähe die Leiche des Jungen tief im See dahintreiben. Er war überzeugt, daß er einen letzten Versuch unternehmen müßte, und so kam er mit Reserve Deputy Sheriff C. D. Springtown noch am selben Morgen um 11.30 Uhr am Houston-See an. Zwanzig Minuten später fanden sie die Leiche des Jungen im tiefen Wasser treibend – genau, wie Ilseng es im Traum gesehen hatte. Auf die Frage, ob er an Träume als Vorzeichen glaubte, überlegte Ilseng einen Augenblick und sagte dann langsam: »Ich weiß nicht; aber an irgend etwas muß ich wohl glauben, nicht war?« (*Houston Post* vom 11. Januar 1966, Seite 1)

Dies sind nur zwei jüngere Beispiele dafür, wie Träume in das Leben von Menschen eingegriffen haben. Träume spiegeln jedoch vor allem das Innere:

Nach Edgar Cayce sind die Träume eines Menschen ein bedeutungsloses Durcheinander, solange er sich nicht darum bemüht, sein geistiges Leben zu intensivieren, und hierfür um Hilfe betet. Trachtet er jedoch selbstlos danach, Gottes Willen zu erkennen und Ihm zu dienen, wird das höhere Bewußtsein die Kontrolle über seine Träume übernehmen und ihm im täglichen Leben Weisung geben. Es ist von geringem therapeutischem oder sonstigem Wert, einfach die Bedeutung von Traumsymbolen auswendig zu lernen – besonders wenn sich Träume auf bestimmte Aspekte unseres Verhaltens beziehen –, solange wir nicht innerlich willens sind, uns zu ändern, zu bessern.

Die heutige Psychiatrie teilt das Bewußtsein des Menschen in das Bewußte und das Un- oder Unterbewußte ein. Cayce jedoch sprach von einem dritten Element, das er das Überbewußtsein nannte. Dieser Teil unseres Wesens hat die Erinnerung an Gottes Allgegenwart behalten. Es ist des Menschen bleibende Verbindung, sein Weg der Kommunikation mit seinem ursprünglichen geistigen Bewußtsein.

In der Bibel finden sich immer wieder Hinweise auf den Verkehr zwischen Menschen und Gott, zwischen Menschen und Engeln wie auch zwischen dem Menschen und seinem höheren Selbst mittels seiner Träume. Die moralischen Maßstäbe eines Menschen finden ihre exakte Widerspiegelung in der Klarheit und Eigenschaft seiner Träume.

Die Meinungen hierüber gehen jedoch auseinander, und das war schon in alten Zeiten so: Cicero hielt Träume für Nichtigkeiten und bestand darauf, daß man sich nicht auf sie einlasse. Immanuel Kant aber und Sir Thomas Brown glaubten, daß sich im Traume die Aktivität der Seele während des Schlafes ausdrückte. Emerson schrieb in seiner Abhandlung über die Überseele:

»Wenn wir betrachten, was zum Beispiel in Unterhaltungen geschieht, in Träumereien, Reuegefühlen, Leidenschaften oder Überraschungen und in den Anweisungen in Träumen, in denen wir uns oft selbst in Masken sehen – wobei das Komische nur vergrößernd und verdeutlichend ein wirkliches Element maskiert und uns dadurch gleichsam zwingt, es wahrzunehmen –, erhalten wir viele Hinweise, die uns das Geheimnis der Natur zu Einsichten werden lassen, die unser Wissen erweitern.«

Die frühesten uns bekannten Überlieferungen präkognitiver Träume – Träume also, die die Zukunft voraussagen – stehen im Alten Testament.

Joseph, der elfte, der Lieblingssohn Jakobs, hatte die Fähigkeit, sich nicht nur seiner eigenen Träume zu erinnern und sie zu deuten, sondern er konnte auch die Träume anderer deuten. Die Bilder seiner ersten beiden, uns überlieferten Träume bezogen sich auf seine Arbeit; Joseph war damals ein 17jähriger Hirtenjunge. Er träumte, er arbeitete auf dem Kornfeld zusammen mit seinen Brüdern, als sich plötzlich seine Garbe aufrichtete und stand, während sich die Garben seiner Brüder um sie versammelten und sich vor ihr verneigten. Die Brüder, die die Symbolik des Traumes verstanden, ärgerten sich über seine Arroganz. Selbst der Vater tadelte ihn, als Joseph seinen zweiten Traum erzählte, in dem sich Sonne, Mond und elf Sterne vor ihm verneigt hatten: »Soll ich und deine Mutter und deine Brüder kommen und vor dir auf die Erde niederfallen?« (1. Mose 37,5-10)

Der junge Joseph wurde von seinen Brüdern aus Eifersucht in die Sklaverei verkauft; einige Zeit später wurde er Verwalter im Hause des Potiphar. Dann kam er ins Gefängnis, nachdem er die zudringliche Frau Potiphars zurückgewiesen hatte. Dort deutete er zwei präkognitive Träume zweier Mitgefangener. Der eine, der Mundschenk des Pharao, träumte:

»Ein Weinstock stand vor mir, und an dem Weinstock waren drei Reben. Mir war es, als ob er grünte, und Blüten brachen hervor; die Trauben davon brachten reiche Frucht... Und ich nahm die Trauben und drückte sie aus in den Becher des Pharao, und ich gab den Becher dem Pharao in die Hand.« (1. Mose 40, 9-11)

Joseph deutete die Traumsymbole folgendermaßen:

blühender Weinstock –	Der Mundschenk wird leben.
drei Reben –	In drei Tagen
Becher in des Pharaos Hand	wird er sein Amt als Mundschenk beim Pharao wieder übernehmen.

Doch auch der Bäcker des Pharaos hatte einen Traum: »Ich trug drei weiße Körbe auf dem Kopf. Im obersten Korb war allerlei Gebackenes für den Pharao, und die Vögel fraßen aus dem Korb auf meinem Haupte.« (1. Mose 40,16-17)

Joseph sagte den Tod des Bäckers binnen drei Tagen voraus.

Wegen der Richtigkeit seiner Traumdeutungen ließ der Pharao ihn rufen, als er selbst durch einen Traum verstört war.

Der Pharao hatte geträumt, er stünde am Ufer des Nils und sähe sieben fette Kühe aus dem Wasser steigen, die im Grase weideten. Dann stiegen sieben magere Kühe aus dem Wasser und verschlangen die sieben fetten Kühe.

Im zweiten Traum sah der Pharao sieben dicke und volle Ähren, die auf einem einzigen Halm wuchsen, danach sieben dünne Ähren, von Sonne und Ostwind ausgedörrt. Diese verschlangen die sieben dicken Ähren. (1. Mose 41,1-7)

Joseph deutete die Symbole folgendermaßen:
sieben fette Kühe und volle Ähren – sieben reiche, satte Jahre der Fülle
sieben magere Kühe und dürre Ähren – sieben Jahre der Not.

Durch Lagerung und Bevorratung der Ernteüberschüsse aus den sieben guten Jahren konnte der Pharao sein Land während der sieben Jahre der Not ernähren.

An einer anderen Stelle im Alten Testament läßt sich Gideon durch einen ähnlichen präkognitiven Traum leiten: Als die Israeliten einen Angriff auf die Midianiter vorbereiteten, träumte ein Soldat folgendes:

»Siehe, mir hat geträumt und mich deuchte, ein geröstetes Gerstenbrot wälzte sich in das Heer der Midianiter, und es kam an ein Zelt, stieß daran und warf es nieder und kehrte es um, das Oberste zuunterst, daß das Zelt zusammenfiel.«

Sein Kamerad antwortete darauf: »Das ist nichts anderes als das Schwert Gideons, Joas' Sohnes, des Israeliten: denn in seine Hand hat Gott die Midianiter gegeben mit ihrem ganzen Heer.« (Richter 7,13-14)

Das Gerstenbrot stand für Gideon, denn er war Müller von Beruf. Im Buch der Richter 8,11 steht geschrieben, wie dieser prophetische Traum in Erfüllung ging, als Gideon die Midianiter vernichtend schlug.

Die Bibel erzählt auch von dem Alptraum, der Nebukadnezar quälte, den er jedoch beim Erwachen vergaß. Da er seinen Beratern nicht traute, erließ er einen Aufruf im ganzen Reiche und forderte einen wirklichen Seher auf, zu kommen, ihm einen Traum zu erzählen und zu deuten. Daniel und seine Freunde beteten inbrünstig zu Gott, daß der Traum des Königs enthüllt werde. Nachts sah Daniel in einer Vision den Traum:

Der König hatte von einem großen Standbild geträumt, das aus verschiedenen Metallen hergestellt war. Die Füße waren teils aus Eisen, teils aus Ton. Eine nichtmenschliche Hand nahm dann

18

einen Stein und zerschlug das Bild in kleine Stücke, die der Wind verwehte. »Der Stein aber, der das Bild zerschlug, ward ein großer Berg, daß er die ganze Welt füllte.«

Daniel stellte sich dem König vor und warnte ihn, der Stein, der die ganze Erde füllte, sei Gottes Gesetz; der Hochmut und sein heidnisches Tun könnten den König sein Reich kosten. Nebukadnezars Mißachtung der Gesetze Gottes waren das Standbild, dessen Bruchstücke schließlich vom Wind verweht wurden.

Der König weigerte sich, etwas zu ändern, bis er eines Tages, als er auf dem Dach seines Palastes in Babylon stand, eine Stimme sagen hörte:

»O König Nebukadnezar! Dein Reich soll dir genommen werden. Man wird dich von den Menschen verstoßen und du sollst bei den wilden Tieren auf dem Felde deine Bleibe haben.« (Daniel 4,28-29)

Diese Prophezeiung erfüllte sich, als der Wahnsinn den König heimsuchte; erst als er richtig bereute, wurde er wieder als König eingesetzt.

Salomos Träume waren anderer Art. Gott bot ihm an, den Lohn für seinen treuen Dienst selbst zu bestimmen. Salomo ließ Macht und Reichtümer außer acht und bat nur um Weisheit, sein Volk zu regieren. Als Folge seiner edlen Wahl wuchsen ihm auch Macht und Wohlstand zu.

Im Matthäusevangelium finden wir fünf Träume, die die heilige Familie leiteten. Der erste Traum erklärt Joseph die Schwangerschaft Marias: »...siehe, da erschien ihm ein Engel des Herrn im Traume und sprach: ›Joseph, du Sohn Davids, fürchte dich nicht, Maria als deine Frau zu dir zu nehmen; denn das in ihr geboren ist, das ist von dem heiligen Geist. Und sie wird einen Sohn gebären, des Namen sollst du Jesus heißen, denn er wird sein Volk selig machen von ihren Sünden.‹« (Mt 1,20-21)

Joseph wurde auch vor Herodes gewarnt, der das Kind Jesus töten wollte; er sollte mit seiner Familie nach Ägypten fliehen. (Mt 2,13)

Nach dem Tode des Königs Herodes erschien wieder ein Engel im Traume und sagte zu Joseph: »Stehe auf und nimm das Kindlein und seine Mutter zu dir, und ziehe hin in das Land Israel; sie sind gestorben, die dem Kinde nach dem Leben standen.« (Mt 2,20)

Nirgends jedoch wird die Universalität der Träume deutlicher sichtbar als in dem Traum, in dem die Frau des Pilatus, selbst

Fremde in Israel, gewarnt wurde: Ihr Mann müsse die Verfolgung und Verurteilung Jesu verhindern. Sie teilte Pilatus mit: »Habe du nichts zu schaffen mit diesem Gerechten, ich habe heute viel erlitten im Traum von seinetwegen.« (Mt 27,19)

In bezug auf präkognitive Träume äußerte Edgar Cayce: **»Träume sind eine Manifestation des Unterbewußten. Jede (persönliche) Situation wird zuerst geträumt, bevor sie Realität wird.« (136–18)**

Von den frühen Seelenforschern und Psychologen Sigmund Freud, Alfred Adler, Carl Gustav Jung und Erich Fromm, die als Pioniere der Traumforschung gelten, war Freud der erste, der die Träume als Ausdruck des Unbewußten erkannte.

Für Freud waren alle Träume lediglich unterdrückte Wünsche. Diese These bekräftigte er sogar noch weiter mit der Behauptung, die Symbole in Träumen – gleich welcher Art sie seien – hätten fast alle ihren Ursprung in sexuellen oder geschlechtlichen Impulsen. Selbst die Visionen und Träume der großen Heiligen und Mystiker schloß Freud in diese radikale Behauptung mit ein. Glücklicherweise erkennen die Psychologen unserer modernen Zeit auch viele andere, ebenso wichtige Antriebe im Menschen an, die sich im Traumleben manifestieren, wobei einige sogar zu der Erkenntnis gelangt sind, daß es die heiligen und präkognitiven Träume der Mystiker *wirklich* gibt.

C. G. Jung sah die Träume seiner Patienten als einzigartig an, jedem Menschen individuell eigen nach seiner Persönlichkeit und Problematik. Die Geschichte eines Freudianers, der mit seinen Patienten einen Assoziationstest unternimmt, illustriert Freuds Haltung. Er hält einen Apfel hoch und fragt den Patienten, woran er denke. Der Mann antwortet: »Sex«. Der Arzt zeigt ihm dann nacheinander eine Schnur, einen Bleistift, eine Tasse und einen Vogel – jedesmal bekommt er die gleiche Antwort: »Sex«. Als schließlich auch der Vogel mit Sex assoziiert wird, fragt der Psychiater: »Warum in aller Welt denken sie beim Anblick eines Vogels an Sex?« – »Weil ich *immer* an Sex denke!«

C. G. Jungs Einstellung zur Interpretation von Traumsymbolen ist der von Edgar Cayce sehr ähnlich. Jung und Cayce glaubten beide, daß alle Stadien des menschlichen Werdens und Wesens sich in seinen Träumen offenbaren, und zwar mit dem ausdrücklichen Ziel, ihn zu Höherem zu leiten, zu vollkommenerer Ausgeglichenheit in seinem physischen, mentalen und spirituellen Leben.

Erich Fromm nennt in seinem Buch *Märchen, Mythen, Träume* einen Grund, warum manche Menschen es vorziehen, ihre Träume als Unsinn abzutun: »Es kommt hinzu, daß wir unseren Träumen vielleicht wohlwollender gegenüberstünden, wenn es sich bei allen um angenehme Phantasien handelte, in denen unsere Herzenswünsche erfüllt werden. Aber viele hinterlassen eine beklommene Stimmung; oft sind es Alpträume, und wir sind beim Erwachen dankbar, nur geträumt zu haben. Andere Träume wieder sind zwar keine Alpträume, doch beunruhigen sie uns aus anderen Gründen. Sie passen nicht recht zu der Person, für die wir uns tagsüber halten. Wir träumen, wie wir Menschen hassen, die wir zu schätzen glauben, und wir lieben jemanden, an dem wir kein Interesse zu haben meinen. Wir träumen von unserem Ehrgeiz, wo wir doch von unserer Bescheidenheit so fest überzeugt sind. Wir träumen, wir seien unterwürfig und ordneten uns anderen unter, wo wir doch auf unsere Unabhängigkeit so stolz sind. Aber das Allerschlimmste ist, daß wir unsere Träume nicht verstehen, obwohl wir als wache Menschen überzeugt sind, alles begreifen zu können, wenn wir uns nur damit beschäftigen. Statt daß wir uns mit einem so überwältigenden Beweis der Begrenztheit unseres Verstandes abfinden, werfen wir lieber den Träumen vor, sie seien sinnlos.«

In den Aufzeichnungen der Edgar Cayce-Readings wird die Aktivität der Seele im Schlaf – die sich im Träumen äußert – klar definiert:

»Schlaf ist der Zeitraum, in dem sich die Seele klar wird über das, wonach sie sich in der Zeit zwischen den Ruheperioden gerichtet hat. Sie stellt Vergleiche an, die gleichsam der Harmonie förderlich sind, dem Frieden, der Freude, Liebe, Langmut, Geduld, brüderlichen Liebe und Freundlichkeit – dies alles sind Früchte des Geistes. Haß, harte Worte, Unfreundlichkeit, böse Gedanken und Unterdrückung sind Früchte des Satans. Die Seele schrickt entweder vor dem zurück, was sie durchgemacht hat, oder tritt ein in die Freude des Herrn.« (364–4)

Hier haben wir eine logische Erklärung für unser Erwachen in unglücklicher oder niedergedrückter Stimmung, nachdem wir in bester Verfassung zu Bett gegangen waren. Wenn wir jedoch glücklich erwachen und bereit sind, die Arbeit des neuen Tages mit Eifer anzupacken, ist unsere Seele zufrieden, daß die Tagesmühe uns so positiv wie möglich von der Hand gegangen war.

Wenn ein Mensch hinter seinem Vermögen zurückgeblieben ist oder versäumt hat, seinen Maßstäben treu zu bleiben, kann er in der Folge einen Traum haben, der ihm sein Versagen, seine Schuld aufzeigt und ihn ermahnt. Dieser Traumtyp zeigt dunkle oder negative Aspekte; Jung spricht hier vom »Erkennen des Schattens«.

In einem solchen Fall bat ein verheirateter Mann, der der Versuchung des Ehebruchs erlegen war, um die Interpretation eines bestimmten Traumes und bekam von Cayce die Antwort:

»Dieser Traum ist eine Aufforderung! Stelle dich der Situation als Mann, nicht als Schwächling! Denke zuerst an deine Pflichten gegenüber denen, mit denen dich ein heiliges Gelöbnis verbindet – und nimm dich in acht!« (2671–5)

Im Jahre 1923 äußerte sich Cayce über die Macht der Träume, das Gewissen direkt zu beeinflussen; diese Aussage können wir als Leitwort über das ganze Buch stellen:

»Vergiß nicht, daß es recht gesagt ist, daß der Schöpfer, die Gottheiten und der Gott des Universums zum Menschen sprechen durch sein individuelles Selbst. Der Mensch nähert sich mehr den eigentlichen Gegebenheiten seines Innern, wenn sein Bewußtsein im Schlafe ausruht; in dieser Zeit gelangen die inneren Kräfte mehr in die Betrachtung des Menschen und können so von ihm studiert werden.

Wenn der Mensch danach strebt, im Einklange mit Gott zu leben, ist es seine Pflicht, zu versuchen, nicht nur sich selbst zu verstehen, sondern auch seine ganz persönliche Beziehung zu anderen.

Das ist ihm möglich durch die Aufnahme von Weisungen und Botschaften der höheren Mächte, wie zum Beispiel in seinen Träumen. In unserer Zeit (1923) ist der Glaube, der den Träumen geschenkt wird, noch unzureichend. Für die optimale Fortentwicklung der Menschheitsfamilie ist ein verstärktes Wachstum des Wissens über das Unterbewußte, die Seele und die Welt des Geistes notwendig.« (2744–4)

Warum erinnert sich nicht ein jeder an seine Träume? Cayce gab dafür vier Gründe an: mangelndes Interesse, körperliche Erschöpfung, Unreinheiten im Körper, materialistisches Denken.

Der erste Schritt zur Anregung, sich seine Träume ins Bewußtsein zurückzurufen – so sagte Cayce –, ist, sich *jeden Abend* vor dem Einschlafen vorzunehmen: »Ich werde mich an meine Träume erinnern.« Ein Block und Bleistift sollten auf dem Nachttisch liegen. Das hilft dem Unterbewußtsein, das Bewußtsein (zur Erinnerung) in dem Augenblick zu wecken, in dem ein wichtiger Traum zu Ende ist.

In folgender Hinsicht können Träume für Sie wichtig sein:

1. Sie helfen Ihnen, sich selbst besser zu verstehen und zu kontrollieren.

2. Sie geben praktische Weisungen für Körper, Seele und Geist.

3. Sie geben praktische Weisungen in geschäftlichen Fragen.

4. Sie können eine Aufzeichnung von medial Erlebtem sein.

5. Sie geben Ermutigung und Inspiration.

6. Sie geben Informationen über die Heilung und Gesunderhaltung von Leib, Seele und Geist.

7. Sie dienen der Erweiterung des Bewußtseins.

8. Sie regen die Kreativität an.

9. Sie ermöglichen und fördern mediale Sensitivität.

10. Sie ermöglichen Erlebnisse in anderen Dimensionen, z. B. außerkörperliche Erfahrungen.

11. Sie ermöglichen Erinnerungen an frühere Leben.

12. Sie helfen Ihnen, Ihre Verantwortung für die von Ihnen abhängigen Menschen zu erkennen.

13. Sie helfen Ihnen, darüber hinaus Ihre Verantwortung für die ganze Menschheit – ob Freund oder Feind – zu erkennen.

14. Sie unterstützen Ihre Entdeckung und den Aufbau der Kommunikation mit dem Schöpfer durch das höhere Selbst.

15. Sie helfen bei der Höherentwicklung Ihres geistigen Lebens.

16. Sie tragen zum inneren Frieden bei.

17. Am wichtigsten von allem: Sie steigern Ihre Bereitschaft und Fähigkeit, Ihrem Mitmenschen zu dienen, indem Sie seine Probleme und Denkweisen besser verstehen lernen.

Deutung der Träume

Sechswöchige Experimente der Subliminal Projection Company mit den Besuchern eines Kinos in New Jersey ergaben, daß unterschwellige Werbung vom Unterbewußtsein aufgenommen wird. Während der Vorführung wurde 1/30 Sekunde »lang« ein Schriftzug eingeblendet, der lautete: »Eßt Popcorn!« Dies geschah in bestimmten Abständen, jedoch so kurz, daß das Bewußtsein es nicht wahrnehmen konnte. Nach Aussage von James M. Vicary von der Subliminal Projection Company stieg jedoch der Verkauf von Popcorn in den Pausen um 57 Prozent.

So hat es den Anschein, daß das Unterbewußtsein dauernd Sinneswahrnehmungen aufnimmt, obwohl unser Bewußtsein ihrer gar nicht gewahr wird. Augenzeugen eines Verbrechens sind unter Hypnose in der Lage, Details des Geschehens anzugeben, an die sie sich zuvor nicht erinnern konnten. Ob wir wach sind oder schlafen – unser Unterbewußtsein nimmt Eindrücke auf, genau und treu wie ein Tonbandgerät. Das ist deshalb möglich, weil unsere Sinne Wahrnehmungsorgane des Inneren sind, das nie schläft. Dieser Umstand kann auch erklären, warum manche Symbole, die in unseren Träumen erscheinen, so schwierig zu deuten sind: Sie wurden nicht bewußt, d. h. mit dem Bewußtsein, beobachtet.

Deshalb können auch dieselben Inhalte bei verschiedenen Träumen in unterschiedlicher Symbolik auftreten. So mag dem Traum von einem wandernden Freunde, der einen albernen Hut trägt, der Traum folgen, in dem man sich selbst sieht in unpassender Kleidung, vielleicht nur mit einem Schuh. Beide Träume zeigen ein Ungleichgewicht im Denken an.

Die Zeichen, Botschaften und Symbole in den Träumen drücken gleichzeitig alles aus, was der Träumende je gelesen, gehört, gesagt, gedacht, gesehen, gefühlt, gegessen oder sich vorgestellt hat; denn dies alles ist unauslöschlich im Unterbewußtsein registriert. Das gilt sowohl für die Zeit vor der Geburt wie für jene unbewußten Zeiten, in denen man schläft oder unter dem Einfluß von Betäubungsmitteln oder Drogen steht.

Nach Cayces Aussage bewahrt das Unterbewußtsein auch die Erinnerung an frühere Leben, sowohl auf der Erde wie auch in astralen Bereichen, zwischen den Erdenleben. Auch diese Erinnerungen spielen in die Symbolik unserer Träume mit hinein.

Man muß sehr vorsichtig sein, um die Zeichen, Botschaften, die verbalen und bildlichen Wortspiele nicht mit den Traumsymbolen zu verwechseln. Zeichen und Botschaften bedeuten genau, was sie aussagen. Ein Beispiel hierfür ist der Traum, der einfach sagt: »Mache heute nachmittag ein Nickerchen.« Dieser Traum hat wirklich keine weitere Bedeutung als seine Aussage selbst. Die Warnung »Laß dich nicht übers Ohr hauen!« bezieht sich vermutlich auf eine geschäftliche Angelegenheit, ist aber auch ein verbales Wortspiel. Wenn man sich im Traum naß wie einen begossenen Pudel sieht, könnte es sich um ein bildliches Wortspiel handeln, wie auch bei dem Traum, bei dem man sich inmitten einer Schneelandschaft wiederfindet: Dies kann ein Hinweis auf die herrschende Gefühlskälte sein. So kann auch der geträumte Wetterwechsel oder der Wechsel von stiller, ruhiger zu stürmischer See auf einen »Klimawechsel« im Emotionellen aufmerksam machen oder gar davor warnen.

Der berühmte präkognitive Traum Alexanders des Großen, der einen Satyr zeigte, wurde von Aristander als Wortspiel gedeutet: *Sa Tyros* bedeutet im Griechischen »Dein (ist) Tyros.«

Traumsymbole wie ein Haus, ein Vogel oder ein Freund bedeuten immer mehr als die bloße Assoziation Haus, Vogel oder Freund. Darum kann dem Anfänger die Hilfe eines Beraters sehr nützlich sein, der sich schon ernsthaft mit dem Studium der Träume befaßt hat. Aus diesem Grunde wiederholte Edgar Cayce auch immer wieder, daß der geistig ausgerichtete Mensch, dessen Intuition einer hohen Bewußtseinsebene geöffnet ist, Träume besser und genauer analysieren kann als der, der sich nur auf sein vernunftgemäßes Wissen bezieht. C. G. Jung sprach fast das gleiche aus, als er sagte, wenn man die Symbole verstünde, könnte man den Traum sowohl durch sein Einfühlungsvermögen als auch durch formale Analyse verstehen. Diesen intuitiven Zugang hatte auch Sigmund Freud, obgleich er ihm mißtrauisch gegenüberstand, weil er nicht mit seiner Psychoanalyse als wissenschaftlicher Disziplin übereinstimmte.

Ideal wäre es jedenfalls für den einzelnen, seine Träume niederzuschreiben, um sie so verstehen zu lernen. Träume lassen sich besser im Zusammenhang deuten, als wenn man sie isoliert betrachtet. Traumforscher haben festgestellt, daß drei oder gar vier Träume jede Nacht das gleiche Problem, den gleichen Gegenstand behandeln, jedoch mit unterschiedlicher Symbolik. Es ist hilfreich, nicht nur um Führung durch die Träume zu beten, sondern auch meditieren zu lernen. Meditation, die Kunst zu lauschen bei hintangestelltem Ego, steigert die Klarheit der Träume, erweitert das Bewußtsein und bereitet außersinnlichen Wahrnehmungen (ASW) den Weg, indem sie die Barrieren zwischen Bewußtsein, Überbewußtsein und Unterbewußtsein niederbricht.

Der grundlegendste Aspekt der Traumsymbolik ist wohl, daß sie eine universale Sprache ist, die zeitlose Wahrheiten lehrt und bewahrt. Was Stenographie für die Wortsprache ist, bedeutet die Symbolik für Gedankenbilder, für die Welt der Ideen. Dies gilt im besonderen für religiöse Vorstellungen. Wann immer Philosophien und Glaubenswahrheiten in Gefahr waren, haben ihre Anhänger sie vor den Feinden bewahrt, indem sie sie in Symbole übersetzten. Die »Poesie« der Bibel besteht an vielen Stellen aus der Reduktion von Fakten zu Symbolen. Cayce behauptet sogar, daß das biblische Buch der Offenbarung unter keinem anderen Blickwinkel betrachtet werden darf.

Das Buch der Offenbarung ist eine Zusammenstellung der Träume und Visionen des Johannes aus der Zeit, als er im Exil war. Es illustriert das Wachstum seines Bewußtseins, als er – durch Gebet und Meditation – danach strebte, die Manifestation, die Offenbarung des Heiligen Geistes in seinem Leben ganz zu erfassen.

Wenn Johannes im ersten Kapitel der Offenbarung schreibt: »Ich war im Geiste an des Herrn Tag, und hörete hinter mir eine große Stimme« (Offb 1, 10), so befand er sich – jedenfalls nach der Interpretation Cayces – in der Meditation. Laut Cayce muß jedermann eines Tages, auf einer bestimmten Stufe seiner Entwicklung meditieren lernen, denn nur durch die Meditation wird er schließlich genügend Willenskraft aufbringen können, um sich von seinem niederen Selbst zu befreien. Dies gilt für jede Seele auf Erden ebenso wie für Johannes, denn die sieben Drüsen- oder Bewußtseinszentren (Chakras) des Körpers – so Cayce – sind die Kontaktstellen mit der Seele im Innern. Über die Chakras kontrolliert die Seele in gewissem Maße den Körper und wird selbst von diesem beeinflußt.

In der Meditation öffnet sich der Mensch jenen guten Mächten, die die stärksten im Universum sind, wie es zu aller Zeit, in jedem Raum und auf jeder Ebene des Bewußtseins ist. Dies ist der Versuch des Menschen, in Kontakt zu kommen mit seiner Quelle, mit seinem Ursprung, mit Gott. Während im Gebet – jedenfalls wird es gemeinhin so verstanden – der Mensch zu Gott spricht, hört er in der Meditation auf Gottes Stimme.

Alle wirklich spirituellen Menschen lernten irgendwann, stille zu sein, um mit dem Höheren, mit Gott in Verbindung zu kommen; für den Anfänger ist die Meditation jedoch nicht leicht. Sie erfordert die tägliche Disziplin, allein zu sitzen und ein geistliches Wort in der Seele zu bewegen, wie zum Beispiel »Schaffe in mir, Gott, ein reines Herz«, um das Denken frei zu machen, und dann mit dem ganzen Wesen zu lauschen, zu empfangen.

In manchen Träumen gibt es Zeichen, Wegweisungen vom Himmel (Überbewußtsein), die unsere Schritte zurücklenken können zur Quelle allen Lichtes; in einem solchen Falle können wir sicher sein, daß die Meditation eines der Mittel ist, durch das wir die Fähigkeit, unsere Träume zu verstehen, steigern können.

Wir träumen in Symbolen, weil wir auf der bewußten Ebene dazu neigen, in Symbolen oder Bildern zu *denken*. Spricht jemand von Ihrer Frau oder Ihrem Mann, haben Sie vermutlich sofort ein Bild des Gesichts vor Augen, viel wahrscheinlicher, als das *Wort* Mann oder Frau. Als die Menschen zuerst zu schreiben lernten, gebrauchten sie Bilderzeichen. Von den Wandzeichnungen der Höhlenmenschen ging die Entwicklung weiter zu den Hieroglyphen-Schriften der Ägypter bis hin zu den Zeichen der chinesischen Schrift.

Weil der Träumende seinen Traum zunächst nicht versteht, berichtet er ihn Wort für Wort. Somit teilt die Symbolik dem Traumdeuter viel mehr mit, als der Träumende von sich aus über sich sagen könnte oder wollte.

In Jack Pollacks Buch *Croiset, the Clairvoyant* (Croiset, der Hellseher) lesen wir, daß das Symbol »Pfirsich« bei Gerard Croiset gewöhnlich mit Krebs assoziiert wird, weil sich seine Mutter, die an Krebs starb, im Endstadium ihrer Krankheit so sehr nach Pfirsichen gesehnt hatte. Eine Packung Smyrna-Rosinen ist für Croiset das Symbol für ein Lebensmittelgeschäft, weil er selbst einmal in einem solchen gearbeitet und damals eine besondere Vorliebe für Smyrna-Rosinen hatte. So haben wir alle unsere besonderen Lieblingsbilder; deshalb ist es unmöglich, eine Liste universaler Symbole mit Deutung aufzustellen und zu erwarten, daß letztere bei jedem Traum zuträfe.

Beispielsweise mag »A« einen Hautausschlag entwickeln, wann immer er Erdbeeren ißt, während »B« sie ohne jede allergische Reaktion genießen kann. Somit können für »A« Erdbeeren im Traum ein Warnzeichen sein, für »B« wohl schwerlich. Die volle Bedeutung eines Traumes ist also nie in einem Symbol allein zu finden: Das Ganze muß studiert werden, auch in seiner Beziehung zu Neigungen und Abneigungen des Träumenden.

Trotzdem gibt es viele Übereinstimmungen, selbst unter den Träumen verschiedener Kulturkreise und Rassen, denn unter der Oberfläche sind wir letztlich alle Geschwister. Wir haben alle Familienprobleme. Wir alle essen, klagen, lachen und weinen. Die meisten von uns tragen Kleidung. Wir sind mehr oder weniger an unseren Mitmenschen interessiert und erfreuen uns verschiedener Arten von Kommunikation mit unseren Freunden. All diese Erlebnisse sind in unsere Träume symbolisch mit eingewoben. Doch auch wenn die Träume selbst – oberflächlich gesehen – ähnlich sind, muß ihre Bedeutung immer auf die aktuelle Situation des jeweiligen Träumers zugeschnitten sein.

In den meisten Träumen spielt der Träumende selbst jede Rolle, selbst die der Bösewichter und der Schreckgespenster: die Bühne, Schauspieler, das Publikum und die Requisiten stellen alle die verschiedenen Facetten der gleichen Persönlichkeit, des gleichen Ichs dar. Zuerst sollte man Träume also unter diesem Aspekt prüfen, wenn natürlich auch einige wenige unserer Träume sich auf mit uns verbundene Menschen, ja sogar auf Geschehnisse in der Welt außerhalb unseres Gesichtskreises beziehen.

Es gibt vier Haupttypen von Träumen: die körperlichen, intellektuellen, emotionellen und spirituellen. Diese Aspekte spiegeln sich wider in Träumen von Erde, Luft, Feuer und Wasser.

Es gibt vier hauptsächliche Quellen unserer Träume: 1. unser eigenes Unterbewußtsein mit seinen vielen Ebenen; 2. das Unterbewußtsein eines anderen, mit dem wir in Verbindung stehen; 3. das Überbewußtsein, und 4. Gott.

Auf keinen Fall sollte man einen Traum als ein Wunder ansehen, denn auch Träume geschehen im Einklang mit geistigen Gesetzen, ganz gleich, ob der Träumende solches anerkennt oder anzweifelt. Wie Cayce sagte, wirken die Gesetze des Universums selbst dann weiter, wenn wir Menschen sie ignorieren.

Aus der oberen Ebene des Unterbewußtseins stammen die physischen Träume; sie können angeregt werden durch Geräusche unserer Umgebung, Körpergefühle, Druck auf unseren

Körper oder andere Sinneswahrnehmungen während des Schlafes.

Man träumt zum Beispiel von dem Geräusch einer Säge und hört dann beim Erwachen seinen Partner schnarchen, oder man träumt, auf einer Folterbank gequält zu werden, und entdeckt beim Erwachen das Knie des anderen in seinem Rücken. Die Symbolik dieser Träume bedarf keiner Deutung.

Solche Träume können in die Hauptträume verwoben sein, wenn man sich gerade in einer Traumphase im Schlaf befindet. Sonst – sieht man vom Schreien eines Kindes ab, das die Hilfe der Mutter braucht und hervorruft – ignoriert der Schlafende gewöhnlich solche Sinneseindrücke und schläft weiter, solange die Sinne durch lauten Lärm und physische Bewegung nicht ausgesprochen bombardiert werden.

Auf derselben Ebene des Unterbewußtseins werden auch Alltagsprobleme aufgearbeitet. Das ungestüme Herannahmen von Autos mit blendenden Scheinwerfern kann einen nach einem langen, harten Tag hinterm Steuer noch im Schlafe verfolgen. Die müde Verkäuferin kann noch davon träumen, eine wilde Meute von unzufriedenen Kunden zu bedienen, nachdem sie sich den ganzen Tag die Beine in den Bauch gestanden hat. Aber diese Träume sind alle oberflächlich, sie geschehen auf derselben Ebene wie Wunscherfüllung und Konfliktträume.

Von einer tieferen Schicht des Unterbewußtseins, die verantwortlich ist für die Verdauung, die körperlichen Ausscheidungsvorgänge und die Zellerneuerung, rühren die Warnträume her, die sich auf die Lebensweise und Ernährung, auf körperliche Bewegung und Wohlbefinden beziehen.

Von einer noch tieferen Schicht stammen die Träume, die Denken und Emotionen korrigieren, die Freunde und Unbekannte, Gangster, Wilde und Tiere in die Symbolik mit einbeziehen, sowie Streitereien, Kämpfe, Schießen, Ertrinken und andere Bilder, die mentale und emotionelle Spannungen im Menschen wiedergeben. Oft findet man hier auch Warnungen vor emotionellen Spannungen, die in naher Zukunft aufbrechen können, doch das hängt natürlich vom Traum als Ganzem ab.

Aus dieser tieferen Schicht empfangen wir vermutlich auch Träume des Zuspruchs, wie den im folgenden geschilderten: »Ich kaufe zwei Konzertkarten. Paula kommt zu mir und bedankt sich für die Einladung. Sie gratuliert mir auch zu der Wahl des Programms und ist allgemein sehr erfreut.«

Deutung: Musik – das sind harmonisierende Töne oder Schwingungen, die richtig und mit innerem Verständnis geschaffen werden müssen; daher steht sie gewöhnlich für Harmonie. Der Kauf zweier Konzertkarten ist ein Zeichen von Selbstlosigkeit beim Streben nach Harmonie untereinander. Für die Wahl des Programms gelobt zu werden ist eine Anerkennung für das Handeln am vergangenen Tage. Der Träumende muß ungewöhnlich wohlwollend und freundlich gegenüber allen gewesen sein, mit denen er im Laufe des Tages zusammengekommen war. Paula symbolisierte für ihn Eigenschaften wie Intelligenz, Freundlichkeit und Begeisterung. So stellt sie sein spirituelles Selbst dar oder die »Anima«, das weibliche Element seines Unterbewußtseins, das ihn inspiriert, warnt und zu noch größeren Höhen des Verständnisses und Wahrnehmens hinaufführt.

Vom Überbewußtsein gehen ASW-Träume aus (außersinnliche Wahrnehmung), wie z. B. Telepathie, Hellsehen, Präkognition, Retrokognition (Schau in die Vergangenheit) und Weisungen aus dem Geistigen. Das Überbewußtsein ist auch die Quelle inspirativer und schöpferischer Träume. Homer machte in seiner *Ilias* viel Gebrauch von solchen Träumen. George Bernard Shaw verwendet den inspirativen Traum im dritten Akt von *Mensch und Übermensch* und im Epilog zu *Die heilige Johanna*. Shakespeares Calpurnia träumt von der Ermordung Cäsars, und Brutus träumt seinerseits, daß er bei Philippi sterben würde. Lady Macbeth wird durch ihre Träume in den Wahnsinn und schließlich in den Tod getrieben. Was sind Hamlets berühmte Monologe anderes als Fortführungen seiner Träume? Coleridges »Kublai Khan«, der im Traum zu ihm kam, wurde nie vollendet, weil Coleridge bei der Niederschrift gestört wurde und den restlichen Inhalt vergaß. In einer Serie von Träumen empfing Robert Louis Stevenson den ganzen Abriß von *Dr. Jekyll und Mr. Hyde*. Wolfgang Amadeus Mozart erklärte, er empfinge seine Inspirationen in einem halbbewußten Zustande, und Georg Friedrich Händel empfing die Melodie für den letzten Satz seines Oratoriums *Der Messias* vermutlich in einem Traum.

Von der Singer-Nähmaschine heißt es, ihre Idee wäre im Traum empfangen worden. Singer selbst arbeitete unermüdlich, aber nicht an der Entwicklung seiner Maschine. Dann träumte er eines Nachts von einer Schlachtreihe von Rittern mit Kettenhemden. Jeder trug eine lange, spitze Lanze, die auf dem Steigbügel seines Pferdes ruhte. An der Spitze jeder Lanze war ein Loch. Bis zu diesem Tage hatte Singer an der Vervollkommnung einer Nadel mit dem Öhr am stumpfen Ende gearbeitet; der Traum zeigte ihm seinen Irrtum.

Niels Bohr, der berühmte dänische Atomphysiker, soll vom Planetensystem geträumt haben, und entdeckte so, daß der Atomkern von kreisenden Elektronen umgeben ist wie die Sonne von kreisenden Planeten.

Durch das Überbewußtsein kommen auch Träume zu uns, Visionen und Erlebnisse, die sich auf Dinge wie den Sinn des Lebens beziehen, das Wesen Gottes und die Verbundenheit allen Lebens mit Gott.

Visionen aus dieser höchsten aller Quellen lassen uns immer geistig und geistlich belebt zurück. Wenn sie nicht einen solchen bleibenden Eindruck hinterlassen, muß man vermuten, daß ein Teil des Unterbewußtseins sich auf Phantasien eingelassen hat, um einen schweren Mangel auf bewußter Ebene zu kompensieren, die zu beeinflussen es nicht in der Lage ist.

Träume sind bei weitem das sicherste Kommunikationsmittel mit allen anderen Bewußtseins-Dimensionen; dies jedoch sollte mit gesundem Menschenverstand und an höchsten sittlichen Maßstäben gemessen werden. Auditionen (Stimmen) und Visionen sind im Wachzustand äußerst suspekt, denn sie können oft Manifestation von Automatismen sein – Äußerung des rebellierenden Unterbewußtseins, das versucht, die Herrschaft über das Bewußtsein zu gewinnen. Die höchste Offenbarung kommt gewöhnlich ohne Ton, Bild oder emotionale Störung; es handelt sich hierbei um ein rein intuitives Erlebnis, ähnlich der kleinen sanften Stimme des Gewissens, die oft zu uns spricht, nie jedoch laut.

Den stummen, bildlosen Traum illustriert am besten das Erlebnis einer meiner Verwandten in Houston, die plötzlich mit dem festen Wissen aufwachte, daß ihr Freund – mehr als 1600 km entfernt – ins Krankenhaus eingeliefert worden wäre. Ein Telefonanruf bestätigte dies. Was war der Zweck des Traumes? Daß sie aufgeweckt werde, um für ihren Freund zu beten.

Experimente einer Gruppe von Traum- und Schlafforschern unter der Leitung des Chicagoer Professors Nathaniel Kleitman bestätigten, daß jedermann nachts träumt – auch wenn manche sich nicht an ihre Träume erinnern können – und daß die meisten Menschen jede Nacht zwischen vier- und siebenmal in regelmäßigen Traumzyklen träumen. Bei den Chicagoer Experimenten wurden Elektroden an Kopfhaut, Stirn, Schläfen und seitlich an den Augen von freiwilligen Versuchspersonen angebracht. Diese Elektroden waren über dünne Kabel mit einem Elektroenzephalographen (Gerät zur Aufzeichnung der Hirnströme) im Nebenraum verbunden. Wenn die schlafende Versuchsperson ihre Schlafstellung im Bett änderte, wurden drei bis vier Sekunden lang langsame Augenbewegungen aufgezeichnet. Schnelle Bewegungen der Augen zeigten Traumphasen an, die zwischen fünf Minuten und einer Stunde dauerten (sogenannte REM-Phasen: Rapid Eye Movement = Rasche Augen-Bewegung). Weckte man die Versuchspersonen während der REM-Phasen, konnten die meisten ihre Träume wiedergeben. Bei einem anderen Versuch an einem anderen Ort konnte unter diesen Umständen von 2240 Testpersonen 1864 (83,2 %) lebhafte Träume erzählen. Bei jüngeren Untersuchungen entdeckte man, daß sich Testpersonen trotz des Ausbleibens von REM-Phasen an »Denkvorgänge« unmittelbar vor dem Wecken erinnerten.

Cayce hat darauf hingewiesen, daß Unbewußtes und Überbewußtsein nachts aktiv sind. Er nannte das Überbewußtsein die Quelle aller Inspiration und Kreativität. Diese »Geschenke« des Überbewußtseins fließen – im Falle der Inspiration verkleidet als ASW-Erlebnisse – durch das Unterbewußtsein ins Bewußtsein; die Kreativität, die wahre Schöpferkraft gibt sich Ausdruck in der Liebe, Geduld, den Idealen, Wertvorstellungen und der Genialität des Menschen. Nachts jedenfalls ist sie in all diesen Aspekten wirksam. Cayse sagte fernerhin:

»Schlaf ist ein Schatten jener Pause (im Leben) oder jenes Zustandes, der gemeinhin Tod genannt wird. Im Schlafe nimmt das physische Bewußtsein seine Umgebung nicht wahr, nur diejenigen Sinneskräfte, die durch den Gehörsinn wirken, sind dabei gewissermaßen auf Wache. Somit ist der Gehörsinn in gewisser Weise universaler als die anderen Körpersinne. Die vom Unterbewußtsein kontrollierten Organe arbeiten weiter. Der Wahrnehmungssinn des Gehirns schläft; der Gehörsinn jedoch arbeitet in mehreren Funktionen: durch den Tastsinn, durch den Geruchssinn – ein Hörvorgang durch all die Sinne, die unabhängig von den Gehirnzentren sind. Vielmehr sind sie es von den Lymphzentren oder dem gesamten sympathischen System, so daß man im Schlafe mehr gewahr wird, obgleich der physische Körper schläft. Dieser, der sechste Sinn, ist ein

Teil des Überbewußtseins, unseres geistigen Selbst, das immer vor dem Throne des Schöpfers wacht. Man kann es trainieren, unterdrücken, vernachlässigen oder seiner eigenen Initiative überlassen, bis es Krieg führt mit dem Selbst, der sich äußert in Unausgeglichenheit, Temperamentsausbrüchen, Schwermut und Verdrießlichkeit. Dies bringt das Gehirn dazu, schließlich derartig »geladen« zu sein, daß es in der gleichen Weise reagiert wie die Saite einer Geige, die je nach Spannung in einer bestimmten Frequenz schwingt, also einen bestimmten Ton erzeugt. Der Sinn, der hierüber die Kontrolle hat, steht in Verbindung mit dem hohen Selbst. Immer, wenn der Mensch schläft, ist da also jenes andere Selbst, das mit der Seele im Austausch steht. Der sechste Sinn geht nachts hinaus in die Erfahrungsbereiche aller Ebenen des Bewußtseins und aller Zeiten – entsprechend seinen eigenen Wertmaßstäben und seinem Entwicklungsstand, den er im Laufe der Zeiten erreicht hat. Infolgedessen können einem durch solche Vergleiche, Neueinschätzungen und Urteile im Schlafe Frieden und Verständnis erwachsen. Die mehr geistig ausgerichteten Menschen sind dabei im Schlafe oder Wachzustand leichter zum Frieden zurückzubringen. Warum? Weil sie ein Ideal haben, einen Maßstab, auf den sie sich ganz verlassen. Durch den Schlaf treten sie dann in die Stille ein. Was bedeutet das? EINTRETEN IN DIE GEGENWART DESSEN, WAS IHR IDEAL IST – IHR GOTT!« (5754–1)

In anderen Versuchen, die die Bedeutung der Träume feststellen sollten, wurde bald die Entdeckung gemacht, daß sich bei der Versuchsperson, die in aufeinanderfolgenden Nächten jeweils zu Beginn ihrer REM-Phasen geweckt wurde, Störungen verschiedenen Ausmaßes einstellten, von leichter Reizbarkeit bis hin zu Halluzinationen. Dies trat nicht ein, wenn die Versuchsperson zwischen den Traum- oder REM-Phasen geweckt wurde. Weiterhin stellte sich heraus, wenn die Traumphasen dauernd gestört wurden, daß die Schlafenden versuchten, doppelt so häufig zu träumen, wie um die gestörten Traumphasen auszugleichen. All das scheint auf ein dringendes Bedürfnis des Menschen zu träumen hinzudeuten, das nur durch das Traumerlebnis selbst zu stillen ist – oder ist es der Trauminhalt, der die Erfüllung des Bedürfnisses bringt? Dr. William Dement und Dr. Charles Fisher vom Mount Sinai Hospital kamen nach ihren Traumentzugs-

Versuchen zu dem Schluß, daß Träumen eine Art Immunität gegen Psychosen schafft. Laut Cayce wird eine zeitweise Immunität gegen Psychosen nur dann erreicht, wenn die Wahrnehmungen und Aufforderungen im Traum befolgt werden und im Träumenden auch tatsächlich eine Veränderung stattfindet. Andernfalls wären körperliche, seelische oder emotionelle Beeinträchtigungen die Folge.

Bei noch anderen Versuchen, die Dr. Richard Griffith mit der Assistenz zweier japanischer Wissenschaftler anstellte, wurden die Träume von mehr als 7000 Studenten in Tokio und Kentucky untersucht. Es stellte sich heraus, daß der Unterschied der Trauminhalte zwischen den beiden Geschlechtern größer war als zwischen den verschiedenen Kulturen. Man fand auch eine auffallende Ähnlichkeit der Symbolik in den Träumen beider Versuchsgruppen. Etwa 34 Traumthemata kehrten immer wieder. Darunter waren sexuelle Träume, verschiedene Grade der Entblößung bis zur völligen Nacktheit, Situationen des Nicht-vorbereitet-Seins (z. B. zu spät zum Zug, zum Bus oder Flugzeug zu kommen), Stürzen oder Schwanken an einem Abgrund, Fliegen aus eigener Kraft, Kämpfen, Fliehen, Spielen, Gejagtwerden (z. B. von einem wilden Tier oder gefährlichen Menschen) oder Eingesperrtsein.

Die Beweise häufen sich (in Übereinstimmung mit den Aussagen Edgar Cayces), daß Träume nicht nur eine zusammenhanglose Aneinanderreihung von verschiedenen Symbolen sind. Sie scheinen ein bestimmtes Muster zu besitzen, sowohl in bezug auf das, was sie zeigen, wie auch auf das, was sie ausschließen. Vergleicht man diese Muster mit dem »Persönlichkeitsmuster« des Träumenden, stellt man fest, daß bei dem gleichen Gefühl oder der gleichen Problematik praktisch dieselben Symbole immer wieder erscheinen. Dr. Calvin Hall hebt – übereinstimmend mit der Erklärung Cayces – hervor, daß man nur einigen einfachen Regeln folgen muß, die es einem erlauben, Träume zu interpretieren. Weiterhin sagt er, daß die Bedeutung eines Traumes nicht in einer Theorie oder Lehrmeinung zu finden wäre, sondern im Traume selbst.

Es hat den Anschein, daß das Unbewußte oder Unterbewußtsein durch die Träume nicht nur Emotionen freisetzt, sondern auch danach trachtet, die Aufmerksamkeit des Bewußtseins auf sie zu lenken, um eine mentale und emotionale Stabilität, das Gleichgewicht, zu erhalten. Hierzu werden vom Bewußtsein gelenkte Veränderungen im Tun oder/und Charakter des Menschen notwendig.

Ein Psychiater, der einem geistesgestörten Patienten erfolgreich zum Normalzustand zurückgeholfen hatte, beobachtete eine Veränderung in den Traumsymbolen des Patienten. Dies ist ein Anzeichen für den veränderten Gesundheitszustand. Die Traumsymbole des kranken Patienten zeigten, daß ein sehr wichtiger Bereich seines Lebens »tot« war, ausgeschaltet. Man erkannte das beispielsweise an den Symbolen »Wüstenlandschaft« und »tote Pflanzen«. Gleichzeitig mit seinem geistigen Erwachen kam der Patient allmählich von solchen Symbolen los; er begann, von kultivierten Landstrichen zu träumen, von aufschießender Saat. In der nächsten Traumserie kehrten Träume von Statuen wieder, die zum Leben erwachten. Als der Patient im Traume schließlich wilden Tieren gegenüberstand, wurde er aus der Therapie entlassen, denn er war nun so weit, daß er sich selbst kritisch gegenüberstehen konnte und erkannte, daß der Ursprung seiner Probleme in ihm selbst lag.

Folgende wichtigen Punkte werden Ihnen helfen, Ihre Träume richtig zu analysieren:

1. Legen Sie Notizbuch und Bleistift ans Bett. Schreiben Sie Ihre Träume so bald wie möglich nach dem Erwachen auf.

2. Nehmen Sie sich jeden Abend vor dem Einschlafen vor: »Ich werde mich an meine Träume erinnern.«

3. Wenn Sie in der Nacht aufwachen, schreiben Sie schon einmal die wichtigsten Symbole auf, so können Sie sich am Morgen besser an den ganzen Traum erinnern.

4. Nehmen Sie sich beim Einschlafen vor, in Ihren Träumen ganz genau zu beobachten.

5. Achten Sie auf folgende Dinge in Ihren Träumen: Schauplatz, Menschen, Handlung, Farben, Gefühl, Worte.

6. Arbeiten Sie täglich an Ihrer Traumanalyse, sonst wird schwerlich ein Fortschritt zu erzielen sein.

7. Sind Träume unlogisch, so kommen dafür drei Gründe in Frage:
   a) Sie erinnern sich nur an Bruchstücke des Traumes.

b) Der Traum spiegelt selbst etwas Unlogisches im Leben des Träumenden wider.

c) Denk-Blockaden stehen dem Erinnerungsvermögen im Wege.

8. Können Sie sich an einen wichtigen Traum nicht erinnern, so nehmen Sie sich am nächsten Abend vor dem Einschlafen vor, der Traum solle sich deutlicher wiederholen.

9. Alpträume, in denen man sich unfähig wähnt, sich zu rühren oder zu schreien, sind gewöhnlich ein Zeichen für falsche Ernährung. Ändern Sie Ihre Ernährungsweise, um den Alpträumen ein Ende zu bereiten.

10. Wenn sich Träume über Jahre hinweg nicht ändern, so zeigt das an, daß seitens des Träumers Widerstand gegen eine innere Veränderung gesetzt wird.

11. Träume von Krankheit können buchstäbliche wie auch symbolische Warnungen sein.

12. Wenn Sie vor einem Problem stehen, dann bitten Sie um Führung durch Ihre Träume.

13. Ihre Traumdeutungen sollen praxisbezogen sein. Sehen Sie immer zuerst danach, was sie aus einem Traum lernen können. Was haben Sie sich geweigert zu tun? Was haben Sie ignoriert?

14. Achten Sie besonders auf wiederkehrende Träume und auf Traumserien. Sie können Fortschritt oder Versagen aufzeigen.

15. Träume sind auch die Reaktion des Inneren auf das Tun im Laufe des Tages; oft zeigen sie einen Ausweg aus einem Dilemma. Beziehen Sie Ihre Träume also auf aktuelle Situationen, auf Ihr gegenwärtiges Tun. Träume können sowohl zurück- wie auch vorausschauen.

16. Träume kommen, um uns weiterzuführen und zu helfen, nicht zu unserer Unterhaltung. Sie lenken Ihre Aufmerksamkeit auf Fehler – im Tun wie im Lassen – und ermutigen Sie, sich weiter zu bemühen. Sie geben uns auch die Gelegenheit, für andere zu beten und ihnen zu helfen, ihre Last zu tragen.

17. Wenn Sie eine ungewöhnliche Botschaft im Traum empfangen, so reduzieren Sie sie zuerst auf Normalmaß. Schauen Sie, ob die Symbolik der Bibel Ihnen bei der Deutung des Traumes von Hilfe sein kann.

18. Halten Sie Ausschau nach Erlebnissen aus früheren Leben in Ihren Träumen. Diese manifestieren sich nicht nur in den Farben, sondern auch in Kleidung und Umgebung ihrer Zeit. Solche Träume kommen, um Sie zu warnen, die gleichen alten Fehler zu wiederholen, um Ihnen Ihre Verbindung und Reaktionen zu bestimmten Menschen und Orten zu erklären, um Ihnen Klarheit zu bringen und Sie zu befähigen, das Leben besser zu meistern und zu verstehen.

19. Fürchten Sie sich nicht vor dem Gespräch mit Verstorbenen in Ihren Träumen. Ist die Kommunikation nur einseitig, handelt es sich um eine telepathische Verbindung. Besteht ein aktiver Kontakt auf beiden Seiten, kann es sich um eine tatsächliche Begegnung mit dem Bewußtsein eines Entkörperten handeln.

20. Träume handeln in erster Linie von Ihnen selbst. Nur einige wenige Träume beziehen sich auf Familie, Freunde und Geschehnisse in der Welt.

21. Achten Sie auf ASW (außersinnliche Wahrnehmung) in Ihren Träumen.

22. Denken Sie daran: Um eine neue Sprache zu erlernen, ist Ausdauer nötig. Dies gilt auch für die Erlernung der Traumsymbole; sie sind die Sprache des Unterbewußtseins.

23. Sagen Sie Gott täglich Dank für alles und beten Sie darum, daß Sie Ihre Träume besser empfangen und verstehen mögen.

ASW in Träumen

Im Tätigkeitsbericht des Parapsychologischen Instituts der Staatlichen Universität von Utrecht in Holland schreibt Dr. W. H. C. Tenhaeff: »Das Interesse an der (psychologischen) Forschung brachte einige Leute, die ASW-Elemente in ihren Träumen entdeckt hatten, dazu, ihre Träume nun systematisch aufzuzeichnen.« Unter diesen Menschen war auch D. J. M. J. Kooy, ein Experte für Raumfahrt. Dr. Kooy zeichnete über ein Jahr lang seine Träume gewissenhaft auf. Er machte dabei je eine Kopie, die er an Professor Tenhaeff schickte, der später berichtete: »Diese Untersuchung enthüllte, daß nicht nur die jüngste Vergangenheit, sondern auch die nahe Zukunft in Träumen reflektiert wird... Die statistische Aufarbeitung des eingegangenen Traum-Materials ließ erkennen, daß keine mathematische Rechtfertigung zur Erklärung der prophetischen Träume existiert, die später in Erfüllung gingen. Man kann sie nicht als bloße Zufälle abtun. Ein bemerkenswerter Teil des von Dr. Kooy gelieferten Traum-Materials zeigte Zusammenhänge mit nicht vorhersehbaren Todesfällen, wobei sich eine besondere Beziehung zu psychischen Traumata abzuzeichnen scheint. Ungefähr ein Jahr bevor Dr. Kooy begann, sich mit seinen Träumen zu beschäftigen, hatte er seinen Vater, mit dem er sehr intensiv verbunden war, verloren.«

In seinem 1948 veröffentlichten Buch *Predictions of War* (»Kriegs-Prophezeiungen«) schildert Tenhaeff viele interessante und gut gesicherte prophetische Träume. Einen dieser Träume hatte Herr B. L., der ihn 1939 Tenhaeff erzählte: Er träumte, deutsche Soldaten erzwängen sich ihren Weg in ein Haus an der Nieuwe Keizersgracht in Amsterdam, das früher zu einer Glühstrumpf-Fabrik gehörte.

Dieses im Traum gesehene Haus wurde drei Jahre später, 1942, von einer von Deutschen gegründeten Organisation gekauft, die die Angelegenheiten der Juden »wahrnehmen« sollte. Herr B. L. ging in jener Einrichtung zur Arbeit. Im Juli 1943 drangen deutsche Soldaten tatsächlich in das Haus ein. Es ist höchst unwahrscheinlich, daß dieses Geschehen ein reiner Zufall gewesen ist. Im Jahre 1939 bestand absolut kein wie auch immer gearteter Grund anzunehmen oder zu erwarten, daß das Haus, von dem B. L. geträumt hatte, bei der deutschen Invasion der Niederlande eine besondere Rolle spielen würde. Ein weiterer wichtiger Punkt ist, daß Tenhaeff diesen Traum 1939 aufgezeichnet hat, so daß es sich nachweislich nicht um eine durch die späteren Tatsachen verfälschte Erinnerung handeln kann.

Prophetische Träume erhalten ihre Informationen über ASW (Außersinnliche Wahrnehmung). Edgar Cayce setzte ASW in Träumen dem sechsten Sinn gleich, der – wie Cayce sagte — **»die Aktivität oder Macht des anderen Selbst ist. Welches anderen Selbst? Das, welches aus den Erlebnissen der Seele als Ganzes gebaut ist, den Erlebnissen in der materiellen wie auch in der kosmischen Welt. Man kann es auch eine Seelenfunktion des Seelenkörpers nennen. Daher ist das Unterbewußtsein in der Lage, dieser Aktivität gewahr zu sein, während der Körper schläft. Wenn das physische Bewußtsein ruht, verbindet sich das andere Selbst mit dem Seelenkörper. Es geht in jene Bewußtseinsdimensionen, wo eine Aufzeichnung aller Erfahrungen und Erlebnisse besteht, und beurteilt das Tun und Wesen des Menschen entsprechend.«** (140–10)

Die wohltuende Wirkung von Träumen können wir im folgenden Fall einer Frau erleben:

»Ich erwachte eines Morgens mit dem seltsamen Gefühl, daß etwas geschehen würde. Das Wort ›Etiwanda‹ war noch in meinem Bewußtsein. Mit der Vermutung, daß ich mich wohl an den Rest eines Traumes nicht erinnern konnte, betete ich einfach darum.

Obgleich es Anfang November war, fühlte ich mich innerlich gedrängt, die Adressenliste für die Weihnachtskarten herauszuholen. Eine der ersten Adressen enthielt den Straßennamen ›Etiwanda‹. Ich rief die Bekannte an, die dort wohnte, und erfuhr, daß sie sich gerade auf eine Bergtour zum Big Bear in Kalifornien vorbereitete. Ich ermahnte sie, besonders vorsichtig zu sein und um Schutz zu beten. Als sie von der Tour zurückkam, erzählte sie mir folgendes: ›Ich kam gerade um eine sehr scharfe Kurve am Berg, als ich Bremsen kreischen hörte. Wegen deines Warntraumes fuhr ich sofort ganz von der Fahrbahn hinunter ins Gras auf der Bergseite. Im nächsten Augenblick kam ein Sportwagen –

völlig außer Kontrolle – auf zwei Rädern um die Kurve geschossen... *auf meiner Fahrspur!*‹«

Eine andere Frau träumte, jemand hielte ihre Tochter gegen deren Willen fest. Im Traum hatte die Tochter panische Angst, und die Mutter erwachte gleichermaßen erschreckt.

Drei Wochen danach rief die Polizei an, um ihr mitzuteilen, daß sie ihre Tochter wegen Ladendiebstahls festhielten. Hätte die Frau ihren Traum ernst genug genommen, hätten sie und ihre Tochter diese herzzerreißende Qual vielleicht vermeiden können.

Eine junge Frau träumte, ihr Verlobter käme zu ihr und verlangte von ihr, die Verlobung aufzulösen. Er sagte, er würde ihr Leben zu einem Elend machen, denn er wäre ihr schon jetzt nicht treu, und das würde sich auch nach der Hochzeit nicht ändern. Als die Träumerin ihren Verlobten auf diesen Traum hin direkt fragte, bestätigte sich die Richtigkeit des Geträumten; die Verlobung wurde aufgelöst.

Kürzlich kam mir folgende interessante Aufzeichnung eines ASW-Traum-Erlebnisses in die Hand. Eine Frau schilderte den Traum ihrer Mutter. Diese empfing in dem Traum eine Vorahnung, daß sie eines Tages von Europa nach Amerika käme.

»Als meine Mutter noch ein sehr junges Mädchen war, träumte sie eines Nachmittags, daß sie schlafend auf einer Wiese unter einem großen Baum läge. Während sie dort schlief, bemerkte sie einen Schwarm weißer Gänse, die hoch am Himmel flogen. Drei von ihnen kamen herab und ließen sich auf den Ästen des Baumes über ihr nieder. Meine Mutter hörte im Traum, wie die Gänse miteinander sprachen, und stellte auf einmal fest, daß sie die Vögel verstehen konnte, die sich über das unter ihnen schlafende Mädchen unterhielten.

Eine der Gänse sagte: ›Dieses Mädchen, das unter uns im Gras schläft, wird nach Amerika ziehen.‹ Der andere Vogel antwortete: ›Ja, sie wird innerhalb einer Woche in See stechen.‹

Meine Mutter erwachte und wußte im Inneren mit Sicherheit, daß das Geträumte wahr sei, und doch wußte sie zur gleichen Zeit, daß ein solcher Umzug nach Amerika völlig unmöglich für sie wäre.

Doch nach einer Reihe seltsamer Vorkommnisse machte sie sich schon innerhalb derselben Woche mit dem Segen ihrer Eltern auf ihren Weg nach Amerika.

Jahre später, nachdem der Krieg ihre Heimatstadt in Ostdeutschland weitgehend zerstört hatte – viele ihrer Bewohner waren umgekommen, die Hinterbliebenen lebten eingesperrt hinter der Berliner Mauer – verstand meine Mutter, warum ihre Abreise nach Amerika damals so dringend gewesen war und welchen Sinn der Traum letztlich gehabt hatte.

Ohne den Traum hätte sie wohl nie den Mut gehabt, so weit fort in ein fremdes Land zu fahren.«

Ein Arzt in Texas träumte, einen Notruf von den Angehörigen einer Patientin zu bekommen. Deren Zustand hätte sich verschlechtert. Im Traum kleidete er sich rasch an, sprang in seinen Wagen und fuhr rückwärts aus seiner Garage hinaus den Hang hoch. Da jedoch die Bremsen versagten, krachte der Wagen zurück in die Garage. Wegen dieser Verzögerung starb die Patientin.

Einige Nächte nach diesem Traum wurde er tatsächlich vom Anruf der Angehörigen dieser Patientin geweckt. Sie brauchten ihn sofort. Der Arzt eilte zu seinem Wagen und fuhr rückwärts den Hang hoch, aber dann versagten – wie zuvor im Traum – die Bremsen, und der Wagen krachte zurück in die Garage. Wegen dieser Verzögerung starb die Patientin. Hätte dieser Arzt von der Wichtigkeit der Träume gewußt, hätte er vielleicht den Unfall und die darauf folgende Tragödie vermeiden können.

In einem ähnlichen präkognitiven Warntraum erlebte ich 1965, daß mein Patensohn bei einem Autounfall mit anderen Teenagern ums Leben käme. Ich erzählte dem Jungen davon und nahm ihm das Versprechen ab, daß er um Schutz betete, wann immer er ein Auto bestiege, ganz gleich, wer es fahren würde.

Einen Monat danach saß er mit seiner Freundin in einem von einem Freund gesteuerten Wagen. Sie hatten einen leichten Unfall auf der Schnellstraße von Hollywood. Während der Besitzer des Wagens noch einige Dinge aus dem beschädigten Fahrzeug suchte, hatte mein Patensohn plötzlich das Gefühl, daß unmittelbar Gefahr drohte. Er packte seine Freundin an der Hand und rannte mit ihr in Sicherheit. Zwei Sekunden später raste ein anderer Wagen auf den Freund und sein Auto. Daraus entwickelte sich ein Auffahrunfall, an dem elf Fahrzeuge beteiligt waren; fünf Menschen mußten ins Krankenhaus eingeliefert werden. Der Freund meines Patensohnes verlor ein Bein, dieser selbst blieb unverletzt.

Am Morgen des 28. Januar 1964 träumte ich, eine Freundin in Minneapolis läge blutend und mit Schmerzen im Krankenhaus. Nachdem ich für sie gebetet hatte, schrieb ich ihr von meinem

Traum. Sie antwortete: »Am 28. Januar hatte mein Mann Jack eine Tumor-Operation. Als ich im Wartezimmer der Klinik saß, hatte ich an der gleichen Stelle, wo er operiert wurde, schreckliche Schmerzen. Plötzlich packte es mich, und ich zuckte zusammen. In demselben Augenblick begann Jacks Operation.«

Hier haben wir also einen Fall, in dem ein Mensch das Leiden eines anderen erlebt, während ein Dritter – über eineinhalbtausend Kilometer entfernt und keiner auch nur drohenden Krankheit bewußt – des Krankenhauses und der Gefühle während der Operation gewahr wird.

Laut Cayce hilft die Liebe nicht nur, einen Teil der Last des anderen zu tragen, sondern sie überbrückt auch die Dimensionen von Zeit und Raum.

Eine Bekannte in Houston, Texas, träumte, in einem Haus voller Rauch zu erwachen. Die Küche brannte lichterloh. Sie eilte hinaus, um den Gartenschlauch anzuschließen und den Brand zu löschen, doch – o weh! – der Schlauch war zu kurz. Enttäuscht und erschreckt erwachte sie.

Sie erinnerte sich daran, daß es bei einem Traum dieser Art immer ratsam ist, ihn zuerst einmal wörtlich zu nehmen. Nach diesem Grundsatz handelte sie und entdeckte bei der Untersuchung des Gartenschlauches im Hof, daß er im Ernstfalle tatsächlich zu kurz gewesen wäre, um bis zur Küche zu reichen. Daraufhin kaufte sie einen weiteren Schlauch und verlängerte damit den vorhandenen. Einige Tage danach erwachte sie aus ihrem Mittagsschlaf: Das Zimmer war voll Rauch, die Küche stand in Flammen, da meine Bekannte eine Pfanne voll Fett auf dem versehentlich noch nicht abgeschalteten Herd stehengelassen hatte. Sie rannte auf den Hof, drehte den Wasserhahn auf und löschte mit Hilfe des Schlauches das Feuer; dabei rettete sie vermutlich das ganze Haus vor dem Abbrennen. Die Kosten, um den Schaden in der Küche zu reparieren, betrugen nicht einmal 400 $!

Als wir im Sommer 1966 in Amsterdam waren, kehrten mein Mann und ich eines Nachmittags ziemlich früh ins Hotel zurück, da er sich plötzlich krank fühlte. Er entwickelte keine spezifischen Symptome, legte sich aber nieder. Bald schlief er ein und träumte, daß er vom besten Arzt der Welt besucht würde, der ihm auftrug, eine massive Dosis Phillips Magnesiamilch (Mg (OH)$_2$) einzunehmen.

Mein Mann erwachte und bestellte ein Taxi, das mich zur nächsten Apotheke bringen sollte. Ich suchte fünf Apotheken auf, bis ich eine fand, wo man mir eine verstaubte Flasche Phillips Magnesiamilch verkaufen konnte. Mein Mann nahm eine massive Dosis davon ein und war am nächsten Tag wieder völlig gesund.

Eine andere Symbolik finden wir im Traum einer Frau, die von einer Freundin träumte, die mehr als 3000 Kilometer entfernt wohnte und von der sie zudem fast ein Jahr nichts mehr gehört hatte: »Ich sah Mary im Traum ein Bild von einem Menschen malen, der in großer Qual war. Es war eine männliche Gestalt, ausgestreckt wie auf einer Folterbank.«

Ein Brief bestätigte das im Traum Gesehene: Marys Mann war gerade im Krankenhaus, wo er sich einer Operation zur Entfernung eines Lungentumors unterzog.

Auch der folgende Traum ist hellseherisch: Die Schlagzeile der *Los Angeles Times* vom April 1964 lautete: »Traum führte Frau zu verlorenem Jungen – zu spät!« Der Artikel berichtete von Mrs. Lucille Homer, 25, wohnhaft in 11639 Faculty Drive, Norwalk. Sie war mit Kenneth Edwards befreundet, einem Jungen, der als vermißt gemeldet worden war. Mrs. Homer träumte, den Jungen an der Seite einer Straße zu finden. Obwohl Hunderte von Menschen in Hubschraubern, Flugzeugen, Geländewagen, von Pferden und Autos aus 44 Stunden lang die Gegend absuchten, wo die Jacke des Jungen gefunden worden war, folgte Mrs. Homer einem starken inneren Impuls, westlich von diesem Gebiet zu suchen. Begleitet von ihrem Mann, ging sie direkt an die Stelle in den Vorhügeln der Tehachapi-Berge, die sie im Traum gesehen hatte, und fand das Kind. Leider war der Junge schon tot.

In einer Geschichte, die allen Bibellesern wohlbekannt ist, hat ein Mann auf einem dem Untergang geweihten Schiff einen präkognitiven Traum, der unter bestimmten Bedingungen Sicherheit verspricht:

»Fürchte dich nicht, Paulus, du mußt vor den Kaiser gestellet werden, und siehe, Gott hat dir geschenket alle, die mit dir schiffen.« (Apg 27,24)

Die Bibel schildert, wie wahr der Traum des Paulus war: Obschon Schiff und Ladung verlorengingen, erreichten Paulus und alle anderen sicher das Land, weil sie die Anweisungen befolgt hatten, die ihm in der Nacht gegeben worden waren.

Bei einem telepathischen Erlebnis wurden Totenschädel und gekreuzte Knochen – wie auf einer Giftflasche – zu einer buch-

43

stäblichen Ankündigung des Todes in einer Vision, die ich unmittelbar vor dem Erwachen hatte: Ich hörte die Uhr zwei schlagen und sah vor mir Totenkopf und gekreuzte Knochen. Als ich mich noch fragte, wem das gelte, läutete das Telefon. Ein Freund rief an und teilte uns von einem Flugzeugabsturz mit, bei dem vier unserer Freunde ums Leben gekommen waren. Er bat uns, zur Wohnung der Tochter eines Getöteten zu gehen, um sie über die Tragödie zu informieren.

In einem anderen präkognitiven Traum – diesmal romantischer Art – sah sich ein Mädchen zusammen mit einem dunkelhaarigen Mann in einem offenen Wagen fahren; der Mann trug einen schwarzen Filzhut.

Den meisten Frauen bedeutet ein leichter, offener Wagen dieser Art – wenn er im Traum erscheint – eine Liebesaffäre. Sechs Monate nach dem Traum heiratete das Mädchen einen dunkelhaarigen Mann, den sie damals noch nicht gekannt hatte.

Eine Serie von Träumen ließ eine Frau über Jahre hinweg sich selbst als Schauspielerin sehen, gewöhnlich auf einer Kinoleinwand. Viele Jahre später war sie tatsächlich auf der Bühne und als Sprecherin im Fernsehen und Rundfunk.

Eine seltsame Art von Telepathie lernen wir im folgenden Traum kennen, den ein Pfarrer erzählte; es war der Traum einer Angehörigen seiner Gemeinde. Die Frau träumte, ihr Pferd sehr erregt wiehern zu hören. Verstört erwachte sie. Sie redete sich ein, daß der Traum nichts bedeuten könnte, und schlief weiter. Wieder träumte sie und hatte das Gefühl, der Hengst wäre in Not. Ungeachtet der frühen Morgenstunde stieg sie aus dem Bett, kleidete sich an und fuhr auf die mehrere Meilen entfernte Koppel. Als sie näherkam, hörte sie schon das Schreien des Pferdes. Der Hengst hatte sich im Stacheldraht verfangen und sich bei dem Versuch freizukommen bereits verletzt. Es erübrigt sich zu sagen, daß die Träumerin ihn befreite und dankbar führ ihr ASW-Erlebnis war.

Im Bulletin der *Foundation for the Research on the Nature of Man* vom Herbst 1965 gibt Louisa Rhine zwei Beispiele bewußter körperlicher Reaktionen auf telepathische Verbindungen, die im Schlaf, ebensogut aber auch im Wachzustand vorkommen können.

Im ersten Fall war eine Frau sonntags bei Bekannten zu Besuch, als sie plötzlich außerordentlich starke Schmerzen in der Brust verspürte. Sie dachte, sie müßte an einem Herzinfarkt sterben; nach kurzer Zeit verschwanden die Schmerzen jedoch wieder. Am selben Tag erhielt sie noch ein Telegramm, in dem ihr der Tod eines sehr lieben und engen Freundes mitgeteilt wurde. – Todesursache? Ein Herzinfarkt, und zwar genau zur gleichen Zeit, als sie selbst diesen »Scheininfarkt« hatte. Die Frau hatte nie zuvor Herzbeschwerden gehabt und konnte auch inzwischen nicht über solche klagen.

Der zweite Fall einer Amerikanerin, die in Korea lebte, ist sogar noch überraschender: Während der Abendmahlzeit wurde sie plötzlich von sehr starken, krampfartigen Schmerzen ergriffen und mußte sogar erbrechen. Diese Beschwerden hielten bis Mitternacht an; immer wieder litt sie unter starken Krämpfen der Rückenstrecker-Muskeln, die sie mit großer Gewalt nach hinten bogen. Schließlich wurde ein Arzt gerufen, der verdutzt meinte: »Wenn ich nicht wüßte, daß es nicht sein kann, würde ich sagen, Sie liegen in den Wehen!« Das tat sie – seelisch allerdings! Am nächsten Morgen erfuhr sie, daß ihre Tochter in derselben Nacht ein Kind geboren hatte.

Der folgende präkognitive Traum ging im April 1940 durch die New Yorker Zeitungen. Eine Frau träumte unter Narkose auf dem Behandlungsstuhl ihres Zahnarztes, sie sähe ihre Freundin, Mrs. Manuel Quezon – die Witwe des ersten Präsidenten der Philippinen –, wie sie auf einer einsamen Bergstraße in der Nähe von Manila überfallen und ermordet wurde.

Selbst bei Berücksichtigung des Zeitunterschiedes war der Traum noch zehn Stunden vor dem tatsächlichen Verbrechen. Er war nicht nur präkognitiv, sondern auch hellsehend, denn die Träumerin sah die ganze Szene vor sich. Leider wußte sie nicht von der Wahrheit des Geträumten und ignorierte daher den Traum.

Im Juli 1967 erzählte mir im A. R. E.-Zentrum in Virginia Beach eine Frau folgende Geschichte: »Ich träumte, ich sollte Nr. 1880 nachsehen. Zuerst dachte ich, das bezöge sich auf eine Bibelseite; dort konnte ich aber nichts finden, das irgendwie paßte. Dann kam mir plötzlich, daß ich in der Bibliothek das Cayce-Reading Nr. 1880 anschauen sollte. Zu meiner größten Überraschung und höchsten Verwunderung beschrieb dieses Reading Nr. 1880 genau den Zustand, unter dem ich seit einigen Monaten gelitten hatte und der mir sehr lästig war. Unter anderen Vorschlägen empfahl Cayce dort eine einfache Rizinusöl-Packung. «

45

Ein Arzt, mit dem ich über diese Rizinusölpackungen sprach, die Edgar Cayce in den Readings sehr oft empfohlen hatte, bestätigte, daß jene Packungen in den genannten Fällen gut hälfen.

Dr. Harold Reilly aus New York, der eine Woche im A. R. E.-Zentrum war, berichtete im Vortragssaal von einem ASW-Traumerlebnis. Er teilte uns mit, daß eine Frau, die damals gerade unter den Zuhörern war, Rückenbeschwerden hatte. Sie hatte geträumt, daß sie, wenn sie zur A. R. E. ginge, dort einen Dr. Reilly fände, der ihren Rücken wieder in Ordnung bringen könnte. Obwohl sie nicht wußte, ob der Arzt, von dem sie geträumt hatte, sich wirklich im Zentrum aufhielte, vertraute sie ihrem Traum doch so, daß sie nach Virginia Beach kam und sogar noch eine Bekannte mitbrachte, die auch der osteopathischen Behandlung bedurfte. Beide empfingen die Hilfe, derentwegen sie angereist waren.

Im Journal der *American Medical Association* vom 3. Juli 1957 stand ein interessanter Artikel unter dem Titel »Das Vor-Unglücks-Syndrom«.

Am Freitag, dem 21. Oktober 1966, rutschte um 9.15 Uhr eine riesige Abraumhalde auf das walisische Dorf Aberfan herunter. 116 Kinder und 28 Erwachsene kamen dabei ums Leben.

Dr. J. C. Barker aus Shropshire, England, besuchte das Katastrophengebiet. Aus Interesse an der Präkognition wandte er sich durch die Presse an die Bevölkerung, um herauszufinden, ob ein Unglück solchen Ausmaßes von irgendwem schon vorhergesehen worden war. 76 Menschen antworteten, über 60 der Meldungen wurden überprüft. 22 der Aussagen konnten durch Zeugenaussagen belegt werden; sie wurden schon vor dem Unglück anderen mitgeteilt. Dreißig Einwohner des Ortes im Alter zwischen 11 und 73 Jahren sagten, sie hätten von dem Unglück geträumt. Andere von denen, die sich auf die Zeitungsaufrufe hin gemeldet hatten, gaben an, sie hätten Visionen oder hellsichtige Erlebnisse gehabt. Sieben Menschen hatten deutlich körperliche und geistige Unruhe vor der Tragödie gespürt. Diese Symptome verschwanden erst, als sie die Nachricht von dem Unglück empfingen. Vielleicht gehören sowohl diese »Zeugen« wie auch andere Menschen, die körperliche »Vorwarnungen« spürten, zu denen, die etwas erlebt haben, was man unter dem Begriff »Zukunft beeinflußt die Gegenwart« noch vage zusammenfaßt.

Im folgenden finden wir Beispiele solcher Phänomene, die vor der Aberfan-Tragödie geschahen:

Ein 50jähriger Mann aus Bristol schrieb, daß er am Tage des Unglücks um acht Uhr zu arbeiten begonnen hatte; den ganzen Morgen schon hatte er das Gefühl, irgend etwas stimmte nicht; dies beeinträchtigte ihn regelrecht bei der Arbeit. Zwischen 9.10 und 9.30 Uhr sagte er zu seinem Kollegen: »Ich habe so ein merkwürdiges Gefühl, wie wenn etwas passieren würde.« Um 10 Uhr war dieses Gefühl vorbei; um 13 Uhr erfuhr er von dem Unglück. Ein Zeuge bestätigte seinen Bericht.

Aus Kent berichtete ein 31jähriger Mann, da er vier Tage vor der Tragödie, als er gerade im Bett lag, plötzlich wußte, daß am Freitag etwas Schreckliches geschehen würde. Er war sicher, daß Menschen dabei ums Leben kämen. Am nächsten Morgen sagte er zu seinem Büromädchen: »Am Freitag wird etwas Schreckliches geschehen; es wird Tote geben.« Dieses plötzliche Wissen lastete schwer auf ihm, bis er von dem Aberfan-Unglück erfuhr. Das Mädchen im Büro bestätigte seine Aussagen.

Aus London schrieb eine 52jährige Frau, sie sei an jenem Tage, als das Unglück geschah, um 4 Uhr morgens aufgewacht, würgend und nach Luft schnappend, als ob die Zimmerdecke auf sie herabgefallen wäre. Sie schrieb, ein solches Erlebnis hätte sie schon zweimal vor anderen Katastrophen gehabt, dieses Mal sei es jedoch besonders beängstigend gewesen. Sie war danach schwer niedergeschlagen und erzählte einer Freundin um 8 Uhr davon. Als sie die Nachrichten von dem Unglück hörte, verschwanden ihre Atembeschwerden.

Obwohl keiner dieser drei »Zeugen« äußerte, von dem Unglück geträumt zu haben, ist es für uns doch interessant festzustellen, daß die körperlichen Begleiterscheinungen – die körperliche Vorahnung des Unglücks gewissermaßen – sich einstellten, als diese Menschen entweder im Bett lagen oder gerade aufgestanden waren. Nach meiner Erfahrung sind solche frühmorgendlichen Vorahnungen oft Resultat eines vergessenen Traumes, von dem nicht mehr als das begleitende Gefühl übrigblieb.

Eine junge Frau schrieb mir aus Kalifornien, um mir mitzuteilen, daß sie vor den tragischen Bränden von Bel Air, die soviele Häuser zerstörten und die Hügel über Los Angeles schwarz färbten, über Wochen hinweg immer wieder den gleichen Traum hatte: »Auf dem Hof hinterm Haus waren viele Schlangen. Ich konnte den für die Grubenotter so charakteristischen flachen Kopf erkennen. Ein andermal war das schwarzgelbe Muster der Klapperschlange deutlich zu sehen.

Bis zu den Bränden von Bel Air, die nicht nur Rehe und Füchse, sondern auch die Schlangen in unser Gebiet vertrieben, verstand ich die Bedeutung dieses Traumes nicht. Seit dieser Zeit, als ich wirklich einmal auf eine Klapperschlange trat, beachte ich meine Träume sehr genau, denn sie warnten mich regelmäßig, welche Gebiete und Büsche ich meiden sollte.

Meine Nachbarn hatten nicht soviel Glück. Ein Kind, das weiter unten wohnte, wurde böse gebissen, auch der Hund unserer Nachbarn. Eine gute Freundin verlor ihre kleine Tochter, als eine Klapperschlange in ihr Laufställchen kroch und sie biß. Hätte die Mutter von dem Wert der Träume gewußt, wäre sie vielleicht gewarnt und das Kind gerettet worden.«

Dieselbe kalifornische Bekannte träumte eines Nachts, daß die Blumen in ihrem Garten, die sie so liebevoll umsorgte, von einem Reh und seinem Jungen gefressen wurden. Die Tiere schienen voll Freude die größten Blüten auszuwählen. Die Träumerin wurde ärgerlich und regte sich auf, weil sie am nächsten Tag ein großes Gartenfest geplant hatte. Als sie – im Traum – richtig wütend war, vernahm sie eine Stimme, die sprach: »Wer läßt sie wachsen? Auch dies sind Gottes Geschöpfe!«

Als sie am anderen Morgen erwachte, waren die meisten Blüten ihres Gartens geplündert. Rehspuren bestätigten den Traum. Ohne die göttliche Stimme in der Nacht wäre meiner Bekannten jener Tag verdorben gewesen.

Wie viele Menschen, die die große Sphinx von Gizeh in Ägypten besucht haben, wissen, gibt es dort eine große Steinplatte, die den Traum des Pharao Thutmosis IV. erzählt. Bevor er König wurde, kam der Gott Hormakhu in einem Traum zu ihm und versprach ihm das Reich, wenn er den Sand wegräumte, der die Sphinx umgab (Seinerzeit war nur der Kopf sichtbar). Das tat er und wurde König.

Nur wenige wissen, wie ein Traum das Schicksal des heiligen Franz von Assisi beeinflußte. Als junger Mann hatte er alle Freuden des Fleisches voll genossen. Dann brach, nach seiner ersten schweren Krankheit, auf Sizilien der Bürgerkrieg aus, und Franziskus war sehr daran interessiert, dort selbst mitzukämpfen. Während er sich die Sache noch überlegte, hatte er folgenden Traum:

Er stand im Geschäft seines Vaters, das sich plötzlich in die stattliche Halle eines unbekannten Palastes verwandelte. Die Re-

gale wichen Stapeln glänzender Schilde, Helme, Speere und
Schwerter, die bis zur Decke hinaufreichten. Alle trugen das
Zeichen des Kreuzes. Als der Träumer sich verwundert umsah,
hörte er eine Stimme sagen »All das soll dir gehören und deinen
Mitstreitern!«

Der junge Mann bezog diesen Traum auf den Krieg auf
Sizilien und ritt, zusammen mit seinen Freunden, sofort nach
Süden, um sich dort freiwillig zu melden. Kaum hatten sie jedoch
Assisi hinter sich gelassen, da kehrte sein altes Leiden wieder, und
er verbrachte eine Nacht in Spoleto im Fieberwahn. In seinem
halbwachen Zustand sprach ihn die gleiche Stimme wieder an,
dieses Mal jedoch strenger: »Du hast die Erscheinung in Assisi
falsch verstanden. Geh in deine Heimatstadt zurück. Dort wirst
du erfahren, was du tun sollst.«

Gegen seinen Willen kehrte Franziskus nach Assisi zurück.
Dort hörte er zum dritten Mal die Stimme aus dem Traum, die
ihm jetzt sagte: »Franziskus, siehst du nicht, daß Mein Haus in
Trümmern liegt? Geh hin und baue es wieder auf für Mich!«

Franziskus baute die alte Kirche in Assisi wieder auf; dies war
die erste Sprosse seiner Leiter zur Heiligkeit, die er betrat.

Eine Sekretärin träumte, daß ihr Schwager stürbe, der wegen
einer kleinen Angelegenheit im Krankenhaus lag. Im Traum war
sie bei seiner Beerdigung, die Feier fand in der katholischen
Kirche statt. Beim Erwachen hörte sie noch das »Kyrie, eleison«
(Herr, erbarme dich), das der Priester dreimal sprach.

Die Sekretärin weckte ihren Mann und erzählte ihm ihren
Traum. Er jedoch spottete darüber und meinte »Das kann ja nur
ein Alptraum sein – er ist ja gar kein Katholik!« Es verging kein
Jahr und der Schwager starb an Lungenkrebs. Das Erstaunliche an
der Geschichte ist jedoch, daß er nur wenige Wochen vor seinem
Tode zum katholischen Glauben konvertierte. So kam die Träumerin tatsächlich in eine katholische Kirche zu seiner Beerdigung,
bei der der Priester den Rosenkranz betete.

Eine Bekannte erzählte mir von der Fähigkeit ihrer Mutter,
verlorene Dinge wiederzufinden, indem sie träumte, wo sie lagen. Die Mutter wendet hierbei die – wie sie sie selbst nennt –
»Nickerchen-Methode« an: Zuerst wird sie ganz ruhig, legt sich
dann kurz hin und nimmt sich vor, sich im Schlafe führen zu
lassen. Einmal war eine recht große Geldsumme nicht mehr
aufzufinden. Jemand hatte das Geld genau in dem Augenblick bei
ihr liegen gelassen, als die Gäste für den Abend kamen. Rasch

nahm sie das Geld an sich und legte es an einen sicheren Ort. Als die Freunde gingen, erinnerte sie sich wohl noch an das Geld, aber wohin sie es gelegt hatte, konnte sie sich nicht mehr erinnern. Tagelang suchte sie, stellte alles auf den Kopf – vergeblich. Schließlich vertraute sie sich ihrer »Nickerchen-Methode« an. Da träumte sie, sie hätte die Rolle mit Geldscheinen unter die Uhr auf dem Nachttisch gesteckt.

Als sie erwachte und nach der Uhr sah, stand diese fest auf dem Sockel; unmöglich konnte hier eine Rolle Geldscheine darunter liegen. Wieder durchsuchte sie das ganze Haus, ohne etwas zu finden. Sie beschloß, es noch einmal mit der »Nickerchen-Methode« zu versuchen. Noch nie zuvor hatte diese sie im Stich gelassen! Doch wieder träumte sie dasselbe: »Das Geld ist unter der Uhr!« Empört machte sich sich an den Frühjahrsputz, denn sie wußte: Das Geld mußte irgendwo im Hause sein. Als sie am nächsten Tag das Schlafzimmer putzte, stieß sie aus Versehen die Uhr vom Nachttisch, so daß diese ins Bett fiel. Als sie die Uhr wieder aufhob, entdeckte sie, daß der Fuß innen hohl war – darin steckte das Geld!

Am 14. August 1967 erhielt ich einen Brief von einem Arzt in Chattanooga, Tennessee. Der letzte Absatz lautete folgendermaßen: »Wenige Tage, nachdem wir wieder in Chattanooga ankamen, hatte meine Frau einen Traum, in dem sie unseren Sohn Stephen sah, aus dessen Ohren Eiter floß. Sie erzählte mir von ihrem Traum, und mein erster Gedanke war: Der Junge hat etwas zu Ohren bekommen, was nicht allzu angenehm war. Doch zuerst beachteten wir Ihren Rat, die Trauminterpretation erst einmal ganz wörtlich zu nehmen. So nahmen wir Stephen mit hinunter in mein Sprechzimmer, wo ich ihn untersuchte, obgleich er in keiner Weise einen kranken Eindruck machte. Doch zu unserer großen Überraschung waren beide Ohren ziemlich schwer infiziert. Dank des Traumes und Ihrer guten Anweisungen konnten wir die Sache rechtzeitig unter Kontrolle bringen.«

Diese Art der Führung im Traum kann uns – wenn wir sie befolgen – soviel Schmerz, Krankheit und Geld ersparen!

Botschaft der Träume

Manchmal wacht man auf und hat ein bestimmtes Wort, einen bestimmten Satz im Bewußtsein. Das kann ein Wort aus der Bibel sein, das eine klare Weisung für ein Problem enthält, das uns gegenwärtig beschäftigt.

Eine Frau erinnerte sich beim Erwachen an das Wort »unbefleckt«. Sie konnte sich keinen Reim darauf machen und zog ein Wörterbuch zu Rate, in dem sie las: »nicht der Sünde und falschem Tun unterlegen, ohne Fehl und Irrtum, tadellos«. Nun verstand sie die Botschaft und erinnerte sich an die Stelle im Jakobusbrief: »Ein reiner und unbefleckter Gottesdienst vor Gott dem Vater ist der: Die Waisen und Witwen in ihrer Trübsal besuchen, und sich von der Welt unbefleckt halten.« (Jak 1, 27) Sie konnte diesen Satz auf ihr egoistisches Handeln am vorangegangenen Tage beziehen und unternahm Schritte zur Wiedergutmachung.

Nach einer Diskussion über biblische Verheißungen des Schutzes für die, die Gottes Gebote achten, hörte eine Frau vor dem Erwachen am nächsten Morgen folgende Worte: »Jeder ist zeitlebens geschützt.« Daraus schloß sie, daß wir nur den Erfahrungen unterworfen werden, die zu unserem geistigen Wachstum nötig sind.

Einem anderen kamen diese Worte im Schlafe: »Gott ist Veränderung.« Das bezog sich auf die Veränderungen in unserem Leben, die nötig sind, um Gott zu gestatten, durch uns zu wirken, und deutete auf das Wachstum der Seele hin, das die geistige Entwicklung in uns bringt.

Ermutigung kam zu einem anderen Menschen: »Wenn du ständig brüderliche Liebe ausstrahlst, kann Heilung durch dich geschehen.« Diese Worte unterstreichen die Macht kleiner Freundlichkeiten, die Heilung in die beunruhigten und betrübten Herzen derer bringen können, denen wir täglich begegnen.

Ich erwachte eines Morgens mit folgenden Worten im Bewußtsein: »Mein Kind, höre nicht auf die Worte der Gottlosen!«

Diese Ermahnung war das Resultat einer Diskussion mit einem Atheisten am Vorabend.

Ein Mann, der sich bemühte, den Sinn der Reinkarnation zu verstehen, bekam Hilfe durch folgende Worte, mit denen er eines Morgens erwachte: »Viele Leben, viele Tode, viele Erfahrungen werden dich in ein Leben der Reinheit führen.«

Ein anderer, der sich mit dem Studium der ASW-Phänomene beschäftigte, erhielt diese Erklärung: »ASW, richtig angewandt, schafft einen Zustand innerer Sicherheit. Sicherheit heißt hierbei Gelassenheit.«

Nach einem Vortrag über den rechten und falschen Gebrauch des Geldes erwachte eine Frau am Morgen und hörte folgendes: »Respektiere den Reichtum. Golgatha jedoch kannst du nur durch Tränen verstehen.«

Wir alle wissen, wieviel Gutes man mit Geld – gebraucht man es mit Weisheit – erreichen kann. Nur wenige erkennen jedoch in unserer Wohlstandsgesellschaft, daß auch die Armut ihre Vorzüge hat. Leiden setzt oft geistige Kräfte frei, die anderen helfen. Ebenso lehrt es uns Mitgefühl und läßt die Geduld in uns wachsen. Die Not lehrt uns allgemein auch eine größere Dankbarkeit im Leben und für das Leben.

Zuspruch und geistige Führung kam zu einem jungen Mann, der sich danach sehnte, ein geistliches Amt zu bekleiden. Er vernahm folgende Worte: »Du und vertrauenswürdig – das ist eins. – Predige!« Er befolgte den Rat und wurde ein sehr erfolgreicher Priester.

Ich selbst hörte einmal folgendes beim Erwachen: »Er spricht viele Sprachen gut – außer Englisch. Er weiß über viele Dinge gründlich Bescheid – außer über Religion.« Diese Traumbotschaft bezog sich auf einen neuen Bekannten, den ich anfänglich für fromm und weise gehalten hatte. Die Zeit bestätigte die Berechtigung dieser Warnung.

Ein bemerkenswertes Traumerlebnis weiß eine Frau zu berichten, die sehr unglücklich darüber war, daß ihr Mann in eine kleine Stadt auf dem Lande versetzt werden sollte. Sie sah dies als das Ende ihrer eigenen Karriere an, aber überwand sich schließlich, sich zu fügen und im Interesse ihres Mannes das Beste aus der neuen Situation zu machen. Am nächsten Morgen erwachte sie mit den Worten: »Lies Josua 1,9«! Dort las sie: »Siehe, ich habe dir geboten: Sei stark und guten Mutes! Hab keine Angst und entsetze dich nicht, denn der Herr, dein Gott, ist mit dir, wo immer du gehst!« Sie zogen um, und nach einiger Zeit fand die Frau noch größere Chancen in ihrem Betätigungsfeld, als sie sich je erhofft hatte.

Eine Warnung erging an einen Mann, der beim Erwachen hörte: »Lies Lukas 17!« Einige Nächte danach vernahm er die Aufforderung: »Lies das siebte Gebot!« Beide Träume forderten ihn auf, seine Lebensweise zu ändern. Im Gespräch gab er zu, daß er gegen sein Gewissen gehandelt hatte, um rein materielle Wünsche zu befriedigen.

Die Mehrzahl der Zeichen und Botschaften in Träumen werden zunächst als störend empfunden, da sie ihre Entstehung in schmerzlichen Konflikten haben; es gibt jedoch auch Ermutigung und aufbauenden Zuspruch.

Eine Frau betete beispielsweise darum, daß ihr gezeigt werde, ob sie Fortschritte in der geistigen Entwicklung machte. Darauf träumte sie, wie sie zum Himmel aufsah. Aus den Schönwetterwolken erschienen applaudierende Hände.

Geschäftsleben

Der praktische und materielle Wert von Träumen zeigt sich in folgenden Beispielen mit Deutungen von Edgar Cayce.

Ein 43jähriger Fabrikant träumte, er arbeitete zusammen mit einem Partner an einem neuen Programm des Öl- oder Benzinverkaufs durch Verteilerpumpen, die von beteiligten Unternehmen auf Lizenzbasis eingesetzt würden. »Es gab einen Prozeß zwischen mir und jemand anderem. Es ging dabei um falsche Aussagen oder Vertragsbruch. Gerade als ich meines Sieges im Prozeß sicher war, gewann die andere Partei wegen irgendeiner Formsache.«

Cayce: »**Dieser Traum bezieht sich auf die Überlegungen, die die Person bezüglich der Verteilung von Öl oder Benzin anstellt. Der Traum warnt diese Person, unter den gegenwärtigen Umständen – das heißt Vertragsbedingungen – in das Geschäft einzusteigen. Nach Lage der Dinge würden sich zu einem späteren Zeitpunkt gerichtliche Prozesse ergeben, die der Person zum Nachteil oder Schaden gereichten.**

Steige also jetzt nicht in dieses Geschäft ein! Die Pläne hinsichtlich der Verteilung von Benzin sind in Ordnung, die Absichten der Leute, die sich an dem Geschäft beteiligen wollen, sind jedoch nicht in Ordnung. Sei also gewarnt!« (195 D)

Der folgende Traum betont, wie wichtig der Faktor Geduld im geschäftlichen Leben ist: »Ich träumte, A und B gingen auf eine Reise. Ich versuchte, ihnen zu folgen, indem ich mich hinten an den Zug hängte, hatte jedoch Schwierigkeiten und merkte, daß ich abrutschte. Schließlich ließ ich los. Dann kam ein Güterzug daher. Ich schilderte dem Lokführer meine Lage; er versicherte mir, er brächte mich noch vor dem anderen Zug ans Ziel. Ich kam bei einem großen Hotel an, wo schon ein Zimmer für mich bereit war. Dort versteckte ich mich und beobachtete, wie die beiden anderen ankamen. Sie schienen beunruhigt, daß ich nicht bei ihnen war. Ich trat hervor, und alles schien in bester Ordnung.

Dann war da eine Frau, die beim Ankleiden eine Schmuckschatulle öffnete und mir Goldstücke verschiedener Nennwerte zeigte – alles waren große Stücke.«

Cayce: »**Dieser Traum gibt der Person Informationen in bezug auf geschäftliche Pläne. Es wird davor gewarnt, sich unvorbereitet auf eine Sache zu stürzen** (der schnelle Zug). **Bereite dich zuerst vor** (der Güterzug), **dann wird die nötige Hilfe kommen** (der Lokführer). **So wirst du größeren Erfolg haben, als wenn du die Sache überstürzt. Goldstücke von großem Nennwert** (die Frau mit der Schmuckschatulle) **werden sich einstellen, wenn die Vorbereitungen langsam gemacht werden.«** (538 D)

Im folgenden Traum sehen wir eine Diebstahl-Warnung: »Ich befand mich in meinem Appartement in Ohio. Mein Partner kroch auf dem Boden und versuchte, Einbrechern zu entkommen. Mit dem Gefühl, Einbrecher wären da, lag ich dann im Bett eines Schlafwagens; Gauner waren im Zug, gingen durch die Wagen und plünderten die Reisenden. Einer der Räuber stritt mit einer Frau in einem benachbarten Abteil, da versteckte ich meine Geldscheintasche. Dann wachte ich auf.«

Cayce: »**Hier handelt es sich um eine Warnung der Person, nämlich hinsichtlich des Motors, den sie plant, in Betrieb zu setzen oder vorzustellen. Gaunerhafte Elemente sind in der Umgebung. Es wäre gut, wenn die Person den Motor bewachte und unter Kontrolle hielte, bis er vollendet ist und Vorbereitungen bezüglich seiner Verwendung getroffen sind.«** (195 D)

Auch der folgende Traum enthält viele Zeichen der Warnung vor einem bestimmten geschäftlichen Vorhaben: »Ein Börsenmakler, Mr. Z. (ledig), war im Traum verheiratet. Seine Frau gebar ihm ein wunderschönes Kind mit verkümmerten Füßen. Ich war zu Besuch da. Später kam noch ein Freund ins Haus. Dann verließen dieser Freund und ich das Haus von Mr. Z. Draußen war es ungemütlich. Das Wetter war kalt, Schnee bedeckte die Erde, und der Himmel war pechschwarz. Wir gingen einen sehr steilen Berg hinauf, der Himmel lag dunkel vor uns. Plötzlich erschienen große helle Sterne, die herabfielen wie Feuerwerkskörper und in der Dunkelheit verschwanden. Ich hatte Angst, von einem dieser Sterne getroffen zu werden. Mein Freund hob seinen Arm, um mich zu schützen. Er sagte, ich bräuchte mich nicht zu fürchten: Es wären nur ein paar Jungen, die Schneebälle würfen. Sobald wir wieder auf ebenem Grund angelangt waren, verschwand das Bild und ich erwachte.«

Cayce: »**Dieser Traum stellt die verschiedenen Entwicklungen im Leben dieser Person dar. Mr. Z. und seine Ehe sind Zeichen für eine neue geschäftliche Verbindung. Das wunderschöne Kind zeigt die Attraktivität dieser geschäftlichen Fusion und ihrer vermutlichen Erfolge. Die verkrüppelten Füße des Kindes zeigen, daß dieser Weg praktisch zu Kummer führen wird. Die Kälte im Traum unterstützt noch den Hinweis auf Schwierigkeiten, auch der steile Berg und der dunkle Himmel. Der Freund, der Trost und Schutz gibt, ist ein wirklicher Freund. Es ist weise, seine Meinung zu diesem geschäftlichen Vorhaben als guten Rat zu befolgen.**« (551 D)

Cayce wurde auch um die Interpretation folgenden Traumes gebeten: »Ich gebrauchte meine Kamera, um Titelbilder für einen Film aufzunehmen. Wenn man solche Titel dreht, sollte man die Kamera etwas nach links schwenken. Irrtümlich bewegte ich sie zur falschen Seite und bekam nur den halben Titel aufs Bild, nicht den ganzen.«

Cayce: »**Dieser Traum bezieht sich auf die Film-Anteile. Die Person hat bisher nur die Hälfte des Geldes, das nötig ist für die Aktien. Es ist notwendig, dafür zu sorgen, daß der Vertrag ganz erfüllt wird. Dieser Traum ist eine Aufforderung, sich das volle Ausmaß des Einflusses dieses Konzerns anzusehen, an dem die Person interessiert ist. Lerne das Ganze kennen, von innen und außen! Tu das, unbedingt!**« (137)

Im Traum eines 27jährigen Börsenmaklers finden wir eine weitere präzise Warnung: »Ein Mann versuchte, mir ein Radio zu verkaufen. Jemand brachte Gift auf die Klinke meiner Tür und drängte mich, sie anzufassen. Ich war sehr erschrocken. Er versuchte, mich zu zwingen, den vergifteten Türgriff zu berühren. Ich kämpfte und wachte auf, von kaltem Schweiß bedeckt.«

Cayce: »**In diesem Traum sehen wir vorgeführt, welche Dinge bei den geschäftlichen Unternehmungen dieses Menschen eintreten werden. Das zum Kauf angebotene Radio bezieht sich auf die Aktien eines Radio-Herstellers, den Einkauf in eine Radio-AG, der sich dieser Person bald anbieten wird. Das Angebot wird wie eine wunderbare, günstige Gelegenheit aussehen.**

Das Gift auf dem Türgriff jedoch stellt eine Aufforderung an diese Person dar, darauf zu verzichten, in diese Aktien zu investieren, in Schuldverschreibungen oder ähnliches, was mit Radios zu tun hat. Dies gilt für die nächsten sechzehn bis zwanzig Tage.«

Die meisten Warnungen vor geschäftlichen Unternehmungen, die Cayce gab, wurden beachtet. Wo man ihnen nicht folgte, waren die Folgen gewöhnlich unheilvoll – wie zum Beispiel bei dem oben erwähnten Börsenmakler, der durch Cayce vor dem Börsenkrach an der Wall Street im Jahre 1929 gewarnt worden war.

Durch den folgenden Traum wurde entdeckt, daß ein Angestellter Geld aus der Geschäftskasse veruntreute. Der Firmeninhaber berichtete: »Ich träumte, durch ein Guckloch in den vorderen Büroraum zu schauen, wo irgendein Handel abgeschlossen wurde. Bei einem der Angestellten schien irgend etwas Schändliches vorzugehen.«

Aufgrund der Hinweise im Traum stellte der Unternehmer Nachforschungen an und entdeckte, daß der Angestellte, den er im Traum gesehen hatte, die Bücher fälschte und Firmengelder in die eigene Tasche fließen ließ. Der Mann wurde entlassen und wunderte sich vermutlich, wie seine Unterschlagung so bald entdeckt wurde.

Vor sieben Jahren träumte eine Hausfrau, sie sollte ihre Aktien verkaufen und Land in Virginia Beach dafür erstehen. Sie kaufte 6½ Hektar Land für 5000 $. Inzwischen wurden ihr schon 12500 $ je Hektar geboten.

Ein Mann, der Aktien zu 18 $ pro Anteil gekauft hatte, träumte von der Zahl 25 in einem weißen Kreis. Er hatte dabei das Gefühl, er sollte die Aktien wieder verkaufen, wenn ihr Kurs auf 25 $ gestiegen wäre, und tat es. Gleich darauf fielen diese Aktien auf 17 $, und er kaufte wieder ein. Dann träumte er die Zahl 35 und verkaufte wieder, als der Kurs auf 35 $ gestiegen war. Danach fiel der Kurs seiner Aktien abermals, jetzt sogar auf 20 $ je Anteil.

Besonders interessant ist bei diesem Fall der Umstand, daß dieser Mann praktisch keine Ahnung von Börse und Aktiengeschäft hatte; nur aus Liebhaberei hat er sich ab und zu damit beschäftigt. Für diese inneren Weisungen im Traum gibt es keine andere Erklärung als Cayces, der sagte: »Sogenanntes Glück ist ein Ausdruck von Gottes Anerkennung für die, die sich bemühen, Seinen Willen auf Erden zu tun.«

Hilfe empfing auch ein Mann, der eine neue Arbeitsstelle suchte. Durch das Wirken der höheren Kräfte träumte seine Frau ein Datum – es lag noch neun Monate vor ihnen –, an dem er seine Arbeit als Beamter in der Verwaltung aufnehmen würde. Genau an dem geträumten Termin hatte er seine Stelle. Neun Monate lang hatte er verzweifelt gesucht, bekam aber kein Angebot, das ihm entsprochen hätte.

1958 wurde ein anderer Mann im Traum in eine bestimmte Stadt gewiesen, die für ihn geschäftlich am günstigsten wäre. Als er fragte, warum er ausgerechnet dorthin und nicht an einen anderen Ort gehen sollte, der ihm für sein Geschäft besser erschien, bekam er im Traum drei Symbole gezeigt: einen Stern, einen Hahn, aus dem das Wasser floß, sowie eine Familie auf einem Hausboot. Er deutete diese Symbole selbst und kam zu diesem Schluß: Die Stadt im Süden des Landes würde noch sehr bedeutend, es gäbe dort viel Wasser, die Stadt würde als Touristen- und Ferienzentrum noch wichtig werden. Die Stadt, von der er geträumt hatte, war Houston, Texas. Der Mann zog dorthin und konnte eine bedeutende, erfolgreiche Firma aufbauen.

Ein leitender Angestellter träumte dreimal, sein Geschäft würde einen Niedergang erleiden. Vom letzten Traum erzählt er: »Ich ging in die Firma und sah, daß ein Arbeiter gerade die Maschine mit dem größten Durchmesser vollendet hat, die wir je hergestellt haben. Die Männer versuchten, sie durch eine Seitentür zu schaffen, die jedoch zu schmal war. Ich sagte ihnen, sie sollten es bei dem großen Vordertor versuchen, das zwei Flügel zum Öffnen hat. Die Leute waren einverstanden, aber dann sah ich, daß sie sich mühten, die Maschine durch eine andere schmale Türe ins Büro zu schaffen, statt direkt in die Versandabteilung.«

Dieser Traum bezog sich also auf die Firma des Mannes, eines Werkzeugmachers. Die große Maschine, die hergestellt wurde, zeigte an, daß die Auftragslage der Firma zufriedenstellend war. Der Versuch, das Produkt zur Seitentür hinauszuschaffen, war Anzeichen dafür, daß zuviel Mühe, Zeit und Kosten für die Ausfertigung der Bestellungen und den Versand zu den Kunden verschwendet würde. Auf diesen Traum hin stellte der Unternehmer eine Untersuchung an, die die Richtigkeit seines Traumes bestätigte. Er veranlaßte einige Veränderungen in der Geschäftsleitung, und in den folgenden sechs Monaten stieg der Gewinn der Firma um 30 Prozent.

Der Direktor einer großen Gesellschaft bekam den Posten eines Generaldirektors in einer kleineren Gesellschaft angeboten. Die letzten Worte der Männer, die ihm das Angebot unterbreiteten, waren: »Was wären Sie lieber: ein kleiner Frosch in einem großen Teich – oder ein großer Frosch in einem etwas kleineren Teich?« In der folgenden Nacht träumte er: »Ich jagte zu Hause auf dem Teppich einen Frosch. Er war recht klein und schwer zu fangen. Schließlich fing ich ihn und setzte ihn in einen Krug, den ich mit einer Glasscheibe bedeckte. Dann sah ich mich nach etwas um, womit ich oben Luftlöcher hineinbohren könnte. Bevor ich dazu kam, starb der Frosch und platzte auf; seine Farbe wechselte von grün zu aschgrau. Dann kam ein Freund aus Dallas herein und begann etwas mit mir zu besprechen.

Offensichtlich warnte ihn dieser Traum, das Angebot anzunehmen. Das zeigte sich durch die Größe des Frosches, aber auch durch die Unmöglichkeit, neues Leben in den toten Frosch zu bringen. Der Frosch stellte also den angebotenen Posten dar. Daß die Sache »platzen« würde, bedarf keiner weiteren Erläuterung. Der grüne Frosch, der plötzlich aschweiß wird, ist auch Zeichen für einen ungesunden Zustand.

Es erübrigt sich zu sagen, daß der Mann das Angebot ablehnte. Einen Monat später kam ein Freund aus Dallas zu Besuch und bot ihm an, Generaldirektor einer expandierenden Firma zu werden. Jetzt ist er seit eineinhalb Jahren in dieser Firma und konnte in dieser Zeit den Umsatz um 40 Prozent steigern; auch sein eigenes Gehalt wurde beträchtlich erhöht.

Wem Sie im Traum begegnen

Im Grunde genommen begegnen Sie in Ihren Träumen sich selbst, in einer Unzahl von Verkleidungen. Respektspersonen wie Eltern, Polizisten, Pfarrer und Richter stellen gewöhnlich das höhere Selbst dar, also das Gewissen und seine Urteile. Unmoralische, zügellose Menschen und Gruppen aus den niederen Schichten der Gesellschaft weisen meist auf unser niederes, undiszipliniertes Selbst hin.

Wie sehen sie gewöhnlich aus, diese Leute in Ihren Träumen? Ihre Hautfarbe, Rasse und Überzeugung bildet nur einen Aspekt Ihrer selbst, Ihres Selbst ab. Einzelheiten wie Stimme, Gesichtsausdruck, Gestik und sogar Kleidung sind ebenfalls wichtig, denn auch sie tragen zum Gesamtbild bei und vervollständigen die Botschaft, die an den Träumenden, an Sie, herangetragen werden soll.

Lassen Sie mich zuerst einige recht gewöhnliche Träume vorstellen, die sich auf Mitglieder der eigenen Familie beziehen. Häufig träumen wir über unsere Familien, wenn wir in emotionellen Konfliktsituationen stehen oder wenn es ernste Spannungen in der Familie gibt. Träume über familiäre Probleme sind mir sehr oft berichtet worden, von vielen Menschen, ob männlichen oder weiblichen Geschlechts.

Ein solcher Traum zeigt, wie einen der Ehepartner verläßt. Gewöhnlich erwacht der Träumende verwirrt; ist es eine Frau, mag sie sogar weinend erwachen.

Laut Cayce dient dieser typische Traum dazu, den Träumenden deutlich aufzufordern, etwas in der Partnerbeziehung zu ändern, zu verbessern. Cayce pflegte in einem solchen Falle den Träumenden daran zu erinnern, sich auf die guten Eigenschaften des Partners zu besinnen, wieder wie der überglückliche Bräutigam, die überglückliche Braut zu sein und sich um den geliebten Partner zu bemühen, solange es nicht um Grundsätzliches ginge. Der geschilderte Traum kommt also als eine Aufforderung, die Beziehung zu verbessern, damit das im Traum Gesehene nicht heraufbeschworen wird.

In einem ähnlich motivierten Traum erscheint der Partner als strahlender Filmstar. Dieser Traum heißt den Träumenden, seinem Gefährten mit der gleichen Achtung zu begegnen, die er/sie einem »Star« zollen würde. Ihr Partner ist der Star in Ihrem Leben; er sollte es jedenfalls sein.

Erschütternd häufig ist der Traum einer Mutter, daß ihr Sohn oder ihre Tochter sich in einer gefährlichen, lebensbedrohlichen Situation befindet. Wie auch andere ASW-Träume stellt dieser einen Aufruf zum Gebet für den Sohn, für die Tochter dar. In der Mehrzahl solcher Fälle ist das Kind, von dem die Mutter träumt, gerade nicht zu Hause. Solche Träume kommen nicht, um die Eltern zu beunruhigen, sondern um sie anzuregen, etwas Konstruktives, Hilfreiches zu unternehmen. In manchen Fällen kann die Mutter ihrem Kind auch helfen, indem sie ihm hinterher von dem Traum erzählt. Sie, der Leser dieses Buches, werden sich jetzt wohl fragen, ob es weise ist, ein Kind zu verletzen, zu erschrecken, indem man ihm von einem unangenehmen Traum erzählt. Cayce würde diese Frage so beantworten, wie er es tat, als er gefragt wurde, ob man einem Kinde auch eine schmerzhafte Massage zumuten dürfte: »Genügt es, den Splitter herauszuziehen, wenn schon eine Blutvergiftung besteht?« (554-5-5)

Folgender Traum zeigt die Macht des Gebetes, einem Familienangehörigen zu helfen: Eine Frau träumte, ihr Mann hätte auf der Reise einen Schlaganfall. Sie wußte, wieviel Angst ihr Mann davor hatte, krank zu sein, und so hatte sie das Gefühl, es wäre in der augenblicklichen Situation weiser, für ihn zu beten, als über den Traum zu sprechen. Ungefähr drei Wochen danach verlangte die Firma, in der ihr Mann arbeitete, daß alle leitenden Angestellten gründlich ärztlich untersucht würden. Der Mann der Träumerin – so stellte sich dabei heraus – hatte einen extrem hohen Blutdruck. Man leitete entsprechende Maßnahmen ein und konnte ihn unter Kontrolle bringen.

Gespenster sind die Hauptdarsteller im folgenden Traum: »Ich träumte, Gespenster wären im Haus. Ich fürchtete mich sehr.«

Cace: »**Gespenster sind die Ängste und Gedanken, die gegenüber bestimmten Menschen in diesem Hause gehegt werden. Diese Personen werden als Gespenster gedacht.**« (137)

Die Symbole im folgenden Traum wurden sehr wichtig für eine Frau, die ihre Kinder »liberal« aufwachsen ließ: »Ich sah, wie der Boden in einer Ecke des Schlafzimmers der Kinder einsank.«

Eine wirkungsvolle Methode, einen solchen Traum zu analysieren, ist die Gegenüberstellung der Traumelemente und ihrer Bedeutung in einer Tabelle:

Kinder	Kinder
Fußboden	Grundlegendes, Prinzipien, Basis für Körper, Seele und Geist
Einsinken	Körper – Seele – Geist untergraben
Schlafzimmer	Ruhe (gewöhnlich)

In diesem Falle gestattete die Mutter den Kindern, zu jeder Tages- und Nachtzeit fernzusehen, ohne Einschränkungen hinsichtlich des Programms, und stopfte sie mit Süßigkeiten voll. Hier stand das Schlafzimmer der Kinder symbolisch für das Gebiet, das nachzugeben hatte. Der schadhafte Fußboden zeigte die schädliche Beschäftigung im Schlafzimmer an, die – wenn sie es nicht schon tat – die Gesundheit, die seelische und sicherlich auch geistige Entwicklung der Kinder beeinträchtigte. So war dieser Traum eine Mahnung an die Mutter, diese Umstände zu ändern.

Im nächsten Traum finden wir Symbole, die in der Geschichte der Vereinigten Staaten eine große Rolle spielen: »Mein Mann und ich waren in Philadelphia. Wir blickten durch die Bäume empor und sahen die Freiheitsstatue; ihr schönes Antlitz glühte. Mein Mann versuchte, ein Foto davon zu machen, aber wir standen zu nahe davor.«

Philadelphia	(griech.:) Stadt der brüderlichen Liebe
Bäume	Einschränkung der Sicht
Freiheitsstatue	Freiheit
zu nahe für ein Bild	zu nahe, um zu verstehen und zu sehen

Dieser Traum wollte der Träumerin – einer Anhängerin Edgar Cayces – sagen, daß ihr Mann sich bemühte, ihre Vorstellungen von Leben, Liebe und Freiheit (Freiheitsstatue!), wie sie in den Cayce-Readings betrachtet werden, ebenfalls zu verstehen. Wegen des zu geringen Abstandes von seiner Frau hatte er Schwierigkeiten, das Bild klar zu sehen. Hier war die Aufforderung an die Frau, einfach und liebevoll zu bleiben und ihrem Manne die Freiheit zu geben, auf religiösem und weltanschaulichem Gebiet seine eigenen Entscheidungen zu treffen.

Der folgende, ebenfalls von Cayce interpretierte Traum ist von emotioneller Symbolik durchzogen: »Mein Mann und ich befanden uns auf einem Schiff; da schien ein Donnern von Schüssen und Kämpfen zu sein. Schließlich wurde das Schiff vom Blitz getroffen. Der Dampfkessel explodierte und wir wurden getötet.«

Cayce: »**Das Schiff ist die Lebensreise. Schiffahrt und Tumult sind Veränderungen, die mit zukünftigen Schwierigkeiten verbunden sind. Explosion und Tod stehen für eine Veränderung im Bewußtsein, vom explosiven Zustand in einen – nach der Beruhigung – friedvolleren. Laßt diesen Traum als eine Aufforderung an beide Partner gelten, den Weg füreinander zu ebnen, um so gemeinsam und untereinander mehr Harmonie zu schaffen.«** (136)

Die Deutung des nächsten Traumes bringt eine weitere Lektion von Cayce: »Ich träumte von einem Uniformierten ohne Kopf. Er war Seemann, ging sehr aufrecht und hatte ein Gewehr oder einen Spazierstock in der Hand.«

Cayce: »**Verliere nicht den Kopf über deine Verpflichtungen! Lege mehr Gewicht auf das, was du aus der Beschäftigung mit Ideen lernen kannst, die sich mehr auf den geistigen Aspekt der Dinge beziehen. Der Geist des Gesetzes – eher als der Buchstabe des Gesetzes – ist dargestellt durch das Gewehr oder den Spazierstock.«**

Kleine, rote Teufel gerieten in folgenden Traum eines Jungen: »Ich sah viele kleine, rote Teufel, die anfingen, mich tief in den Boden zu drücken. Tief in der Erde traf ich auf den König der Teufel. Er erschreckte mich, und als ich zu entfliehen versuchte, entdeckte ich einen Fahrstuhl auf der rechten Seite.«

Dieser Traum beeindruckte den Jungen so nachhaltig, daß er sich noch als Erwachsener daran erinnerte. Obgleich der Traum seinerzeit wohl durch die unvorsichtige Bemerkung eines Erwachsenen ausgelöst worden war (»Du hast den Teufel im Leib! Junge, der Teufel wird dich holen!«), hatte er doch auch seine Bedeutung; Träume nämlich – so sagte Cayce – können auf mehreren Ebenen gedeutet werden. In diesem Traum ist die Erde der Körper des Jungen, oder auch sein Unbewußtes. Auf diesem Gebiet wird er so manchem König der Teufel und seinen Untertanen begegnen. Daß der Junge von den Teufeln tiefer in den Boden gedrückt wurde, um dem König zu begegnen, zeigt die Umstände und Versuchungen des Lebens an, die uns zwingen, uns selbst auf einer anderen Ebene zu begegnen, um verborgene Fähigkeiten zu entdecken und zu entwickeln. Der Fahrstuhl auf der rechten Seite bedeutet, daß es immer einen Weg gibt, den Versuchungen oder Teufeln zu entkommen, und das ist der rechte Weg, der richtige Weg. Der einzige Teufel, vor dem wir uns fürchten müssen, das sind wir selbst.

Im folgenden Traum erteilt die Mutter der Träumenden, einer Hausfrau, eine Lehre: Diese Hausfrau träumte, sie ginge mit ihrem jüngsten Sohn in ein Krankenhaus. Dort wollten sie ihre Mutter bzw. Großmutter besuchen, die herzkrank war. Eine Pflegerin jedoch hielt sie an und teilte ihnen mit, es sei in diesem Krankenhaus nicht zulässig, daß Kinder die Patienten besuchten. Die Frau wartete, bis die Schwester außer Sicht war, und betrat dann das Zimmer ihrer Mutter. Die Mutter winkte sie an ihr Bett. Sie zog die Bettdecke weg, und das Herz war offen sichtbar. Während die Träumende noch verwundert hinsah, fiel der Kopf der Mutter ab. Die Frau beugte sich, um ihn aufzuheben, als die Beine der Mutter abfielen. Die Tochter wachte verwundert auf, ohne jedoch erschreckt zu sein.

Wegen der großen Liebe und Achtung, die sie der Weisheit ihrer Mutter entgegengebracht hatte, stellte in diesem Traum die Mutter (die schon gestorben war) ihr höheres Selbst dar. Der erste Hinweis auf die Bedeutung des Traumes kam schon zu Beginn der Szene, als die Frau der Schwester nicht gehorchte und damit ein Gesetz brach: das Gesetz der Mäßigung. Der zweite Hinweis findet sich im Ort des Geschehens: Das Krankenhaus bezieht sich hier auf ihren körperlichen Gesundheitszustand. Der dritte Hinweis kommt von der Mutter, die ihr offen daliegendes Herz zeigt. Die nächsten Punkte sind das Abfallen von Kopf und Beinen der Mutter. Warnung und Lehre dieses Traumes sind: »Du läßt dein Herz mit dem Kopf durchgehen, du fällst in Stücke!«

Es war nicht schwierig, den Traum auf die aktuelle Situation der Frau zu beziehen: Sie hatte sich in jener Woche für vier Kurse angemeldet, die ihre wöchentliche Teilnahme verlangten. Zu Hause hatte sie drei Kinder, einen Mann, eine Katze und einen Haushalt, die ebenfalls ihre Aufmerksamkeit verlangten. Aus diesen Gründen rannte sie sich »die Beine ab«, wie der Traum deutlich zeigte. Daß sie den Kopf ihrer Mutter vom Boden aufhob, war eine Mahnung, »ihren Kopf zu gebrauchen«. Ihr jüngster Sohn stand im Traum stellvertretend für ihr eigenes unreifes Verhalten.

In recht eigentümlicher, sehr persönlicher Symbolik finden wir im folgenden Traum eine Verheißung besserer Umstände:

64

»Ich träumte, eine Frau ausgestreckt auf einer Bettfeder zu sehen. Die Feder neigte sich zurück. Dann hörte ich etwas in mir sagen: ›Du wirst erwachen zu etwas anderem.‹ Ich fühlte, wie ich lächelte. «

Cayce: »In diesem Traum sehen wir – symbolhaft ausgedrückt – das Erwachen, die Rückkehr oder Wiederkehr zu den überbewußten Kräften durch das Unterbewußtsein. Der Traum bezieht sich auf ein kommendes Erwachen und die Freude, die ein solches Erlebnis mit sich bringt; letztere ist dargestellt durch das Lächeln auf dem Gesicht. Das Rückwärtsneigen bezieht sich auch auf die geistigen Aktivitäten: sich beugen in Vergebung, Liebe und Dienst am anderen. Wenn wir das verwirklichen, finden wir uns in jenem geistigen Zustand, wo wir uns zurückgestreckt, zurück-verbunden haben mit unserem Ursprung, Gott, dem Überbewußten.« (136)

Nun wollen wir die Traumerlebnisse einer 30jährigen Hausfrau betrachten. Sie stellen sie bekannten und unbekannten Menschen gegenüber und spiegeln eine häufige Situation in ihrem Leben wider:

»Mein Mann und ich wurden einem Pfarrer und seiner Frau vorgestellt; es waren noch mehrere andere Leute anwesend. In der folgenden Unterhaltung gebrauchte mein Mann ein unanständiges Wort, das mich und alle anderen sehr schockierte. Ich wandte mich zu der Pfarrersfrau und meinte: ›Das hätte er nie sagen sollen‹. «

Dieser Traum ist ein Tadel, und er richtet sich – an die Frau selbst. Am Vorabend hatte sie einige unvorsichtige Bemerkungen zu einigen Freunden (im Traum durch den Pfarrer und seine Frau verkörpert) aus der Gemeinde geäußert. Die Ermahnung galt also der Träumerin selbst, beleidigt wurde ihr höheres Selbst, denn sie selbst war im Traume ja schockiert.

Der nächste Traum präsentiert uns eine sehr verwickelte Situation, in der zwischen Träumendem und den Menschen im Traum eine noch direktere Beziehung besteht als im vorangegangenen Traum:

»Wir gingen zu einer Beerdigung und standen in der Nähe des noch geöffneten Sarges, in dem die Leiche einer Frau lag. Anwesend waren – außer mir – der Solist, mein Mann und der Pfarrer, dessen Frau beerdigt werden sollte. Der Pfarrer, der die Trauerfeier leitete, war der Superintendent unserer Kirche. Dies schien wichtig, weil der Mann der toten Frau unter diesem Superintendenten diente.

Als der Gottesdienst begann, stellte ich überrascht fest, daß der Solist ein bekannter Wildwest-Entertainer war; er sang eine Ballade, in der Treue und Loyalität gepriesen wurden. Zu Beginn seiner Ansprache wies der Pfarrer auf dieses Lied hin. Er sagte, es wäre passend, denn das Thema seiner Ansprache hieße: ›Bist *du* dem Leben treu?‹

Ich brachte es fertig, während der ganzen Feier sitzen zu bleiben, aber gegen Ende hatte ich einen überwältigenden und peinlichen Drang, ins Bad zu gehen.

Als ich aufwachte, konnte ich wegen des Druckes auf meiner Blase fast nicht gehen. Als ich jedoch das Badezimmer erreichte, merkte ich, daß Druck und Schmerz in Wirklichkeit Teil des Traumes gewesen waren, denn sie verschwanden, noch bevor ich mich erleichterte.«

Ich fand den Traum leicht zu deuten, weil ich am Tage zuvor dabei war, als die Träumerin ihrer Unzufriedenheit über den Pfarrer ihrer Gemeinde Luft machte. So symbolisierte die Beerdigung der Pfarrersfrau den Tod eines Teils ihres – der Träumerin – geistigen Selbst. Von der Frau eines Pfarrers erwartet man, daß sie ihm Unterstützung und Trost gibt; der Traum zeigte der Träumenden, daß dies auch für sie als Mitglied der Gemeinde gilt.

Der Superintendent war von der gleichen Denomination wie die Träumende und stand deshalb für ihr höheres Selbst. Eine Ballade eines Entertainers ist gewöhnlich ein Lied übers Leben; die Ballade im Traum riet der Träumenden, ihrem Pfarrer gegenüber treu und loyal zu bleiben. Dies wurde durch den Titel der Ansprache noch betont: ›Bist *du* dem Leben treu?‹

Die begleitenden körperlichen Beschwerden zeigten – in direktester Weise – an, daß Kritik am anderen die giftigen Schlacken in uns selbst anwachsen läßt. Die Träumerin warnte sich also selbst und erinnerte sich im Traum daran, daß Leute, die in Glashäusern sitzen, besser nicht mit Steinen um sich werfen sollten.

Eine Mutter von vier Kindern kam einmal mit einem Traum zur Analyse, den sie als Kind Dutzende Male hatte. Der Traum war immer der gleiche. Er handelte von Leuten, die sie gut kannte: Erwachsene wie auch Kinder erschienen ihr als sehr kleine Menschen, so klein, daß sie leicht auf ihrer Hand Platz gehabt hätten. Sie gingen ganz normal ihrer Arbeit nach.

Im Gespräch deuteten wir gemeinsam den Traum folgendermaßen: Ihr »anderes Ich« versuchte, sie mit ihrem eigenen Wert zu beeindrucken, denn sie war ein sehr schüchternes Kind gewesen. So wurde sie gedrängt, mehr Selbstvertrauen und Mut zu haben. Sie hat die Lektion jener Kindheiträume gelernt; heute hat sie Erfolg als Frau, als Mutter und Freund.

Im nächsten Traum sehen wir, wie die Fernsehshow »Um die Wahrheit zu sagen« die Suche eines jungen Mädchens nach der Wahrheit in sich selbst beeinflußte:

»Ich tauchte in klarem Wasser, stieg zur Oberfläche auf und kam – mehr treibend als mich selbst bewegend – zu einer Treppe, auf der ein fremder junger Mann stand. Ich begrüßte ihn: ›Guten Tag, wie heißen Sie?‹ – ›Ich bin Milton Wattley.‹ Ich lächelte und ging auf einen zweiten Mann auf der Wendeltreppe zu. Genau die gleichen Worte wurden gewechselt. Dies geschah noch ein drittes Mal, und auch der dritte Mann antwortete: ›Ich bin Milton Wattley.‹ Dieser Mann jedoch streckte seinen Arm aus, um mich zu berühren. Ich schrak zurück.«

Die Träumerin teilte mir mit, daß sie den Namen Milton nicht leiden könne, sie assoziierte ihn mit Schwäche. Der Name Wattley geht auf die physikalische Maßeinheit für Kraftleistung »Watt« (genannt nach dem Erfinder James Watt) zurück. So bezog sich dieser Traum auf ihre Suche nach ihrem eigenen, wirklichen Selbst, indem er sie mit zwei Hochstaplern und einem »echten« Milton Wattley konfrontierte. Er schildert nicht nur ihre Verwirrung, sondern auch ihre Angst, ihrem höheren Selbst gegenüberzutreten. Der Sprung ins Wasser zu Beginn des Traumes stellt ihre geistige Suche dar, die Wendeltreppe ist der Weg zu einer größeren Erkenntnis ihrer selbst.

Manche Menschen haben berichtet, in einem halbbewußten Zustand Engelsgesichter gesehen zu haben. Andere erleben dies im Traum. Alle jedoch erzählen von der Schönheit und Klarheit dieser Antlitze.

Solche Visionen und Träume symbolisieren gewöhnlich das Erwachen des höheren Selbst. Das bestätigt auch Edgar Cayces Antwort auf die Frage eines Menschen, der von einem Engelsgesicht geträumt hatte:

»Dies war die Vision von einem Zustande, der durch die Verwirklichung geistiger Wahrheiten in deinem Leben eintreten kann. Dadurch werden Stärke und göttliche Kräfte kommen, die Frieden und Glück bringen werden.«

Das Erscheinen historischer Berühmtheiten – seien sie nun berühmt oder berüchtigt – mag bei jedem von uns etwas anderes bedeuten; grundsätzlich wird jedoch ein Charakterzug des Träumenden – jeweils abhängig von seinen Assoziationen mit den geschichtlichen Persönlichkeiten – dargestellt.

Nehmen wir einmal Napoleon Bonaparte als Beispiel. Dem Oberbefehlshaber auf einem Schlachtfeld könnte das Erscheinen von Napoleon in einem Traum sein brillantes Denken in Fragen der Strategie symbolisieren. Einem »Lehnstuhl-General« verdeutlicht Napoleon im Traum nur seine aggressive Einstellung. Einem Gecken könnte Napoleon seine Arroganz vor Augen halten, wenn er in seiner Helden-, Eroberer-Pose erscheint, mit erhobenem Kopf und die Rechte ins Revers gesteckt. Einem Franzosen mag Napoleon seine eigene Sehnsucht nach Heldentum zeigen. In durch Napoleon seinerzeit eroberten Ländern würde sein Erscheinen im Traum zweifellos brutale Gewalt, Brandstiftung und Krieg bedeuten. So gesehen, kann Napoleon im Traume alles bedeuten.

Für einen Amerikaner verkörpert George Washington im Traum Eigenschaften wie Würde, Weisheit und Ausdauer. Einem Engländer hingegen mag Washington als ein verräterischer Rebell erscheinen, weil er die Kolonien im Kriege gegen die Krone anführte.

Als Cayce von einem Traum erzählt wurde, in dem eine Frau George Washington bei der Überquerung des Delaware-Flusses gezeigt wurde, erklärte er ihr, daß sie so ausdauernd sein müßte wie Washington, da sie den von ihr Abhängigen ebensoviel bedeuten würde wie Washington den Kolonisten im Unabhängigkeitskrieg.

Viele Amerikaner träumen, mit dem Präsidenten der Vereinigten Staaten auf du und du zu stehen. Dies kann einerseits ein Traum sein, der aus dem Eigendünkel der Träumenden geboren ist, andererseits hat der Präsident auch die Macht, Krieg oder Frieden zu erklären – und das geht jeden Bürger etwas an. Aus diesem Grunde kann er jenen Teil in einem selbst darstellen, der ebenfalls die Macht hat, in täglichen Dingen und Beziehungen Krieg oder Frieden zu erklären.

Der Präsident ist die höchste Amtsgewalt unseres Landes, und so kann er das »höhere Selbst« symbolisieren – vorausgesetzt natürlich, der Träumende bewundert den Präsidenten im täglichen Leben wirklich.

Folgender Traum von einem Gewalttäter wurde Edgar Cayce zur Deutung vorgelegt: »Ich wohnte mit der Familie in einem Haus in New Jersey und hörte viel Schreien und Aufregung um uns. Die Fenster standen offen, draußen stürmte und regnete es. Wir sprangen auf, um sie zu schließen und zu verriegeln. Irgendein schrecklicher, wilder Mann war freigekommen und lief durch die Stadt, schrie und stiftete viel Aufregung und Verwirrung. Die Polizei war hinter ihm her.«

Cayce: »**Der schreckliche, wilde Mann ist dein Ego und seine Temperamentsausbrüche... Bringe dies unter Kontrolle, wenn diese schreckliche Person gefangen und überwältigt werden soll!« (136–D)** Der draußen wütende Sturm war also in diesem Fall das stürmische Wesen des Träumenden selbst.

Eine vielversprechende Autorin träumte nach einer erfolgreichen Signierstunde von einem hübschen englischen Schauspieler, der einem Mädchen namens Josephine einen Antrag machte, den sie mit den Worten ablehnte: »Du bist unzuverlässig, du bist die ganze Nacht nicht zu Hause. Nein, danke, als Ehemann läßt du zuviel zu wünschen übrig!«

Mit diesem Traum warnte sich die Autorin in Wirklichkeit selbst davor, zu stolz auf sich, auf ihr Ego zu sein, nachdem sie am Vortage soviel Verehrung genossen hatte. »Josephine« war hier sie selbst, der Schauspieler die Öffentlichkeit.

In ähnlicher Weise träumte ein Mann, der es genoß, vor anderen »eine gute Sache zu unterstützen«, daß er Rex Harrison die Hand schüttelte. Auf die Frage, was er von Harrison halte, antwortete er »Er ist ein hervorragender Schauspieler!« So brachte der Träumer sich selbst bei, daß er zuviel Zeit damit verschwendete, andere zu beeindrucken, und nicht genug für die Entwicklung seines eigenen Charakters tat.

Als Cayce einen Traum geschildert bekam, in dem eine Frau es ablehnte, ihrer Mutter das Essen zu servieren, weil sie selbst nicht mitessen könnte, war sein Kommentar:

»**Hier sehen wir, wie das eigene Ich wichtiger als die Beachtung anderer genommen wird, denn im Traume war das Essen ja schon zubereitet. Der Traum zeigt auch, wie wir unsere Schwäche ignorieren, indem wir sie hinter Ausflüchten zu verstecken suchen.« (136–D)**

Selbst die bescheidene, aber notwendige Waschmaschine kann auf einen Fehler aufmerksam machen. Eine Bekannte träumte, sie wüsche weiße Kleider in einer großen Menge Wasser, während ihre Freundin Alice ihr von hinten zusah.

In diesem Traum war Alice, ihre »Freundin« im Hintergrund, die Träumerin selbst. Sie gestand Alice ein großes geistiges Wissen zu, von dem sie aber nur wenig in ihrem Leben anwendete. Daher drängte sie der Traum, das zu ändern – das zeigte das Waschen der Kleider in der Maschine. Kleider stellen laut Cayce oft einen Bewußtseinszustand dar.

Zur Selbstkritik regte auch der folgende Traum einen 45jährigen Mann an, der offensichtlich im Widerstreit mit sich selbst war:

»Ich schob einen Kinderwagen«, erzählte er mir, »in dem mein Chef saß. Die beiden Seiten seines Gesichts waren ganz verschieden.«

In Wirklichkeit war der Chef im Traum, den er sonst nicht mochte, kritisierte und in jeder Beziehung als sich unterlegen ansah, *Teil seiner selbst.* Eine Veränderung dieser Einstellung war dringend angezeigt; der Traum teilte ihm mit, daß er selbst verschiedene Gesichter zeigte und sich infantil verhielt. So versuchte dieser Traum also, das Denken des Träumers auf Wege zurückzulenken, die zu größerer Reife und Offenheit hinführten.

Oft träumen Menschen, hinter Gittern zu sein oder mit einem Gefangenen den Platz zu tauschen. Ein Gefangener ist im allgemeinen das Bild für jemanden, der etwas Falsches getan hat. So sagt der Träumer sich selbst, daß sein Verhalten ihn einsperren könnte: geistig, gedanklich oder körperlich. Ein solches Verhaltensmuster könnte beispielsweise eine unausgeglichene Lebensweise sein, die – wenn bis ins Extreme übertrieben – den Organismus durch Krankheit »einsperren« würde. Eine dauernd negative Einstellung kann schließlich auch gemeint sein, da sie am Ende zu einer geistigen und geistlichen Einschränkung des Menschen führen kann.

Fast im Gegensatz zu den Träumen über Kriminelle stehen nun die Träume über Babys. Vielen geistig ausgerichteten Menschen scheinen Babys eine neue Geburt zu symbolisieren, ein neues Bewußtsein oder eine Wiedergeburt des Selbst zu höheren und hehren Idealen. Diese Deutung wird deshalb auch angewandt, weil das in den Träumen gesehene Baby gewöhnlich sehr schön ist, weise aussieht und oft sogar sprechen kann.

Ein Baby im Traum ist also nicht der Kindheit gleichzusetzen.

Kindheit ist eine Phase der Veränderungen, die durch so viele Symbole gezeigt werden kann, wie es Erlebnisse in der eigenen Kindheit gegeben hat. Die Bedeutung des Symboles »Baby« ist besonders gut im folgenden Traum zu sehen:

»In diesem Traum ist mein Freund Mike mit einer unbekannten Frau verheiratet. Sie liegen beide in der Wüste auf dem Boden und erwarten bange die Geburt ihres Babys. Die Frau scheint ein ungewöhnlich geistiger Mensch zu sein. Um sie herum spielen Leoparden und Tiger wie junge Kätzchen. Zuerst flößen sie mir Furcht ein, aber als ich sehe, wie zahm sie sind, streichele ich sie und erkenne, daß sie ungefährlich und wunderschön sind. Die Frau richtet ein Bett für das Kind. Sie fürchtet, sie könnte sterben und möchte sicher sein, daß das Kind ein warmes Plätzchen haben wird. Sie selbst ist in allerlei Kleider gehüllt, obgleich es nicht Winter ist. Dann spricht sie zu dem Kinde, als ob es schon unter uns wäre – dabei ist es noch gar nicht geboren. Sie erzählt ihm von ihrer Liebe zu ihm und versucht ihm zu erklären, daß – sollte sie sterben, bevor sie das Kind sehen könnte – ihre Freude noch immer groß darüber wäre, daß sie es hatte auf die Welt bringen dürfen. Dann setzten die Wehen ein. Ihr Mann auf der einen und ich auf der anderen Seite trösteten sie und machten ihr Mut. Nach einer sehr starken Wehe wird ein außerordentlich schönes Baby geboren. Die Mutter gibt es mir zum Halten. Ich bin entzückt. Dann merke ich, daß sie noch viel mehr kleine Babys in den Händen hat, und sie teilt mir mit, daß sie sieben Babys haben würde.«

Schon die Anfangsszene enthüllt, wie eifrig der Träumer darauf bedacht ist, den Traum gut zu erzählen. Bis jetzt ist er in seiner geistigen Entwicklung noch nicht wirklich weit fortgeschritten, aber er erhält eine Verheißung in dem Bild der Geburt eines schönen Kindes und der Liebe, des Glückes und der Freude, die die Geburt des Christus-Bewußtseins ihm bringen wird. Die Frau stellt im Traum sein anderes Ich dar, das – wenn es mit ihm vereinigt ist – die Vereinigung bringt, die durch die Verheißung von sieben Kindern angedeutet ist. Sieben bezieht sich hierbei auf die sieben Bewußtseinszentren oder Chakras im Körper. Die Tiere zeigen, daß die Verwandlung für den Träumenden möglich ist.

Eine Frau träumte mehrere Male von einem Baby. Die Serie begann mit folgendem Traum: Ein schönes, weise aussehendes Baby mit ausdrucksvollen Augen wird geboren und erzählt der

Träumenden, daß sein Name derselbe wäre wie ihrer. Das Kind wird dann – wie bei den Indianern – auf den Rücken der Mutter gebunden. Nun erkennt die Träumerin, welche große Verantwortung sie jetzt mit der Sorge für das Kind auf sich genommen hat. Sie merkt, wie langsam und vorsichtig sie nun geht, um Stolpern oder gar einen Sturz zu vermeiden. Muß sie unter Bäumen durch Gestrüpp und Unterholz, beugt sie sich vor, damit das Kind nicht gekratzt wird. Zeitweise erscheint das Baby sehr schwer, weil es ziemlich rasch zu wachsen beginnt. Die Frau erwacht mit dem Gedanken, daß sie um jeden Preis verhindern muß, daß dem Kinde irgendein Leid geschieht.

Im nächsten Traum ist das Baby manchmal krank, weil die Mutter keine Milch hat, es zu stillen. Manchmal kommt statt der lebensspendenden Milch eine braune Flüssigkeit aus ihrer Brust, die das Kind ablehnt.

Nach vielen Jahren schließlich wechselt das Symbol »Kind«, und in ihren Träumen erscheint die Gestalt von Mahatma Gandhi, den sie sehr verehrt. Später erscheint Jesus im Traum.

Diese Träume zeigen die Geburt neuer, höherer Ideale, des hohen Selbst, des Christusbewußtseins, und die Kämpfe auf dem Weg dorthin. Oft versagt die Träumerin (Kind wird krank) im Überwinden von Hindernissen, aber sie hat Ausdauer, und das Erscheinen Jesu in ihren Träumen zeigt schließlich an, daß sie geistig ein großes Stück gewachsen ist.

Eine andere Bedeutung des Symbols »Baby« finden wir im folgenden Beispiel aus dem Traumbuch eines jungen Mannes, der seine Träume genau aufzuschreiben pflegte: In lebendigen Farben träumte er, an einer Exkursion zu einem primitiven Volk teilzunehmen, dessen Kultur noch sehr grausam war. Die Menschen erschienen freundlich, auch wenn die Kommunikation mit ihnen schwierig war. Der junge Mann sah, wie ein Baby für irgendeine Zeremonie gebraten wurde. Es war verkohlt – ein grausiger Anblick –, doch er wußte, daß es nicht tot war, nur bewußtlos.

Dieser Traum war für den jungen Mann im höchsten Maße enthüllend. Er hatte sich schon auf die Suche nach dem wahren Sinn des Lebens und seiner eigentlichen Aufgabe gemacht. Die lebendigen Farben des Traumes unterstrichen seine Bedeutung und die mit ihm verbundenen Emotionen. Die primitiven Menschen waren das primitive Selbst des Träumers, die vielen unzivilisierten Teile seiner Psyche. Die schwierige Kommunikation zeigte die Notwendigkeit an, sich selbst besser kennenzulernen.

Die Bewußtlosigkeit des gebratenen Kindes illustrierte effektvoll, wie der Mensch durch »heiße« oder destruktive Emotionen sein geistiges Bewußtsein zur todesähnlichen Erstarrung bringen kann.

In einem ähnlichen Traum, der ein ganz besonderes Problem abbildete, sieht sich eine Frau, wie sie mit ihren angeheirateten Verwandten das Essen zubereitet. Zu ihrem Entsetzen entdeckt sie, daß ein schönes Kind als Hauptspeise dienen soll. Plötzlich erhellt sich die Küche und sie sieht, daß es in Wirklichkeit ein Truthahn ist. In der Schlußszene jedoch steht sie wieder dabei, als das Baby mit aufgeschnittenem Bauch seinen Kopf zur Seite wendet, seufzt und stirbt.

Daß die Träumerin diese Mahlzeit gemeinsam mit ihren angeheirateten Verwandten zubereitet, zeigt an, daß sie mit diesen Probleme hat. Der Traum sagt ihr nun einfach, daß sie durch ihre Haltung gegenüber den Verwandten ihr Geistiges (Baby) opferte. Die intensivere Beleuchtung in Verbindung mit dem Truthahn betonte, daß Dankbarkeit (Truthahn-Essen am Erntedanktag!) für alles Erlebte vorherrschen sollte; eine solche Einstellung würde auch das Leben der Träumerin erhellen und lichter werden lassen.

Um diese Reihe von Baby-Träumen jedoch mit einem freundlicheren Beispiel ausklingen zu lassen, haben wir hier den ermutigenden Traum eines Mannes, einen Traum, der eine bestimmte Veränderung und die Verheißung weiterer geistiger Vereinigung mit dem höheren Selbst anzeigte:

»Ich war bei einem kleinen Kinde, das zum König gekrönt werden sollte. Wir putzten den Knaben heraus. Die Holzkohle für ein Feuer sollte von oben durch einen Schacht kommen; wir mußten die Zeremonie verschieben, bis die Rutsche wieder in Ordnung war.«

Der Träumer interpretierte selbst recht treffend: »Dieser Traum drängte mich, Christus in mir die Krone zu geben, daß er der König meines Lebens werde. Ich muß meine Reinigungsfeuer schüren.« Er erkannte also das Feuer mit seiner läuternden Kraft, das die Unvollkommenheit verzehrt und nur ein reines Produkt entläßt.

Gesicht und Physiognomie

Sind Gesicht, Gesichtszüge oder -ausdruck eines Menschen in einem Traum besonders hervorgehoben, so steigert dies seine Bedeutung. Ein großer Mund beispielsweise sagt dem Träumenden: »Du redest zuviel« oder, weniger freundlich: »Du bist ein Großmaul«.

Eine ungewöhnliche Kopfform mag bedeuten: »Eierkopf« (Intellektueller), »Quadratschädel«, »Dickkopf« oder gar »Schrumpfkopf«.

Ein aufgeblasenes Aussehen mag sich auf Krankheit oder Egoismus beziehen.

Ein müder Gesichtsausdruck zeigt Erschöpfung oder überschwere Belastung an. Jede Verzerrung oder Verformung von Augen, Ohren, Nase, Kinn oder Mund ist eine Warnung vor einer möglichen Verformung in diesem Gebiet. Cayce glaubte, wenn ein Mann oder eine Frau mit nach hinten verdrehtem Kopf im Traum erschiene, bedeutete dies einen Hinweis auf Vorurteile oder Voreingenommenheit, die dem geistigen Fortschreiten im Wege stehen.

Zähne: Es liegt auf der Hand, daß wir, wenn wir von der Notwendigkeit eines Zahnarztbesuches träumen, vernünftigerweise möglichst bald den Zahnarzt aufsuchen. Sind die Zähne im Munde des Träumenden jedoch in Ordnung, so können sie – laut Cayce – ein Symbol dafür sein, daß er zuviel redet. Lockere Zähne im Traum können so auf lockeres oder unvorsichtiges Reden hinweisen. Falsche Zähne können auf Falschheiten oder ärgerliche Worte deuten. Verwachsene Zähne tun das gleiche, jedoch in häßlicherem Zusammenhang. Der weit verbreitete Traum von ausfallenden Zähnen führt dem Träumenden seine Geschwätzigkeit vor Augen.

Der Zweck solcher Träume von Zähnen ist es, den Träumenden zu ermahnen, den Fehler in seiner Verhaltensweise zu korrigieren, bevor es zu Schwierigkeiten kommt. Wer zum Beispiel träumt, Zahnspangen zu tragen, erhält damit eine klare Botschaft: »Kontrolliere die Worte, die deinen Mund verlassen!«

Einem Mann, der sehr unverblümt seine Meinung zu sagen pflegte, wurde auf dramatische Weise gezeigt, daß er sich und anderen durch seine Reden Schwierigkeiten bringt: »Ich träumte, ich öffnete meinen – ungewöhnlich großen – Mund und steckte meinen linken Fuß hinein. Unter Schmerzen zog ich ihn wieder heraus.« Ohne Zweifel symbolisierte der erlittene Schmerz die Wirkung seiner zügellosen Zunge. Der linke Fuß heißt: falsches Vorgehen.

Eine verheiratete Frau träumte, ganze Reihen schimmernder, falscher Zähne zu sehen. Sie waren zusammenklappbar. »Mein Mann sagte: ›Das sind deine‹, und hieß mich, sie zu reinigen. Dann tat ich sie in ein Glas und verbarg sie, damit andere daran keinen Anstoß nähmen.«

Der Traum war eine klare Aufforderung an die Träumerin, die Beziehung zu ihrem Mann zu bessern. Die Falschheit der Zähne stand symbolisch für ihren Verrat an höheren Werten. Die Gelenke an den Zahnreihen bedeuteten Streitereien (Hin und Her). Weil diese peinlich sind für alle Beteiligten und Zeugen, versuchte die Frau, das »Glas« zu verbergen, das sie enthielt. Offensichtlich hatte sie Streit mit ihrem Mann.

Manchmal sieht der Träumende einen primitiven Menschen mit kranken Zähnen. Diese versucht er zu ziehen, und bringt dem Eingeborenen und den Menschen seiner Umgebung auf diese Weise schließlich Freude. Der Traum jedoch bezieht sich auf ein geistiges Fehlverhalten des Träumenden selbst, da er mit seinen Worten anderen wehtut. Kranke Zähne beziehen sich gewöhnlich auf eine schmutzige Sprache. Das Entfernen anstößiger Zähne erklärt sich selbst.

Folgender Traum wurde Cayce zur Deutung vorgelegt: »Meine Freundin kam und redete mit uns. Während sie sprach, sah ich plötzlich, daß sie falsche Zähne hatte. Sie waren wunderschön und schimmerten wie Perlen. Sie hatten verschiedene Formen, und jeder zweite Zahn schien aus reinem Gold zu sein.«

Cayce: **»Das unvernünftige Aussehen der Zähne stellt jenen Aspekt der geistigen Wahrheiten** (Goldzähne) **dar, der oft vom Selbst ausgedrückt wird. Das Versagen jedoch, sie anzuwenden, zu verwirklichen, gibt das Aussehen von Falschheit** (falsche Zähne).«

Eine junge Frau träumte: »Ich traf ein Schnabeltier und fragte es: ›Wer bist du?‹ Das Schnabeltier antwortete: ›Ich bin Fräulein Schnabeltier.‹ Ich bat Fräulein Schnabeltier, ihren Mund zu öff-

nen, was sie auch tat. Da war ich erstaunt, einen Mund voll
spitzer Zähne zu sehen. Schnell schloß ich seinen Schnabel wieder
mit der Hand.«

In der Wirklichkeit hat ein ausgewachsenes Schnabeltier keine
Zähne. Die spitzen Zähne bedeuten in diesem Falle spitze Worte,
und der ganze Traum gab dem Gedanken Ausdruck, daß es besser
ist zu schweigen und für einen Narren gehalten zu werden, als zu
reden und jeden Zweifel hierüber zu beseitigen. Das Schnabeltier
ist ein komisch aussehendes Geschöpf, was die Wichtigkeit des
Traumes noch steigert, denn scharfe Worte lassen uns oft lächerlich erscheinen.

Eine ähnliche Warnung – wenn auch in anderer Symbolik –
findet sich im Traum eines Arztes, der sich im Spiegel mit einer
großen, blutgefüllten Hautblase auf der Stirn sah. Die Blase
platzte, und sein Gesicht war bedeckt von dunkelrotem Blut.

Der Träumer erkannte, daß das Symbol des schlackenreichen,
dunklen, venösen Blutes »böses Blut« bedeutet und sich auf
negative Emotionen bezog; weil er aber sehr beschäftigt war,
vergaß er den Traum bald wieder. Zwei Tage danach provozierte
eine unvorsichtige Behauptung einen offenen Streit mit einem
anderen Mann, mit dem er öfter Schwierigkeiten hatte.

In einem anderen Fall träumte ein Mann, er sähe Schlangen
aus seinem Mund kommen, die zischten und züngelten. Die
Schlangen stellten in diesem Traume offensichtlich eine giftige
Zunge dar. Der Träumer hatte Schwierigkeiten einzusehen, daß
Offenheit nicht immer eine Tugend ist, und daß einige Wahrhei-
ten getrost unausgesprochen bleiben dürfen.

Mund und *Zunge:* Recht häufig ist der Traum, man zöge eine
klebrige Substanz aus seinem Mund. Eine Frau träumte wiederholt, sie zöge Pfropfen von gummiartiger Substanz aus ihrem
Mund, die einmal sogar die Form eines schwarzroten Herzens
annahmen.

Wir deuteten die herzförmige Masse als einen verbalen Ausbruch gegen einen angeheirateten Verwandten. Der Traum zeigte, daß die Träumerin aus einer »klebrigen, schlüpfrigen« Situation herauskommen müßte. Hierzu sollte sie sich auf die guten
Eigenschaften im anderen Menschen konzentrieren, um zu lernen, ihn zu lieben. Die Notwendigkeit dieses Vorgehens wurde
durch die herzförmige Masse angezeigt. Die Farben malten den
negativen Aspekt besser aus, der die bestehende Situation wirklich »klebrig« werden ließ.

Als ich das erstemal mit der Frau über die Interpretation ihres Traumes sprach, erwiderte sie: »Aber ich *kann* ihn einfach nicht mögen!« Ich erinnerte sie an die Äußerung Cayces, der in Trance sagte: »Sage nie ›Ich kann nicht‹. Sag stattdessen ›Ich will nicht‹, denn das meinst du doch in Wirklichkeit!«

Zeit und Gebet trugen zur Verbesserung des Verhältnisses zwischen der Träumerin und ihrem Verwandten bei, bis die beiden echte Freunde wurden.

Lippen: Der folgende, recht humorvolle Traum suchte einen Ehemann heim, der vor dem Schlafengehen noch eine Auseinandersetzung mit seiner Frau gehabt hatte: »Ich träumte, ich hätte eine durchbohrte Unterlippe. Ich entdeckte auch zwei verwachsene Schneidezähne. Ich nahm einen Dübel mit einer goldenen Schraube, steckte sie durch die durchbohrte Unterlippe und befestigte diese fest an den Zähnen.«

Die durchbohrte Lippe kommt nur bei Ureinwohnern ferner Kontinente vor, bei primitiven Völkern. Sie ist daher im Traum ein Zeichen für ein recht urtümliches Leben. Der Traum sagte – will man es salopp ausdrücken – zum Träumer: »Du benimmst dich wie ein Wilder. Halte den Mund!« Die goldene Schraube sagte »Schweigen ist Gold«. Die verwachsenen Zähne deuteten wieder auf häßliche Worte hin.

Die Lippen spielen auch im folgenden Traum eines Mannes eine Rolle, der aufgeregt war über eine unangenehme Situation mit seinem Vorgesetzten: »Ein anderer Mann und ich waren in tiefes, dunkles Wasser fast untergetaucht. Ich verspürte einen Schmerz im Solarplexus-Bereich (Sonnengeflecht). Dann sah ich eine Hand mit einer großen Nadel meine Lippen aneinandernähen.«

Die gefühlsmäßige Verwirrung der beiden Männer ist daran zu erkennen, daß sie gemeinsam im Wasser untergetaucht werden und der Träumer von Schmerzen in der Magengrube spricht. Die Hand, die die Lippen zusammennähte, zeigte ihm die Methode an, mit deren Hilfe er Mißhelligkeiten vermeiden und seine Arbeitsstelle behalten könnte.

Ein weiterer Traum von »Redebeschränkung« wurde von einer Geschäftsfrau berichtet. Sie erlebte, wie ihre Zunge fest an den Gaumen geheftet wurde. Als sie die störende Heftklammer wieder entfernte, spürte sie sehr starke Schmerzen.

Dieser Traum ermahnte sie, still zu bleiben, andernfalls handelte sie sich Schwierigkeiten und Ärger ein.

Augen sind die »Fenster der Seele« und spiegeln nicht nur die Intelligenz des einzelnen wider, sondern zeigen oft auch seinen geistigen Bewußtseinsstand. Wir alle erkennen die Wichtigkeit des Gesichtssinnes in bezug auf unser Kennen- und Verstehenlernen der Umwelt an. In Träumen (außer in Warnträumen im Interesse der physischen Gesundheit) bezieht sich das Symbol »Augen« gewöhnlich auf Einsicht oder spirituelles Verständnisvermögen. Spirituell ausgerichtete Menschen träumen zuweilen sogar von drei Augen.

Manchmal sehen Menschen in ihren Träumen ein engelhaftes Wesen, das ihre Stirn mit einer Nadel durchbohrt, in der Mitte, in der Gegend des sogenannten dritten Auges, in der Höhe der Hypophyse.

Solche Träume beziehen sich auf das Erwachen des geistigen Schauens, z. B. der außersinnlichen Wahrnehmung. Der Traum, aufzuwachen zu versuchen oder eine dunkle Brille zu entfernen, kann die gleiche Bedeutung haben. Im Traume eine dunkle Brille anzuziehen ist jedoch ein Hinweis auf ein ärmliches Wahrnehmungs- oder Verständnisvermögen. Der häufig wiederholte Traum, Brille und Geldbeutel verloren zu haben, ist eine doppelte Warnung, daß »der Weg« verloren ist. Eine Frau, die innerhalb verhältnismäßig kurzer Zeit zur Alkoholikerin geworden ist, hatte oft dieses Traumerlebnis.

Blindheit in einem Traum kann eine Weigerung darstellen, bestimmten Tatsachen ins Auge zu sehen. Jemandem eines seiner Augen zu geben, mag jedoch eine Warnung vor emotioneller Verstrickung sein; hierbei sei auf den Begriff »ein Auge auf jemanden haben« verwiesen.

Ohren: Ein Blumenkohl-Ohr findet man wohl gewöhnlich bei einem Boxer, deshalb mag ein Traum, in dem ein solches Ohr erscheint, den Träumenden vor aggressiven Neigungen warnen. Träumen wir davon, die Hand hinterm Ohr zu halten, wie um die Ohrmuschel zu vergrößern, während wir mit einem Freund sprechen, so kann das ein Hinweis darauf sein, daß dieser uns etwas zu sagen hat, worauf wir hören sollten. Werden wir im Traum ignoriert, so ist dies gewöhnlich ein Vorwurf: Wir sind unserem eigenen höheren Selbst gegenüber unaufmerksam gewesen.

Haut: Der Zustand unserer Haut symbolisiert gewöhnlich unseren allgemeinen Gesundheitszustand. Wunden, Ausschläge, Geschwüre oder Blutvergiftungen (die sich im Traum als lange rote Streifen zeigen) lenken unsere Aufmerksamkeit auf unsere Gesundheit.

Haupthaar: Weil das Denken vom Gehirn ausgeht, repräsentiert das Haar in Träumen – so sagt Cayce – die Gedanken. Das Kämmen von wirrem oder krausem Haar deutet eine Verfassung an, in der der Träumende sein Denken ordnet. Ein kahler Kopf mag eine Aufforderung sein, mehr zu denken – es mag aber auch eine Ermahnung sein, sich besser um sein Haar zu kümmern.

Weißes Haar zeigt gewöhnlich Weisheit oder Reife an. Goldenes Haar ist Symbol für goldene oder spirituelle Gedanken. Hellschimmerndes und doch schwarzes Haar mag sich auf das immer wieder von neuem verblüffende Geheimnis des menschlichen Geistes beziehen; schwarzes, stumpfes, lebloses Haar dagegen kann geistige Depression anzeigen. Rotes Haar steht oft für Temperamentsausbrüche; im Traume warnt es den Träumer davor, sein Temperament mit sich durchgehen zu lassen. Rotgoldenes Haar kann auch Symbol eines konstruktiv schaffenden Geistes sein, denn rot ist auch die Farbe des Blutes, des Lebens.

Hartes, strohiges Haar bedeutet geistige Härte. Verfilztes, ungepflegtes oder an der Stirn verklebtes Haar kann eine Warnung vor geistigem Ungleichgewicht sein. Träumt man von jemandem, der verfilztes Haar und seine körperlichen Funktionen nicht unter Kontrolle hat (er verrichtet z. B. seine Notdurft auf den Boden), so ist dies eine dringende Warnung vor Gefahr, entweder für den Träumenden oder die Person, von der er träumt.

Ehrlichkeit ist besonders bei der Analyse der eigenen Träume unentbehrlich, und genau hier liegt die Schwierigkeit. Wir haben die Neigung, unsere Schuld auf die Fehler anderer zu schieben, weil wir schlechte Eigenschaften bei uns selbst nicht leicht zugeben können. Cayce sagte hierzu: »**Was dich am anderen am meisten stört, findest du in dir selbst. Warum sonst sollte es dich bekümmern?**«

In der Psychologie spricht man von Projektion, wenn Schuld auf andere geschoben oder im anderen gesehen wird. Ein Beispiel hierfür ist die Tatsache, daß böse Rollen in unseren Träumen immer von »Freunden« gespielt werden. Selbst unser Unterbewußtsein möchte uns nicht zwingen, uns mit unseren Schwächen zu konfrontieren – bis wir wirklich bereit sind, ihnen konstruktiv und ehrlich gegenüberzutreten. Daher müssen Intuition und gesunder Menschenverstand immer unsere Bemühungen leiten, wenn wir unsere Träume verstehen wollen. Vergessen Sie nicht, daß das hohe Selbst – der kosmische Mensch in uns – danach verlangt, bei der Entwicklung der gesetzten Ideale zu helfen. Bis uns dieses höhere Bewußtsein zu Hilfe eilen kann, leben wir in einem Dämmerzustand.

Das Leben ist schöpferisch und sinnvoll. Was die Tragödien schafft, ist die falsche Anwendung von Teilwissen durch die Menschen. Diese Tragödien aber sind von Gott zugelassen als Ansporn zur Verfeinerung, zum Wachstum der Menschen. Cayce sagte einst: **»Es ist der Geist, der alles schafft... die Gedanken, die du hegst, schaffen die Ströme, die du auf den Flügeln der Erfahrungen überqueren mußt.«**

Das Grundthema des nächsten Traumes heißt: Alles am rechten Platz. Eine Mutter träumte, daß ihre 14jährige Tochter strohiges, kurzes weißes Haar im Gesicht hätte, und rief entsetzt »Susan!«

Haar auf dem Kopf ist schicklich und natürlich, im Gesicht einer Frau jedoch zeigt es etwas Häßliches in ihrem Innern an. Der Traum wies auf einige unerfreuliche Charakterzüge der Tochter hin. Sie bargen die Möglichkeit, einen ernsten Konflikt zu verursachen, das weiße Haar zeigte jedoch an, daß sich diese Züge ebenfalls auf den Prozeß des Heranwachsens, auf das Reifen des Kindes bezogen. Eine Woche danach kam das Mädchen freiwillig zu seiner Mutter, um sich helfen zu lassen; es war entsetzt von seinem eigenen Verhalten, der überkritischen Einstellung gegenüber anderen.

Einem Mann, der träumte, sich beim Rasieren zu schneiden, antwortete Cayce: **»Fleischliche Wünsche sind immer ein Abschreckungsmittel für das geistige Wachstum. Wie es notwendig ist, das Gesicht nicht unansehnlich werden zu lassen, so ist es für jeden einzelnen unentbehrlich, seine mentalen, moralischen und physischen Maßstäbe anzuheben. Nur wenn das getan ist, können die geistigen Kräfte in einem Menschen den Werken dessen Ausdruck geben, der alles Gute und Vollkommene schenkt.«** (137)

Nichts ist wichtiger für ein junges Mädchen, als daß es hübsch aussieht, und so leidet es unter allem, was seine Attraktivität beeinträchtigt. In einer bestimmten Phase seines Lebens fühlt es sich besonders zu jungen Männern hingezogen; aus diesem Grunde scheint das Unterbewußtsein im Traum oft eine Entstellung des Gesichts zu gebrauchen, um eine charakterliche Schwäche oder Deformierung zu dramatisieren. Dies war auch im Traum bei Susans weißem Haar im Gesicht der Fall. Im folgenden Traum wird das gleiche Mittel angewandt, um eine Lehre zu erteilen:

»Ich hatte einen Mitesser im Gesicht, neben der Nase. Er war ɜo groß wie eine Orange. Ich quetschte ihn aus; es blieb ein Loch in der Nähe des Ohres, so daß die Leute in meinen Kopf sehen konnten. Ich wußte, ich sollte das Ganze mit Alkohol reinigen. Mein Haar sah schmutzig aus.«

Ein Mitesser, ein Loch im Kopf und schmutziges Haar beeinträchtigen natürlich die Schönheit dieses Teenagers. In unserem Gespräch gab die Träumerin zu, daß sie liebend gerne von dem Versagen anderer erfuhr (»schnüffeln« – »neben der Nase«) und hörte (Ohr) und diesen Klatsch dann weitertrug. Der große Mitesser stellte diesen charakterlichen Mangel unübersehbar dar. Das Loch im Kopf bezog sich auf das Klatschen, denn es ließ nichts mehr im Innern des Kopfes, alles ging nach draußen zu den anderen. Der Traum forderte das Mädchen auf, das Dunkle, die Unreinheit aus sich auszuquetschen. Die Notwendigkeit, »das Ganze« mit Alkohol zu reinigen, um sauber und desinfiziert zu sein, bezog sich auf die Reinigung des Denkens, damit nicht noch andere vom Klatsch angesteckt werden, denn die Leute sahen ja schon in das Mädchen hinein (Loch im Kopf). Sie versprach, ein neues Leben zu beginnen und ihr Denken (Haar) zu säubern.

Auch das Frisieren kann neben der buchstäblichen auch eine symbolische Bedeutung im Traume haben: Ein junges Mädchen träumte, daß ein Mann ihr im Schönheitssalon das Haar nach vorn kämmte, und nicht nach hinten, wie sie es gewohnt war.

Der Vorwärtsschwung ihres Haares teilte ihr vermutlich mit, daß sie zu »vorwärts«, zu zielstrebig, gerade heraus oder falsch in ihrem Verlangen war, sich mit jungen Männern zu treffen. Ihre Mutter klagte, daß ihre Tochter oft schon nach ein paar Verabredungen mit einem Jungen das Interesse an ihm verlöre und einen anderen ansprüche. Der Schönheitssalon im Traum stellte ihre Art dar, sich für Jungen attraktiv zu machen. Das nach vorn gekämmte Haar kann man auch auf ihr Verlangen nach Eroberungen beziehen, das – sobald es erfüllt ist – seinen Reiz verliert.

Auch im folgenden Traum zeigt sich die Beziehung des Symboles »Haar« zum Denken, hier wieder bei einem Teenager:

»Mein Freund war vollauf beschäftigt, mein langes Haar durcheinanderzubringen. Ich kämpfte, um mich zu befreien.«

Als wir nach ihrer Beziehung zu diesem Jungen fragten, gestand sie, daß er versucht hatte, sie dahin zu überreden zu glauben, daß voreheliche geschlechtliche Beziehungen völlig akzeptabel wären. Er hatte sehr plausibel argumentiert, und so besteht keinerlei Zweifel daran, daß der Traum das Mädchen ermahnte, die Schmeicheleien des Freundes zurückzuweisen und ihren eigenen sittlichen Maßstäben treu zu bleiben. Die Haar-Verwirrung war also die Verwirrung des Denkens, das er ihr verursachte.

Cayce sagte oft, ein Verlangen nach Popularität kann auch verkleidetes Geltungsbedürfnis sein; im folgenden Traum finden wir eine Warnung davor:

»Ich schien in einem Theater zu sein, wo ich Bing Crosby sah, der mir unnatürlich müde und dünn vorkam. Er nahm eine billige Goldspange aus meinem Haar – sie hatte auf der linken Seite gesteckt –, und steckte dafür an die rechte Seite eine wertvolle Goldspange in Form eines Kreuzes.«

Hier warnte das Bild eines abgemagerten Bing Crosby davor, daß das Streben nach Popularität um des eigenen Profits willen nur die Verminderung des Spirituellen im Menschen zur Folge hat. Die billige Goldspange im Haar – das war der eitle Glanz, im Mittelpunkt der allgemeinen Aufmerksamkeit zu stehen; sie erinnerte die Träumende jedoch auch daran, daß »nicht alles Gold ist, was glänzt.« Die kreuzförmige goldene Haarnadel symbolisierte den Weg Christi, der nur danach trachtete, anderen zu helfen, und schließlich abgelehnt und von den Menschen auf der Straße verachtet starb. Daß die wertvolle Nadel auf die rechte Seite gesteckt wurde, zeigt klar, daß der Weg Christi der rechte Weg ist.

Ein Mann erzählte, er habe geträumt, wie sich jemandes Haare – entgegen der Mode – aufstellten. Edgar Cayce warnte ihn vor seinem Denken, das einem »die Haare zu Berge stehen ließe«. (137)

Im folgenden Traum haben wir eine interessante Assoziation mit einer Perücke: »Ich trug eine Perücke, die mir viel zu groß war, und sah schlecht darin aus.«

Dieser Traum bezog sich auf einen störenden Zwischenfall, den die Träumerin in ihrem Denken überbewertet, also vergrößert hatte. Daher sagte ihr der Traum: Du denkst zuviel über jene Sache nach, dein Denken ist falsch (die Perücke ist zu groß, sie paßt nicht). Das bekommt auch deinem Innenleben nicht.

In einem Frisiersalon spielt der folgende Traum eines Mannes: »Ich ging zum Friseur, um mir die Haare waschen und neu frisieren zu lassen. Der italienische Friseur begann, mein Haar zu waschen, und unterbrach dann seine Arbeit, um eine Rede zu halten. Ich wurde ärgerlich, weil ich warten mußte.«

Der Träumer gab zu, daß er Italiener nicht ausstehen konnte, und daß er gerade am Vortag des Traumes seinen diesbezüglichen Gefühlen deutlich Ausdruck gegeben hätte. Der Traum wies ihn also an, seine Einstellung gegenüber Italienern zu korrigieren. Haarwäsche und neue Frisur symbolisierten die Notwendigkeit einer neuen, sauberen Denkhaltung. Der italienische Figaro, über den der Mann sich geärgert hatte, spiegelte seine Abneigung wider und stellte Aspekte seiner Persönlichkeit vor.

Gesundheit und Krankheit

In der griechischen Mythologie war Aeskulap der Gott der Heilung. Der berühmteste der zu seiner Ehre errichteten Tempel war das große Heiligtum von Epidauros; die hier ausgeübten Heilmethoden wurden von Träumen bestimmt.

Die Kranken, die zum Tempel kamen, waren in neue, weiße Gewänder gekleidet; ihre Betten standen vor dem Standbild des Aeskulap. Wenn sie schliefen, sollte sich der Gott offenbaren und die jeweiligen Heilmittel verschreiben. Am Morgen erzählte jeder Patient seinen Traum dem obersten Priesterarzt, der die im Traum genannten Behandlungen verabfolgte.

Es spielt keine Rolle, ob wir glauben, daß die im Traum empfangenen Informationen tatsächlich von Aeskulaps Geist oder aus dem Unterbewußtsein der träumenden Kranken stammten. Was allein zählt, ist der – für damalige Zeiten – ungewöhnlich hohe Prozentsatz der erzielten Genesungen.

Im folgenden seien einige Zeugnisse von den Votivtafeln an den Tempelwänden zitiert:

Alketas von Alikos, blind, träumte, Aeskulap öffnete seine Augen mit den Fingern. Am nächsten Tag konnte er sehen.

Ein Mann namens Julianus hatte Lungenblutungen. Im Traum wurde er aufgefordert, zum Altar zu gehen, Piniensamen mit Honig zu mischen und dies drei Tage lang zu essen. Auch er wurde geheilt.

Der Sohn des Lucius lag mit einer Rippenfellentzündung im Sterben. Der Gott erschien ihm in einem Traum und hieß ihn, einen Umschlag mit einer Mischung der Asche vom Altar und Wein zu machen, und sich ihn seitlich aufzulegen. Er wurde geheilt.

Ein anderer Zeuge aus der Antike für die Heilung durch Träume ist Ptolemäus, ein Freund Alexanders des Großen. Ptolemäus war im Kampf mit einem vergifteten Pfeil verwundet worden; sein Tod schien unausweichlich. Alexander, der bei ihm wachte, fiel vor Erschöpfung in Schlaf und träumte, daß seine Mutter einen Fisch mit unbekannten Wurzeln fütterte. Dann zeigte der Fisch Alexander, wo diese Wurzeln zu finden waren, und bedeutete ihm, daß sie auch Ptolemäus gegeben werden sollten. Alexander erwachte, suchte und fand die Wurzeln. Nachdem er sie Ptolemäus gegeben hatte, genas dieser.

Die Heilung durch die in den Träumen oder vom Unterbewußtsein empfangenen Informationen gab es freilich nicht nur in der Vergangenheit. Zahlreiche Menschen träumen auch heutzutage von Behandlungsmethoden oder Mitteln, die zu ihrer Genesung nötig sind. Die Arbeit Edgar Cayces im Trancezustand bezog sich vorzugsweise auf die Heilung von körperlichen und psychischen Krankheiten.

Folgenden Warntraum hatte eine junge Frau: »Ich träumte, ich ginge auf die Toilette, um Wasser zu lassen. Ich blickte in das Becken und sah dort kleine, rote Ungeheuer im Harn.«

Nach ihren früheren Erfahrungen mit Blasenentzündungen begann die Träumerin alsbald, große Mengen Wasser zu trinken, um den Organismus durchzuspülen. So vermied sie ein erneutes Aufflackern der Entzündung; sie hatte die kleinen, roten Ungeheuer als infektiöse Eindringlinge erkannt.

Als ich selbst 1951 an einer Infektion der Atemwege litt, gab mir der Arzt eine Antibiotika-Spritze. In der folgenden Nacht träumte ich kurz vor dem Erwachen von einem Berg Orangen und den Buchstaben »N. G.« dabei.

Diese Buchstaben bedeuteten mir »Nichts Gutes«. Da ich jeden Morgen ein Glas Orangensaft zu trinken pflegte, nahm ich an, der Traum forderte mich auf, nun darauf zu verzichten. Nach zwei Tagen bekam ich wieder eine Spritze mit Antibiotika und trank am folgenden Morgen meinen Orangensaft; den Traum hatte ich schon wieder vergessen. Das Resultat war, daß ich sehr heftig erbrechen mußte. Zwei Jahre danach hatte ich eine Lungenentzündung, und als dann der Arzt die üblichen Antibiotika verabreichte, sagte er dazu: »An Ihrer Stelle würde ich Säfte von Zitrusfrüchten jetzt meiden, denn wir haben festgestellt, daß sie – in Kombination mit Antibiotika – manchen Menschen sehr zusetzen können.«

Ein anderes Mal, als mein Mann und ich vor einer einwöchigen Reise zu geschäftlichen Verabredungen und Parties nach Florida standen, hörte ich morgens beim Erwachen eine Stimme sagen: »Hüte dich vor einer Lungenentzündung!« Leider ignorierte ich diese Warnung und holte mir nach mehreren späten Nächten bei kaltem Wetter eine doppelseitige Lungenentzündung.

Jane S. hatte einen erschreckenden, immer wiederkehrenden Traum: »Ich träumte, aus beiden Lungen zu bluten. Im Laufe der Zeit wurden diese Träume schlimmer, denn ich begann darin zu husten und zu würgen, und warf immer größere Blutmengen aus. Jedesmal erwachte ich mit panischer Angst.«

Im Gespräch erfuhr ich, daß Jane täglich einen Freund im Tuberkulose-Sanatorium besuchte; er lag auf der Station mit den schlimmsten Fällen. Jane gab zu, daß manchmal, wenn ihr Freund hustete, Auswurf in ihr Gesicht geriet. Ich schlug ihr vor, sich von einem Arzt röntgen zu lassen. Das Ergebnis war zwar negativ, jedoch wurde eine Bronchiektasie festgestellt, die die Gefahr, von der Tuberkulose angesteckt zu werden, vergrößerte. Unter diesem Gesichtspunkt hatten die Warnungen im Traum ihre Berechtigung. Jane ging nun nicht mehr so oft in das Sanatorium, und – ihre Alpträume hörten auf.

Der nächste Traum enthält eine Warnung, die allen Eltern nützlich sein könnte: Kinder kommen bei Unfällen ums Leben. »Ich sah Autos zusammenstoßen, dabei wurden viele Kinder verletzt. Mein Mann ging schließlich in ein Geschäft und kaufte Süßigkeiten für sie. Ich sagte zu ihm: ›Aber du weißt doch, daß das nicht gut ist.‹«

Cayce: »**Dieser Traum stellt die übergroße Nachsicht oder Bedenkenlosigkeit dar, die so oft im Zusammenhang und Beisein von Kindern herrscht. Das gilt besonders für Süßigkeiten, die viele Erkrankungen zeitigen können – wenn sie im Übermaß zugelassen werden –, die man meist für zufällig hält. Daher warnt dieser Traum die Mutter, dem Verlangen ihrer Kinder in dieser Hinsicht zu oft nachzugeben.**« (136)

In bezug auf Süßigkeiten sagte Cayce auch: »**Süßigkeiten in einer bestimmten Form (Zucker und Kohlenhydrate) bilden im Körper eine Art Alkohol. Sei also gewarnt!**« (900–234 D)

Im folgenden Traum hat jedes Nahrungsmittel, dem wir begegnen, seine besondere Bedeutung:

»Ich ging in ein Lebensmittelgeschäft um einzukaufen. Es war ein altmodischer Laden mit kleinen Regalen, die nicht sehr praktisch geordnet waren, so daß ich nicht finden konnte, was ich wollte. Ich suchte Corn-flakes, Tomaten in Dosen und Hundefutter. Ich bat die Kassiererin um Hilfe, doch aus irgendeinem Grunde konnte auch sie das Gesuchte nicht finden. Schließlich beschloß ich, ihr das Geld dazulassen in der Hoffnung, daß sie die Lebensmittel später fände. Als ich dort ziemlich enttäuscht stand, hörte ich zufällig, wie zwei befreundete Brüder über ein Darlehen sprachen. Das gute Einvernehmen erinnerte mich an meine Kindheit. Ich verließ das Geschäft unzufrieden.«

Wir wollen diesen Traum analysieren, indem wir den einzelnen Symbolen ihre Bedeutung zuordnen:

altmodisches Geschäft	unzulänglich, nicht ausreichend
miserable Anordnung der Waren	Mahlzeiten miserabel verteilt
nicht praktisch	Mahlzeiten ohne Nährwert
Corn-flakes	ohne Nährwert (für sie)
Dosen-Tomaten	viel Vitamine
Hundefutter	unpassende Ernährung

Das Hundefutter symbolisierte die schlechten Eßgewohnheiten der Träumerin: Wie der Hund aß auch sie eine Mahlzeit am Tage. Ihre Unfähigkeit, die notwendigen Lebensmittel zu finden, enthüllten den Mangel wirklich gesunder Ernährung. Das Geld zurücklassen, ohne die Ware dafür zu bekommen, zeigt, welchen Preis die Träumerin für ihre Nachlässigkeit zu bezahlen hat.

Es folgen nun Auszüge aus den Readings von Edgar Cayce, die sich den gesundheitlichen Problemen einer Ratsuchenden widmeten. Die Patientin berichtet: »Als ich erwachte, fühlte ich mich körperlich genauso schlecht wie im letzten Winter. Ich hatte einen meiner Ohnmachtsanfälle, und Emma, unser Kindermädchen, schien Anstalten zu machen, mich wieder zum Bewußtsein zurückzuholen. Dann wachte ich erst tatsächlich auf.«

Cayce: »**Dies Erlebnis ist eine Aufforderung an diese Person, die ihr bereits gegebenen Ratschläge zu befolgen, also jene Mittel anzuwenden, die ihren Organismus wieder ins Gleichgewicht bringen werden. Die Stoffwechselfunktionen dieses Körpers nämlich sind mangelhaft. Dies verursacht körperliche Störungen. Sei also gewarnt und handele...!«**

Als dieselbe Frau träumte, ihr kleines Kind zu sehen, wie es sehr aufgeregt war und sich übergab, und dabei selbst die Information erhielt, sie sollte ihm Magnesiamilch (Mg(OH)$_2$) geben, fragte sie Cayce danach. Er antwortete:

»Wieder ein Traum, der Aufforderungen an diese Person heranbringt, Aufforderungen von jenen Schutzkräften, die

um sie sind, die dir lieb und nahe sind. Durch die Bemühungen der (verstorbenen) Mutter wurden jene Zustände des Kindes dargestellt. Kümmere dich gut um die Ernährung und deren Zubereitung. Gib dem Kind Magnesiamilch, um die Übersäuerung und das Ungleichgewicht zu verhindern. Dann wird der körperliche Zustand ohne Einschränkung in Ordnung kommen, ohne daß man hierzu noch allzuviel unternehmen müßte.«

Trotz der Klarheit von Cayces Anweisung in Trance erwies die Fragerin sich als ausgesprochen, ja einzigartig begriffsstutzig, was nicht zuletzt ihre folgende Frage beweist: »Heißt das etwa, daß ich mich zögernd verhalte, daß ich Für und Wider der Anweisungen überlege, die in Träumen und Visionen gegeben worden sind, und – sollte ich das nicht tun?«

»Du solltest tun, was gesagt worden ist, und nicht zögern, denn es wurde wieder und wieder betont, daß nur durch die praktische Anwendung ein vollkommeneres Verständnis jener Dinge kommen kann, die in Träumen und Visionen empfangen werden. Es ist das innere Selbst oder das hohe Selbst, das diese Informationen gibt.«

Dann träumte die Frau, daß sie weiterhin Pluto-Wasser trinken sollte, und wollte von Edgar Cayce wissen, ob das wirklich nötig wäre.

»Es ist noch nötig, daß die Ausscheidungskräfte dieses Körpers in die richtigen Kanäle geleitet werden. Du kannst dich selbst hiervon überzeugen. Wenn die Gifte, die sich im Körper befinden, nicht ausgeschieden werden, gehen sie in den Organismus des Säuglings über. Der Körper kann sich nicht in einem guten Allgemeinzustand befinden, solange die Ausscheidung nicht in Ordnung ist. Solange diese nicht in Ordnung ist, beeinträchtigt sie auch die Gesundheit des Kindes.« (136–D)

Die Träume enthüllen immer wieder Selbsttäuschungs- und Ausflucht-Versuche von Menschen, die ihren Organismus vernachlässigen, beleidigen oder vergewaltigen durch ihre Lebens- und Ernährungsweise.

Eine Frau träumte, illegal nach Mexiko einzureisen, um Schokolade zu kaufen; sie erinnerte sich somit selbst im Schlaf daran, daß sie vor dem Schokolade-Essen schon gewarnt worden war. Die »illegale Einreise nach Mexiko« stand symbolisch für ihren Verstoß gegen die Gesetze der Gesundheit. Mexiko assoziierte sie im Gespräch mit dem illegalen Schmuggel von Drogen – die dem Körper ebenfalls schädlich sind.

Eine ähnliche Warnung erhielt sie mit dem Traum, in dem sie ein gerolltes Pergament hielt, auf dem das Wort »Willen« stand. Sie hielt das Pergament für eine wichtige Urkunde, ein wertvolles Erbstück, und rollte es auf. Nur ein einziges Wort war darin zu lesen: »Schokolade«. Warum verwies der Traum sie auf den Willen? Weil die Willenskraft das Geschenk Gottes an die Menschen ist, und weil sie selbst sie nicht in rechter Weise, besonders in bezug auf die Schokolade, gebrauchte.

Die Schokolade ist eine Schwäche, der viele nachgeben. Ein Mann träumte von kleinen Schokolade-Käfern, die über seine Brust und Schulter schwärmten. Er träumte dabei auch, in der Öffentlichkeit einen blauen Schlafanzug zu tragen, der – wie er plötzlich erschreckt feststellte – durchsichtig war. Dann entdeckte er eine Schwellung seitlich am Hals.

Offensichtlich teilte das Unterbewußtsein hier dem Träumenden mit, er sollte sich schämen (durchsichtiger Schlafanzug!), sich mit soviel Schokolade vollzustopfen, daß ihm körperliche Probleme daraus erwuchsen. Die Anschwellung machte ihn auf den empfindlichen Hals aufmerksam, den er gewöhnlich bekam, wenn er Süßigkeiten gegessen hatte; das Übermaß des Süßen hatte ihn übersäuert.

Eine leicht abgewandelte Symbolik bringt uns im folgenden Traum eine andere Warnung nahe, die sich ebenfalls auf die Ernährung bezieht. Ein Mann träumte, zwei Boxer zu beobachten, die im Ring miteinander kämpften. Er fragte sich, warum sie soviel Mühe und Schmerzen für so wenig Geld auf sich nähmen.

Die Quelle dieses Traumes war der Verdauungstrakt des Träumenden: Bevor dieser zu Bett ging, hatte er selbst mit seiner Eßlust gekämpft – und verloren. Er hatte schon ein reichliches Mahl hinter bzw. in sich und trug sich mit der Frage, ob er nicht noch Süßigkeiten und Schokolade essen sollte – was er schließlich tat. Diese Übertreibung hielt ihn den größeren Teil der Nacht wach. Er hatte seinen Körper bestraft, bekämpft – für einen sehr geringen Lohn.

Im nächsten Traum sehen wir Stoffwechselvorgänge im Körper dargestellt durch den bekannten Filmschauspieler Lew Ayres, der wie betrunken umherschwankt, müde und zerschlagen aussieht.

Auch dieser Traum bezieht sich auf die Ernährungsweise der Träumenden.

Der Träumerin war Lew Ayres (der erste »Dr. Kildare«) eine spirituelle Persönlichkeit; somit stellte er im Traum einen Teil ihres eigenen Wesens dar. Trunkenheit und schwankend-liederliches Auftreten gab es für Lew Ayres nur in diesem Traum; in der Wirklichkeit war nichts, das seinem Wesen fremder gewesen wäre. Das Symbol »Alkohol« bezog die Träumerin jedoch auf ihre Ernährungsweise. Sie wußte, daß Zucker und Kohlenhydrate sich im Organismus zu einer Art Alkohol verwandelten. So teilte der Traum ihr mit, daß sie mit ihrer Lust nach Süßigkeiten, der sie zu oft nachgab, ihr körperliches Wohlbefinden unterminierte. Sie gab zu, daß sie an Schwindelanfällen litt, die sie das Gleichgewicht verlieren und schwanken machten.

Der folgende Traum von Alkohol hat eine andere Bedeutung: »Ich träumte, meinen Mann mit einem Cocktail in der Hand zu sehen. Sein Kopf wackelte und schwankte, weil sein Hals durchgeschnitten war, von einem Ohr zum anderen. Ich war bei diesem Anblick nicht erschreckt, weil kein Blut zu sehen war.«

Im Gespräch erfuhr ich, daß der Mann der Träumerin allmählich zuviel trank. Der Traum war eine klare Aufforderung an sie, ihren Einfluß auf ihn geltend zu machen, um ihm zu helfen, seine Neigung zum Alkohol zu überwinden. Sie bekam auch deutlich gezeigt, daß ihr Mann über den Alkohol seinen Kopf zu verlieren begann.

Im Traum eines 21jährigen jungen Mannes findet sich ein anderes Symbol für den Alkohol. Er träumte, in ein ihm bekanntes Geschäft zu gehen und Feuerwerkskörper in Flaschen zu kaufen. Als er den Laden verließ, stolperte er über ein Tier.

»Feuerwerkskörper in Flaschen« ist ein treffliches Symbol für den Alkohol, der – in diesem Falle – das niedere Wesen des Träumers hätte entflammen können. Dieses wiederum ist symbolisch dargestellt durch das Tier, über das er im Traum stolperte, als er das Geschäft verließ. So erhielt der junge Mann eine Aufforderung, das Trinken zu lassen, um so mögliche »Feuerwerke« und Explosionen in seinem Leben zu vermeiden.

Auch der folgende Traum beschäftigt sich mit falscher Ernährung: »Ich warf rotes Rindfleisch und Pfefferschoten in den Mülleimer. Das Fleisch verwandelte sich in ein lebendes Kaninchen. Ich fragte mich, ob ich es in die Mülltonne hinunterstoßen oder springen lassen sollte.«

Der Träumer war sich hier der Tatsache bewußt, daß sowohl rotes Fleisch als auch Pfeffer seine körperliche Begierde anregten. Das Kaninchen assoziierte er mit der sexuellen Begierde wegen seiner intensiven Fortpflanzungstätigkeit. Der Traum erinnerte ihn daran, daß er im Stande war, seine sexuelle Begierde in gewissem Maße zu bändigen, indem er Nahrungsmittel miede, die er gezeigt bekam. Sein Widerstreben zeigte sich in seinem Zögern, ob er das Kaninchen in die Tonne hinunterdrücken sollte oder nicht.

Eine Warnung gegen zu übertriebene Diätmaßnahmen enthält der Traum einer Frau, die schon bei früheren Gelegenheiten krank geworden war, nachdem sie zu lange gefastet hatte, um ihr Körpergewicht zu reduzieren.

»Ich träumte, meine Kleider wären in Unordnung. Dann stellte ich fest, daß mein Bauch aufgeschnitten war und ich versuchte, die Wunde zu schließen, doch sie öffnete sich immer wieder. Schließlich ging ich zu einem Arzt und sagte ihm, ich wüßte nicht, warum ich meinen Bauch aufgeschnitten hätte, und machte mir Sorgen, ob nun eine Infektion einträte. Ich sagte auch, das Fett über meinem Magen sei daran schuld, daß der Bauch sich nicht schlösse. «

Sie hatte sich einer strengen Diät unterzogen; der Traum informierte sie nun, daß sie durch ihren geschwächten Allgemeinzustand einer Infektion Tür und Tor (Bauch!) geöffnet hatte. Die Träumerin gab zu, daß sie früher jedesmal eine Erkältung bekam, wenn sie eine solche Abmagerungskur durchgeführt hatte. Sie hielt sich nun an die Warnung.

Nun haben wir den Fall einer 40jährigen Frau vor uns, die versuchte, durch exzessive diätische Maßnahmen schön und jugendlich zu bleiben: »Ich träumte, daß ich gerüchteweise erfuhr, daß mein Mann insgeheim eine Sexorgie plante, die er mit einer Gruppe flotter Mädchen veranstalten wollte. Selbst meine verheirateten Freundinnen gingen zu dieser Party. Ich wollte meinen Mann überraschen, indem ich selbst auf der Party erschiene, sobald sie begonnen hätte. «

Der Ehemann im Traum ist in diesem Fall symbolisch für die Träumerin selbst.

Die »Sexorgie« war die exzessive Diät, die ihren Organismus schädigte; die »flotten Mädchen« auf der Party verkörperten ihre eigene Verrücktheit nach einer schlanken, jugendlichen Figur.

Die »Überraschung«, die sie ihrem Mann bereiten wollte, sollte sie für ihn so attraktiv erscheinen lassen, wie es früher der Fall gewesen war.

Manche Träume über Diätmaßnahmen sind sehr direkt, ohne ein Blatt vor den Mund zu nehmen. Bekommt man im Traum beispielsweise einen Sellerie, einen Salatkopf, eine Flasche Milch, Wasser oder andere Lebens- und Nahrungsmittel, die man vom Speiseplan gestrichen hat, so heißt der Traum einfach: »Iß mehr davon oder trinke mehr davon!«

Ein Beispiel dafür ist der Traum eines Fotografen, der sich im Traum eine Zitrone aufschneiden sah, deren Saft er sich dann direkt in den Mund auspreßte. Er war überrascht, daß er ihn recht süß im Geschmack fand.

Weil Zitronensaft den Organismus alkalisiert, zeigte der Traum die Notwendigkeit, die Übersäuerung des Körpers des Träumenden zu vermindern, bzw. ihn zu »süßen«. Der Träumer erzählte selbst, er sei übersäuert.

Ein Mitglied der Studiengruppe der A. R. E. träumte, einen riesigen, frischen gelatinierten Obstsalat zu servieren.

Als wir den Traum miteinander besprachen, erinnerte ich sie daran, daß Cayce einst gesagt hatte, Gelatine sollte ein täglicher Bestandteil unserer Nahrung sein, weil sie als eine Art Katalysator zur Steigerung der Aufnahmefähigkeit des Körpers für Vitamine wirkte. Cayce sagte auch, wir sollten aus dem gleichen Grunde unserem morgendlichen Fruchtsaft ½–1 Telöffel Gelatine hinzufügen. Somit riet der Traum, mehr Gelatine zu verwenden. »**Vitamine**«, sagte Cayce, »**sind die Lebenskraft oder die schöpferische Energie Gottes, von der die Drüsen jene für sie notwendigen Einflüsse beziehen, um die Energie zu liefern, die die verschiedenen Organe des Körpers in die Lage setzt, sich selbst instandzuhalten.**« (2072–P–5)

Von einer ähnlichen Anweisung träumte eine Lehrerin, die unter splitternden Nägeln litt. Sie sah sich im Traume ihre Nägel mit bunter Götterspeise bemalen.

Zweck dieses Traumes war es, der Träumerin zu raten, durch die tägliche Verwendung von Gelatine in der Küche die Stärke und den Aufbau ihrer Nägel zu verbessern.

Ein Mann träumte, er versuchte, zwei große Stücke Holz vom Mesquitestrauch aufs Kaminfeuer zu legen, die jedoch für den Kamin zu groß waren. Der Traum bezog sich auf die viel zu große Essensmenge, die er am Vorabend verzehrt hatte.

Die riesigen Holzscheite im Traum stellten die übergroße Menge Nahrungsmittel dar, die der Körper überhaupt nicht verkraften konnte. Der Mann wußte, daß die Rancher regelmäßig die Mesquitesträucher vernichteten, weil sie – da sie sehr stark wuchern – wertvolles Weideland wegnahmen. So schlug der Traum ihm vor, seine Nahrungsmenge einzudämmen, andernfalls würde sein Magen und Verdauungssystem ebenso überlastet wie der Kamin im Traum.

Eine Frau träumte von Totenschädel und gekreuzten Knochen auf ihrer Kaffeetasse. Auf meine Frage hin gab sie zu, 15–20 Tassen Kaffee täglich zu trinken. Der Traum wollte ihr offensichtlich nahebringen, daß sie sich durch ihren exzessiven Kaffeegenuß vergiftete. Die Träumerin nahm diese Warnung ernst und beschränkte sich fürderhin auf sechs Tassen täglich.

Cayce bekam einen Traum berichtet, in dem der Träumende »müde und auf dem Heimweg von einer Party auf der Schwelle seines Hauses anhielt, wo er eine Flasche Milch entdeckte, auf der ›Nicht destilliert‹ stand.«

Cayce: »**Die Flasche Milch bzw. deren Aufschrift zeigt an, welche Veränderung mit der Milch vorgenommen werden sollte. Man sollte zu Milch übergehen, die dem amtlichen Vorschriften entspricht, die also gereinigt ist und pasteurisiert, damit sie dem Organismus nicht schaden kann.« (137-D)**

In diesem Falle wurde die Molkerei, die dem Träumer täglich die Milch lieferte, bald darauf geschlossen, weil festgestellt wurde, daß sie die Hygienevorschriften nicht beachtete.

Eine Frau, die eine Abmagerungskur unternahm, hatte folgenden Traum: »Es regnete förmlich Kohlenhydrate. Ich hatte das Gefühl, ich sollte hinaus in den Regen gehen, was meine Beschwerden lindern würde.«

Darauf antwortete Cayce: »**In diesem Traum ist bildhaft das gezeigt, was sowohl helfend als auch fördernd und wohltuend auf diesen Körper Einfluß nehmen könnte. Aus unserer Sicht gehören Kohlenhydrate zu den notwendigen Elementen, deren der Körper zum Wohlsein bedarf. Sie haben in der Nahrung einige Zeit gefehlt und verursachten dem Körper so eine Unfähigkeit, verbrauchte Stoffe auszuscheiden. Dies hat zu Schmerzen geführt. Iß mehr Kohlenhydrate, und es wird sich zeigen, daß die Schmerzen verschwinden.«**

Wie die nächsten Beispiele zeigen, beziehen sich nicht alle Träume von Essen und Krankheit auf das Körperliche. Manchmal bringen sie dem Träumenden auch Zuspruch, der ihn befähigt, seine wohltuenden, hilfreichen Aktivitäten auszubauen.

Es folgt zunächst ein Abschnitt des Traumes eines Mitgliedes der ursprünglichen Gebetsgruppe, die noch zu Lebzeiten Edgar Cayces ihren Dienst aufnahm. Man muß hierbei im Auge behalten, daß die Philosophie und geistige Lehre Cayces zu seinen Lebzeiten noch weitaus umstrittener, provozierender und aufrüttelnder war als heute.

»Welche Bedeutung hat mein Traum: Ich erhielt einen Kelch und einen Löffel und fütterte Menschen mit geistiger Nahrung?«

Cayce: »**Bei einem großen Teil der Informationen, die aus dem Geistigen kommen, ist es unabdingbar, daß sie in kleinen Mengen weitergegeben werden, auf keinen Fall jedoch in einer Weise, die das Individuum verletzen kann! Wisse auch, daß kein – endlicher – Menschengeist alle Wahrheit besitzen kann!«** (286–6 D)

»In einer Vision sah ich einen Laib Vollkornbrot. Das eine Ende war abgeschnitten; die Körner waren an der Schnittfläche gut zu sehen. Ein intensives Licht schien aus dem Innern des Brotes; es durchleuchtete jedes Korn, und ein breiter Lichtschein – eine Aura – umgab das ganze Brot. Ich bitte um Deutung dieser Vision.«

Cayce: »**Das Geschaute steht symbolisch für die Essenz des Lebens selbst in seinen Zellen, symbolisch für das strahlende Leben dessen, der einst sagte: ›Ich bin das Brot des Lebens. Wer zu mir kommt, den wird nicht hungern, und wer an mich glaubt, den wird nimmermehr dürsten‹ (Jh 6, 35). Das volle Korn betont noch die Tatsache, daß der Weg Christi vollkommenen Frieden und Befriedigung bringt. Wie du gesehen hast, hat jede Zelle, jedes Korn des Brotes, seine eigene Strahlung. Werden diese harmonisch vereint durch die Tätigkeit des Individuums, erwächst daraus ein vollerleuchtetes Leben. Dies bringt Verständnis und die Festigkeit, die deine Fähigkeiten zu solchen des ewigen Lebens erweitert.«**

Der nächste Traum beweist wieder einmal, wie verschiedenartig die Symbolik in unseren Träumen sein kann, und wie unmöglich es deshalb ist, den Symbolen selbst eine feste Bedeutung zuzuordnen.

»Ich träumte, daß Dr. H. in New Orleans mir mitteilte, ich hätte Krebs und bräuchte nun bestimmte Bestrahlungen, die von hinten, vom Rücken her, auf meinen Magen gerichtet würden. Ich war so erschreckt über diese Nachricht, daß ich Krebs hätte, daß ich anfing zu weinen.«

Cayce: »**Hier ist in bildhafter Weise das Wachstum dargestellt, das diese Person hinter sich gebracht hat: nicht das Wachstum einer Krebsgeschwulst, sondern ein Wachstum dessen, das diesen Menschen ebenso ganz absorbiert wie es eine Krebsgeschwulst tut.**

Der Schrecken im Traum ist das, was auf dieses Wesen zukommt, wenn es erkennt, daß mediale Seelenkräfte sich durch diese Wesenheit ausdrücken. Dann jedoch laß' die höheren Elemente des Lebens Führer sein, laß' sie das Licht sein, der Weg und die Wahrheit! Denn – wie schon seit alters gesagt ist – durch die Gabe der geistigen Kräfte, der Geistesgaben, wie sie durch diesen Kanal oder durch dieses Werkzeug wirken, kommen die größeren Gaben des Geistes in die Welt.

Wie das Bild des Dr. H. zeigt, in den du als in einen Heiler vieler Dinge großes Vertrauen hast, so wird sich zeigen, daß diese Beschäftigung, wenn sie von dir aufgenommen und angenommen wird, viel Freude bringen wird, viel Schmerz und viel Begeisterung durch die wunderbaren Gaben, die der Menschheit zukommen könnten durch deine Bemühungen.«

Wegen eines ähnlichen Traumes fragte mich eine Frau: »Warum träume ich, ich hätte Krebs im Innenohr, bin darob aber gar nicht beunruhigt oder erschreckt?«

Dieser Traum hatte die gleiche Bedeutung wie der vorangegangene, nur bezieht er sich auf ein Wachstum der inneren Wahrnehmung oder der außersinnlichen Wahrnehmung, um das die Träumerin schon wußte.

Die beiden nächsten Träume beziehen sich auf das wachsende Drogenproblem:

Eine Frau erwachte sehr besorgt, nachdem sie geträumt hatte, ihr Sohn sei nach Hause gekommen, hätte seine schmutzigen Schuhe im Wohnzimmer von sich geschleudert und sei in sein Schlafzimmer gegangen. Einen Augenblick später hätte sich seine

Tür geöffnet, und er stand da mit Blutstropfen am linken Oberarm.

Dieser Traum machte die Frau darauf aufmerksam, daß ihr Sohn Drogen nahm. Auf meine Frage konnte sie nur antworten, sie hätte beobachtet, daß ihr Sohn manchmal Depressionen habe. Die schmutzigen Schuhe im Wohnzimmer deuteten auf eine ungesunde Grundlage oder auf ungesunde Aktivitäten und Lebensgewohnheiten des Sohnes hin. Daß er im Traum in sein Schlafzimmer ging, wies auf verborgenes Tun hin, das Blut am linken Oberarm auf eine Injektionsnadel, der linke Arm auf falsches (im Gegensatz zum rechten) Handeln.

Eine andere Mutter träumte, ihr jugendlicher Sohn ginge zusammen mit elf anderen Jungen auf sein Zimmer. Dann kamen die Mütter einiger dieser jungen Leute zu ihr herein und sagten: »Sie wollten wissen, ob Ihr Sohn Marihuana rauchte: Er tut es!«

Die zwölf Jungen stellten den physischen Körper dar, der zwölf Öffnungen hat. Das Zimmer wiederum wies auf verborgene Aktivitäten hin. Der Rest des Traumes bedarf keiner Erläuterung.

Zu meinem größten Bedauern habe ich erfahren, daß beide Träume Warnungen waren, die sich auf Tatsachen stützten. Die Eltern haben inzwischen Ärzte eingeschaltet, um ihren Jungen zu helfen.

Eine Versuchung zeigt der folgende Traum: Ein Lehrer berichtet: »Ich nehme an einem bestimmten Experiment zur Förderung des geistigen Bewußtseins teil. Ein Mann und eine Frau sitzen an einem kleinen Tisch auf dem Gehweg. Ich soll mir selbst eine Reihe von Heroin-Spritzen geben. Zwei Injektionen sollen in die Oberschenkel-Innenseite kommen, zwei in den Arm, und ein paar auf die Zunge. Die beiden am Tisch versichern mir, das geistige Bewußtsein würde kommen. Doch ein Polizist kommt und droht mir mit der Festnahme. Ich habe plötzlich das Gefühl, daß das nicht alles ganz einwandfrei ist. Aber ich vertraue ihnen und gehe nach Hause, um auf ihren Anruf zu warten. Sie rufen mich an und sagen mir, es wäre Zeit anzufangen.«

Heroin war für den jungen Mann eine destruktive Droge. Er hatte sich schon für LSD interessiert, eine bewußtseinserweiternde Droge. Es besteht kein Zweifel, daß sein Unbewußtes, das das Interesse für LSD wohl bemerkte, ihn nun durch den Gebrauch des destruktiven Traumsymbols »Heroin« warnte. Verstärkt wurde diese Warnung durch das Auftreten des Polizisten, der kam, um den Träumenden einzusperren. Hier in Texas ist es illegal, LSD zu nehmen, daher schien der Traum die Verhaftung auf zwei Ebenen zugleich auszudrücken: als polizeiliche Maßnahme gegen einen Gesetzesbrecher, und als Verhaftung an die Droge, die dem wirklichen Erwachen des geistigen Bewußtseins im Wege steht. Die Spritzen, die in Oberschenkel, Arm und Zunge gegeben werden sollten, zeigen an, daß das, was wir wirklich brauchen, geistige Aufbauspritzen sind, die uns anregen und stärken zum größeren Dienst an unserem Nächsten (Arm), die uns führen auf dem schmalen, rechten Wege (Oberschenkel), und uns dahin bringen, daß wir mit Sanftmut und Weisheit sprechen (Zunge).

Weil ich immer wieder von Erwachsenen und Jugendlichen nach dem Gebrauch bewußtseinserweiternder Drogen gefragt werde, möchte ich auch hier wiederholen, welche Warnungen Cayce diesbezüglich im unterbewußten Trancezustand gegeben hat. Dies gilt insbesondere für die, die sagen, sie wollten Gott, der Liebe, dem Frieden und Verständnis durch den Gebrauch von Drogen näherkommen.

Cayce sagte: »**Es gibt keine Abkürzung (auf dem Wege) zu Gott.**« Jeder also, der einen anderen Weg geht als den, den Christus uns gewiesen hat, beraubt und betrügt sein eigenes, wahres höheres Selbst.

»Was die Vorbereitungen für das Wachstum der Seele (Gottesbewußtsein) angeht... Ist ein gesunder Apfel denn auf einmal reif, oder wächst er langsam heran? Verstrahlt die Sonne all ihr Licht auf einmal oder leuchtet sie stetig? Dem (Gottes-) Bewußtsein und der Liebe nähert man sich nur durch den Dienst, nicht allein durch den bloßen Wunsch. Erst hat man das innere Verlangen, dann wird durch das Verschmelzen von Geist und Willen das Werk vollbracht. Die Überwindung der Angst bringt dem Menschen die Fähigkeit, auf das Wirken der höheren Mächte zu vertrauen.« (294)

In einem Reading zeigte Cayce, daß die Entwicklung des hohen Bewußtseins abhängt von einer notwendigen langsamen und festen Fundierung; immer wieder verglich er diesen Vorgang mit dem Wachstum eines Baumes, der ohne festes Wurzelwerk, ohne Kraft, beim ersten Sturm aus dem Boden gerissen würde. So wie ein Baum weiterlebt, weil er sich im Sturm biegen und beugen kann, so ist es auch beim Menschen.

Geduld, Flexibilität und Spannkraft sind die Mittel, die uns helfen, unter den Belastungen des Lebens nicht zu zerbrechen. Not und Entbehrung bringen Mensch und Tier innere Stärke. Drogen zerstören die Geduld, vermindern Willenskraft und Schwung, und diese Eigenschaften des Menschen sind notwendig für ein schöpferisches, produktives Leben.

Ich verdamme also nicht den Gebrauch von Drogen, wenn sie unter kontrollierten Bedingungen von Menschen mit hoher Zielsetzung genommen werden, die eine starke Belastung erleichtern wollen, sei es Alkoholismus oder andere höchst destruktive Störungen.

»**Sehet also**«, sagte Cayce, »**daß der Mensch nur die Saat legt; es ist Gott, der das Wachstum schenkt. Dienet darum dem Gesetz des Herrn, und nicht den menschlichen Gesetzen (als einem Absoluten). Vor allem: Habt Geduld – Geduld – Geduld!**«

Kommunikation mit Verstorbenen

Die Toten unterscheiden sich von den Lebenden nur in einer Hinsicht: Sie befinden sich in einem dauernden Unterbewußtseins-Zustand, weil das Bewußtsein des physischen Körpers nicht mehr besteht. Der Körper jedoch ist nur eine entbehrliche Hülle, und alles außer ihm bleibt intakt. Auf der astralischen Seinsebene tritt das Unterbewußtsein an die Stelle des Seelen-Bewußtseins, das Überbewußtsein an die Stelle des Unterbewußten.

Deshalb können wir in unseren Träumen die Feststellung machen, daß die Kommunikation mit denen, die schon hinübergegangen sind, logischer ist als das Bewußtsein eines durchschnittlichen Lebenden.

Es folgen Auszüge solcher Kommunikation im Traume, wie sie ein Mitglied der Gebetsgruppe Edgar Cayce schilderte:

»(Ich träumte, ich) hörte eine Stimme sagen: ›Deine Mutter lebt und ist glücklich.‹«

Cayce: »**Deine Mutter ist lebendig und glücklich... denn es gibt keinen Tod, nur ein Hinübergehen vom physischen auf den geistigen Plan. Die Geburt auf den physischen Plan nennt man den Beginn eines neuen Lebens. Die Geburt in das Geistige ist auch ein Anfang, der Beginn eines neuen Lebens oder einer neuen Erfahrung.**«

»Versucht Mutter mir zu sagen, daß sie lebendig und glücklich ist... oder halte ich mich selbst zum Narren?«

Cayce: »**Nein, du hälst dich nicht zum Narren, denn die Seele deiner Mutter lebt und ist im Frieden; sie will, daß du das weißt. Es ist gesagt worden ›In meines Vaters Haus sind viele Wohnungen; und wenn es nicht so wäre, hätte ich es euch gesagt‹, und auch ›Ich gehe, um einen Platz für euch vorzubereiten... daß wo ich bin, auch ihr sein möget‹ (Jh 14, 2). Das gilt in dieser Stunde am heutigen Tag ebenso, wie es Gültigkeit hatte, als der Heiland es zu jenen sprach, die um ihn waren.**«

»Ich träumte, meine Mutter wiese auf eine Gruppe Leute hin, die um Sidney versammelt waren, der im Sterben lag. Sein Blick brach schon, und er schien kurz vor dem Tode zu sein. Dann sank er zurück und starb. Ich weinte, aber meine Mutter hieß mich aufzuhören.«

Cayce: **»Auf diese symbolische Art und Weise werden diesem Menschen durch die Bemühungen der Mutter oder die Einwirkung der Schutzkräfte für diese Seele Lehren gegeben. Wende diese in deinem Leben an, jedoch nicht so, daß es zu Streit und Meinungsverschiedenheiten kommt oder gegensätzliche Kritik hervorgerufen wird. Mach aber auch kein langes Gesicht und denke, es gäbe nichts zu leben als die Träume der Zukunft.**

Das Leben ist mehr, als einfach nur zu leben und sich treiben zu lassen, und der Tod ist nicht das Ende.

Gedanken und Werke schaffen Wirkungen, mit denen man umgehen muß, denn die Seele lebt und ist Teil der schöpferischen Energie. Sie kehrt zurück zum Ganzen. So sind alle ein Teil Gottes, denn ER ist der Gott aller.«

»Beide Eltern, Mutter und Vater, kamen auf mich zu und waren froh, mich zu sehen, aber dann erzählten sie mir, daß meine Schwester Selbstmord begangen hätte.«

Cayce: **»Dieser Traum zeigt dir – durch die Vermittlung von Mutter und Vater** (beide bereits hinübergegangen) –, **welche Gedanken deine Schwester hegt, weil sie unglücklich darüber ist, daß sie ihr Leben nicht meistert. Wie man sieht, sind Vater und Mutter hierbei von dir abhängig, um deiner Schwester helfen zu können, ihr Anweisungen zu geben, sie zu leiten, ihr Zuspruch geben zu könen. Berate deine Schwester aus geistiger Sicht, damit sie besser verstehen kann, damit sie besser wachsen kann; andernfalls werden schädliche Einflüsse sie umbringen. Sie spielt mit dem Gedanken, ihrem Leben ein Ende zu bereiten. Denke daran, daß im mentalen Bereich Gedanken bereits Taten sind; sie unterstützen oder beeinträchtigen das Wirken des höheren Selbst.«**

»Ich träumte, meine Mutter teilte mir mit, ich sollte Tante Helene vor einem Unfall eines Autos und einer Straßenbahn warnen. Dann wurde meine Mutter krank.«

Cayce: **»Dies ist eine Warnung. Erzähle Tante Helen unbedingt davon. Wenn sie die Warnung beachtet und weder Autos noch Straßenbahnen besteigt, bis der Mond wieder abnimmt, wird nichts geschehen. Warne sie also; hier** handelt es sich um eine direkte Kommunikation zwischen dem geistigen und dem physischen Reich. Die hierzu nötige Einstimmung besteht, wenn das Bewußtsein nicht dominiert, also in der Fürbitte, im Schlaf und der meditativen Einstimmung mit den Kräften des Universums. Unter diesem Aspekt ist auch das Vermögen jener in der geistigen Welt zu verstehen, die die Zukunft sehen können.« (136 D)

In einer anderen Botschaft ihrer Mutter hörte die Frau folgende Worte: »Du solltest zum Osteopathen gehen. Du solltest dich schämen!«

Cayce antwortete hierauf nur: **»Du sollst gehen!«**

Dann stellte sie Cayce, der sich im Trance-Zustand befand, zwei Fragen: »War dieses Traumerlebnis durch die Gebete meines Mannes herbeigeführt, der meine verstorbene Mutter bat, sich mit ihm zu verbünden, um mich dazu zu bringen, daß ich zum Osteopathen gehe? Oder wäre dieser Traum auf jeden Fall gekommen, weil ich den Rat meiner Mutter brauchte?«

Cayce: **»Die Gebete der Gerechten sollen viele retten. Jesus sagte, daß, wo zwei oder drei in seinem Namen mit demselben Ziel versammelt wären, er mitten unter ihnen wäre. Die gemeinsamen Gebete deines Mannes und deines höheren Selbst brachten die Einstimmung auf die geistigen Wirkkräfte (ASW).«**

»War J. S. (gestorben) gekommen, um meine Mutter in die andere Welt zu leiten? Mutter und J. S. starben innerhalb von drei Wochen; sind sie noch in dieser irdischen Bewußtseins-Ebene?«

Cayce: **»Beide sind noch im physischen Plan, bis die geistigen Kräfte sie durch ein stetig wachsendes Bewußtsein zu der Einswerdung mit dem Einen leiten.«**

Wie mächtig die Liebe selbst von einem Bewußtseinsplan zum anderen wirkt, zeigt sich im folgenden Traumerlebnis, das Edgar Cayce berichtet wurde:

»Meine Mutter, die schon tot ist, kam im Traum zu mir, legte ihre Arme um mich und sagte mir, sie liebe mich. Ich fragte sie, ob sie wüßte, wie sehr ich sie immer geliebt hätte, und sie antwortete: ›Ja, das hast du mir immer bewiesen.‹«

Cayce: **»Die Mutter, die als die Person, die sie wirklich ist, sich auf dem kosmischen Plan befindet, schuf diesen Kontakt... Die Mutter sieht, die Mutter weiß, die Mutter hat dieselben Empfindungen der Liebe, die sie schon auf Erden ausdrückte, so daß euer Zuhause zu einem himmli-**

schen Heim wurde. **Wenn sie auch nun im geistigen Reich ist, so kann sie doch im Denken und Herzen derer gegenwärtig sein, die auch der Liebe Ausdruck geben – der Art von Liebe, die der Meister jenen zeigte, als er ihnen versprach, er ginge zu seinem Vater, um ein Zuhause für die vorzubereiten, die nach ihm kämen.**

Die Botschaft heißt also: Liebe die Menschen, die um dich sind, wie deine Mutter es tat. Sei der Mensch, der Mutter sein wollte. Mutter ist noch bei dir, liebe Schwester, und sie weiß, was dich bewegt. Denn auf dem kosmischen Plan schließt das Leben das des geistigen Wesens und Seins ein... Die Liebe der Mutter ist weder verschwunden noch fortgegangen, sondern sie ist unter den Lebenden! Gott ist der Gott der Lebenden (der geistig Lebenden). Der Heiland ist der Heiland der Lebendigen!« (243–D)

Im folgenden medialen Traumerlebnis findet eine Mutter, Mrs. Violet Landis aus Portland, Oregon, Trost, nachdem ihr Sohn Richard im Alter von 46 Jahren plötzlich an einem Herzanfall gestorben war.

Sieben Tage nach seinem Hinübergang träumte Mrs. Landis, daß er käme, sie zu besuchen. Er sah jünger und gesünder aus als zuletzt, bevor er gestorben war. Er umarmte und küßte sie im Traum und sagte voller Freude: »O liebe Mutter, ich bin so froh, daß ich zu dir gekommen bin!«

Mrs. Landis wachte sofort auf, mit einem Glücksgefühl und der Gewißheit, daß diese Begegnung auf unterbewußter Ebene tatsächlich stattgefunden hat. Sie erzählte Richards Frau von ihrem Traum, und erinnerte sich dabei an ein Gespräch mit dem Sohn, das sie einige Monate vor seinem Tode hatten. Damals hatte Richard in gelöster Stimmung und in Anwesenheit seiner Frau verkündet: »Wenn ich zuerst gehe, Mutter, dann werde ich dich wissen lassen, daß es mir gut geht!« – Und das hatte er nun im Traum getan!

Eine Frau fragte Edgar Cayce nach den Bedingungen, die zu einer Kommunikation auf unterbewußter Ebene führten:

»Ist es unser Unterbewußtsein, was einander begegnet – meines im Schlaf und seines auf kosmischem (Toten-) Plan, so wie Schwingungen auf ein Radiogerät treffen und einen Ton erzeugen, wenn das Radio angeschaltet ist?«

Cayce: **»Dieses Bild kann dem Vorstellungsvermögen helfen. Beide müssen in derselben Weise eingestimmt oder**

auf dieselbe Schwingung eingestellt sein, außerdem losgelöst vom physischen Bewußtsein, denn diese sind aus dem geistigen Bewußtsein. Nur durch die Einstimmung kann eine Botschaft (von einem Hinübergegangenen) empfangen werden.« (140–10)

Sieht man im Traum einen geliebten Menschen, der – schon hinübergegangen – in Not ist, so handelt es sich um eine Aufforderung, für ihn zu beten. Ein Pfarrer erzählte mir von einem Mitglied seiner Gemeinde: Diese Frau träumte – so hatte sie ihm berichtet – fast jede Nacht von ihrem verstorbenen Mann. Er schien immer in großen Schwierigkeiten zu sein. Darauf setzte sich eine Gruppe Gemeindemitglieder zusammen und betete für ihn. Die Angstträume hörten auf.

Das wohl häufigste Erlebnis beim Erscheinen von »Toten« im Traum ist die Botschaft, die uns mitteilt: »Ich fühle mich wohl und bin glücklich. Deine Trauer jedoch hält mich fest und macht mich traurig. Du kannst mir sehr helfen, indem du versuchst, deinen Kummer zu überwinden. Du mußt aufhören zu trauern!«

Autos und Verkehr

Ein Auto ist im Traum oft Symbol für den physischen Körper, denn dieser ist das mechanische Vehikel, das »Transportmittel« des ewigen Teils unseres Wesens, unserer Seele also. So stellt der fahrende Mechanismus im Traum die Elemente des physischen Organismus des Träumenden dar.

Ein Verwaltungsangestellter träumte, seine Kundin, Miss Carlton, führe einen seiner Wagen – einen Chevrolet – so leichtsinnig, daß sie Sachschaden und ihr Leben riskierte. Er wollte sie bestrafen und entdeckte dabei, daß sie in der Nähe Italiens wohnte.

Wir fanden gemeinsam heraus, daß der Traum den Träumer vor seinem eigenen Leichtsinn warnte: Miss Carlton und ihr Auto stellten den weißen Chevrolet dar, den er selbst fuhr. Mit Italienern assoziierte der Träumer ein lebhaftes Temperament. Daraus konnten wir folgern, daß es im Gebiet von Italien war, wo sie lebte: seine eigene Ungeduld und der Grund für seine leichtsinnige Fahrweise. Er beschloß, seine Fahrgewohnheiten zu ändern.

Auch im folgenden Traum bezog sich das Symbol »Auto« buchstäblich auf die Fahrweise des Träumers: Diese Frau träumte, sie säße auf dem hohen Stuhl eines Kleinkindes hinter dem Lenkrad ihres Wagens, das sie unmöglich erreichen und somit den Wagen steuern konnte.

Nach vieler beiderseitiger Bemühung, diesen Traum zu deuten, fiel der Träumerin ein, daß sie schon sehr oft ihren Bestimmungsort erreicht hatte, ohne sich zu erinnern, wie sie dahin gefahren war. Der Traum ermahnte sie also, geistig wach und bewußt zu bleiben, wenn sie am Steuer saß, und weil sie sich den Traum zu Herzen nahm, wiederholte er sich nicht mehr. Der hohe Stuhl, auf dem sie saß, zeigte an, daß ihr Geist, ihr Bewußtsein weit entfernt war von ihrer eigentlichen Tätigkeit. Daß dieser Abstand durch den Stuhl eines Kleinkindes geschaffen wurde, betonte die mangelhafte Reife einer solchen Fahrweise.

Im Protokoll eines von Cayce gedeuteten Traumes lesen wir: »Ich fuhr über die Straße am Seeufer hinunter, als ich plötzlich über den Straßenrand zu geraten schien. Ich hatte vorher noch Zeit, auf die Bremsen zu treten, tat aber nichts dergleichen. Ich sprang aus dem Wagen in den See. Der Wagen fiel mir auf den Kopf und ich kam ums Leben.«

Cayce: »**Hier haben wir eine deutliche Aufforderung, bestimmte Umstände in bezug auf den physischen Körper zu ändern, solange dazu noch Zeit ist. Denke nicht nur daran – tue es! Jetzt! Die Lehre dieses Traumes ist: Zu wissen, wie zu helfen wäre, und es nicht zu tun, das ist Sünde.**« (140–10 D)

Ein Mann, der Anhalter mitzunehmen pflegte, träumte, daß ein nett aussehender junger Mann an der Landstraße stand und den Daumen hob, um von einem Fahrer mitgenommen zu werden. Der Träumer hielt an und nahm ihn mit; dann wechselte die Szene, und er sah sich wieder, doch diesmal blutbedeckt.

Seit diesem Traum nahm er nie wieder Unbekannte mit!

Eines Tages – ich war gerade zu Besuch in Bay City, Texas, erwachte ich nach folgendem Traum. Ich berichtete ihn meiner Gastgeberin, nachdem ich um Schutz und erhöhte Wachsamkeit beim Fahren gebetet hatte (Gebet weckt das Unterbewußtsein!):

Ich fuhr im Auto und war gerade um eine Kurve gekommen. Vor mir war ein schwarzer Wagen. Aus irgendeinem Grunde beschleunigte ich, um ihn zu überholen. Der Wagen war *rechts von mir*, als ich an ihm vorbeifuhr; dann gelangte ich an eine Stelle, wo ein Unfall passiert war. Da wurde ich von einem Polizisten angehalten, der mir eine Verwarnung gab und mich aufforderte, langsamer zu fahren.

Am Nachmittag desselben Tages fuhr ich zurück nach Houston. Nachdem ich auf dem Memorial Drive um eine Kurve gefahren war, hatte ich einen schwarzen Wagen vor mir. Dessen Fahrer fuhr langsam, und als die Straße vorne frei war, trat ich aufs Gas, um den schwarzen Wagen links zu überholen. Der Wagen war *rechts von mir*. Genau als ich auf gleicher Höhe war, wandte sich die Fahrerin des anderen Wagens plötzlich nach links, ohne es vorher irgendwie angekündigt zu haben. Wegen meiner Vorwarnung sah ich es noch rechtzeitig genug, um ebenfalls nach links auszuweichen, und konnte so einem Zusammenstoß entgehen.

Der Polizist im Traum war mein höheres Selbst, das mich vor der Möglichkeit eines drohenden Unfalls warnte. Ohne Zweifel wäre der Traum-Polizist in Wirklichkeit auf der Straße nötig geworden, wenn ich nicht gewarnt gewesen wäre.

Ein Mann, der weite Strecken sehr schnell fuhr, träumte wiederholt von einer Schildkröte, die langsam auf einer Landstraße entlang kroch.

So forderte ihn – durch seine Träume – sein Unterbewußtsein auf, langsamer zu fahren, wenn er heil an seinem Ziel ankommen wollte.

Häufig ist der Traum, daß man seinen Wagen nicht mehr zum Stehen bringen kann. Manchmal fährt man dabei vorwärts, manchmal auch rückwärts. In beiden Fällen ist die Botschaft: Bringe mehr Willenskraft auf. In vielen Fällen ist eine Einschränkung physischer Launen notwendig. Fährt der Wagen rückwärts, so sind die Umstände im allgemeinen ernster, es scheint schon Boden unter den Füßen verloren zu sein. Die Bremsen stehen symbolisch für den Gebrauch des Willens.

Eine Bekannte, die gerne naschte, verriet ihren Traum: »Ich saß mit einem Mann, den ich nur beiläufig kannte, in einem Auto. Er fuhr mit dem Wagen eine Einbahnstraße in die falsche Richtung. Ein anderer Autofahrer schrie uns an, wir sollten die Fahrbahn verlassen. Als wir das taten, sah ich fünf Büffel, die auf uns zukamen, zusammen mit zwei blaßgrauen, gespenstisch aussehenden Wölfen an den Seiten. Das hintere Wagenfenster war offen, und ich fühlte den Atem der Wölfe an meinem Hals. Als ich mich duckte, um ihren Zähnen kein Ziel zu bieten, wachte ich erschreckt auf.«

Wir hatten beide das Gefühl, daß das Autofahren in die falsche Richtung einer Einbahnstraße eine Warnung war, die sich auf die Gesundheit, den körperlichen Zustand der Träumerin bezog (Es wäre schließlich eine Bedrohung ihrer Gesundheit, wenn sie wirklich so Auto führe). Der Fahrer, den sie kannte, war ein Mann, der unter Verdauungsstörungen litt, und stellte im Traum daher ein Teil ihrer selbst und ihres Problemes dar. Die Wölfe zeigten ihr, daß die Gier nach Süßem, die sie manchmal ganz absorbierte, eine Bedrohung ihres Wohlseins war. Der Büffel war ein Wortspiel, denn sie versuchte gerade, sich selbst Argumente dafür einzubüffeln, daß Süßigkeiten und Torten harmlos für sie wären. Die fünf Büffel – besonders die Zahl fünf – bezogen sich auf die Willenskraft, die sie einsetzen müßte. Das fünfte Bewußtseinszentrum oder Schilddrüsen-Chakra unseres Körpers steht für den Willen.

Einen ähnlichen Traum erzählt ein Schullehrer: »Ich sitze auf einem alten, unsicheren Traktor zusammen mit einer älteren Schwester und meinem jungen Neffen. Meine Schwester fährt, mein Neffe sitzt in der Mitte und ißt Pfannkuchen. Als wir um eine Ecke biegen, rutschen die Pfannkuchen vom Teller über das Armaturenbrett und bleiben hinter dem Lenkrad liegen.«

Ein Traktor ist ein Fahrzeug, mit dem gearbeitet wird. Daher bezog sich der Traktor in diesem Traum auf den körperlichen Gesundheitszustand des Träumenden, der schon recht gebrechlich war und ihn bei seiner Arbeit behinderte. Das Pfannkuchen essende Kind stellte seine eigenen unreifen Eßgewohnheiten dar. Daß seine Schwester den Traktor fuhr, zeigte an, daß er selbst sein Leben nicht mehr unter Kontrolle hatte.

Wegen der schlechten Ernährung führten Spannungen, Belastungen und Schwierigkeiten in seinem Leben (Kurve!) zu Pannen. So bezieht sich der fahrende Wagen nicht nur auf die Gesundheit des Träumers, sondern auch auf die Tatsache, daß dieser oft unterwegs aß.

Seine Freunde sagten, sie hätten ihn wegen seiner schlechten Eßgewohnheiten schon lange getadelt. Obwohl er erst 28 Jahre alt ist, mußte er sich schon wegen seiner Verdauungsstörungen operieren lassen.

Nun folgen noch einige andere Beispiele für das Vorkommen von Autos in Träumen:

In einem Luxuswagen umherzufahren und sich über seinen Preis Gedanken zu machen, ist ein Hinweis auf einen »gut ausgestatten Körper«, der sich luxuriös ernährt, wobei man sich sorgen sollte, welchen Preis die Gesundheit dafür zu zahlen hat.

Einen Bus zu lenken oder in einem Bus zu fahren bezieht sich auch auf Übergewichtsprobleme, wohingegen ein schwach motorisiertes Fahrzeug auf Untergewicht und Energiemangel schließen läßt. Wenn der Treibstoff auf der Autobahn ausgeht, so deutet dies auf mangelndes Durchhaltevermögen des Träumenden hin.

Wenn die buchstäbliche Bedeutung möglicher Autopannen und -schwierigkeiten im Traum aufgezeigt und erschöpft ist, kann man Unvollkommenheiten am Fahrzeug im allgemeinen mit einiger Sicherheit auf den körperlichen Gesundheitszustand des Träumenden beziehen.

Haltung und Tätigkeit

Haltungen und Stellungen, die Menschen in den Träumen einnehmen, sind Teil der Bildersprache. Erscheint eine bestimmte Stellung besonders wichtig oder ungewöhnlich, betont sie damit dem Träumer gegenüber ihre Bedeutung. Im folgenden führe ich einige Stellungen, Tätigkeiten und häufige Traumsymbole mit den möglichen Bedeutungen an, die sie für den Träumenden haben können.

aufstehen	Steh auf! Du bist an der Reihe! Sei aufrichtig!
sich setzen	Hier kannst du dich niederlassen. Entspanne dich.
gehen, auf Straße oder Weg	Lebensweg
rückwärtsgehen/fahren	rückwärtsgehen im Leben
Weggabelung	Wahl zwischen rechtem und falschem Weg
Straßensperre	Hindernisse in einem selbst
rennen	in Schwierigkeiten geraten
hüpfen	etwas wichtiges überspringen
eislaufen auf dünnem Eis	Gefahr!
abrutschen	Gefahr!
kriechen – Kleinkind – Tier	Erwachen zu neuer Tätigkeit verderbendes Selbst
fliegen	a) Wunschdenken b) Astralreise c) Erhebe dich über dein Problem! d) Sex
essen	Ändere deine Ernährung!

baden	Reinigung ist vonnöten (im Mentalen, Physischen oder Spirituellen)
Taufe	Erneute Hingabe ist erwünscht; Anwachsen des heiligen Geistes; Erneuerung durch Abwaschen des alten Zustandes
schwimmen	geistige Aktivität
Brücke überqueren	Übergangszustand
dahintreiben, hilflos, in einem Booot	durchs Leben treiben ohne geistige Ziele oder Ausrichtung
sich verspäten	Es ist später, als du denkst
Verlust von Wertvollem	Verlust geistiger Werte oder Warnung vor Diebstahl
Hände schütteln	Freundschaft; lerne dich selbst kennen!
fliehen, gejagt werden	gejagt sein durch eigene Verursachung
schießen	Warnung, sich in Diskussionen einzulassen, wo »scharf geschossen« wird oder Schwierigkeiten kommen
überreden	Warnung, eigenes oder anderer Gewissen zu etwas zu überreden
angeln, fischen	nach geistlichem Leben trachten

Fisch
  – schön
  – häßlich
	Ethik, Christus
	Gut
	Böse

Gegenstände in die Häuser anderer fallen lassen oder stoßen	andere durch unachtsame Bemerkungen oder unbedachtes Tun belästigen oder belasten
sterben	a) Wandel im Bewußtsein (gut–böse) b) Warnung, sich körperlich zu verausgaben
gebären	höherem Selbst oder neuen Ideen Raum geben

ein Kind pflegen	Idealen Nahrung geben
Neugeborenes oder Kleinkind fallenlassen	Gefahr für Ideale oder höheres Selbst
töten oder opfern ein Baby	Vernichtung geistiger Ideale
lachen	Konzentriere dich mehr auf die Sonnenseite des Lebens; sei unbekümmert
heilige oder schöne Musik singen oder hören	Aktivität göttlicher Kräfte in einem
Beschwerden	Hör auf, dich zu beschweren!
heiraten	Heirat oder Verbindung mit dem höheren Selbst; Integration
weinen	Warnung vor Schwierigkeiten
unfähig zu schreien oder davonzulaufen	gewöhnlich falsche Ernährung, weil niemand deine Lebensweise ändern kann außer dir selbst
kämpfen	im Kriege mit sich oder anderen
stöhnen, seufzen	das Innere stöhnt über dein Tun
Ärger, Wut	Temperamentsausbrüche
Verzweiflung	Warnung vor Vergehen und Missetat
Mutlosigkeit	Warnung vor Krankheit oder Schwierigkeiten
Angst	Sünde oder Irrtum
rauchen	emotionell gestört oder negativ
Feuer oder Fieber	Krankheit, Temperamentsausbruch; Zerstörung
ertrinken	Warnung, buchstäblich oder im übertragenen Sinne
spielen	Leben, Freundschaft, Gesundheit, Geschäft usw. aufs Spiel setzen

Folgender Traum zeigt besonders gut den Symbolgehalt des Spielens im Traum: »Ich träumte, daß ich 1-Cent-Münzen in einen Spielautomaten steckte. Andere Leute, Angestellte in der Firma meiner Eltern, waren dabei. Schließlich dämmerte mir, daß ich schon seit langem den Automaten gefüttert hatte, ohne daß etwas dabei heraussprang, und so beschloß ich, mein Glück an der 5-Cent- und an der 10-Cent-Maschine zu versuchen.«

Im Gespräch gelang es uns bald, den Traum auf ein Gespräch vom Vortag zu beziehen, bei dem es um die Entscheidung ging, welcher Prozentsatz der Firmengewinne nach einem Gewinnbeteiligungssystem an die Angestellten weitergegeben werden sollte. Wir kamen zu dem Schluß, daß der Traum sagen wollte, die Firma würde desto mehr gewinnen, je mehr sie davon an die Beschäftigten weitergäbe. Das Spiel um Cents – so zeigte es der Traum – brächte keinen Gewinn. Es sollte also der höhere der beiden vorgeschlagenen Prozentsätze weitergegeben werden. Man richtete sich danach, und die Bereitschaft zur Mitarbeit und die Zufriedenheit unter den Angestellten wuchs deutlich.

Ein gutes Beispiel für die Bedeutung des Singens im Traum finden wir hier: Ein Lehrer träumte, daß er und sechs andere Psalmen sangen; dabei beobachteten sie sich selbst in Spiegeln, die von der Decke herabhingen. Es hatte den Anschein, daß – wenn sie in dieser Weise weitersängen – ihre Stimmen eine Million Mal verstärkt würden.

Wir sehen hier, daß die sieben Sänger – vier Männer und drei Frauen – die sieben Bewußtseinszentren oder Chakras im Träumenden selbst darstellten. Das Psalmensingen zeigt, daß göttliche Kräfte fließen, die sich ausdrücken in Liebe, Harmonie und Dienst am Nächsten. Das Beobachten der eigenen Spiegelbilder verrät, daß durch Selbstkontrolle die Fähigkeit zunimmt, als Instrument für die höheren, schöpferischen Kräfte zu dienen. Die millionenfache Verstärkung des Tones zeigt lediglich die gewaltigen Kräfte an, die dem zur Verfügung stehen, der sich zurückverbindet (re-ligio) mit dem großen Einen Gott!

Im nächsten Traum erleben wir eine Manifestation der Angst: »Ich träumte, meiner Mutter und mein Mann hätten die Wohnung verlassen, und ich war allein. Da hörte ich geheimnisvolle Geräusche und ein Klopfen an der Tür; ich rannte – zutiefst erschreckt – hinunter und sagte es dem Portier.«

Cayce: **»Dies ist ein Traum von den eigenen Projektionen (Aktivitäten), die solcherart sind, daß sie Angst nach** sich ziehen. ›Vollkommene Liebe vertreibt die Angst.‹ Wo die Angst Einlaß findet, da liegt die Sünde an der Tür.« (136)

Die beiden nächsten – ebenfalls von Cayce gedeuteten – Träume handelten von Nacktheit und Entblößung:

»Als ich ging, um meine Kleidung zu wechseln, bemerkte ich, daß ich mich in einem offenen Umkleideraum befand. Ich war nackt und schämte mich. Alle Leute konnten mich sehen, und ich sah, daß ein Kino auf der anderen Seite der Straße war.«

Cayce: **»Dieser Traum zeigt einen Zustand, in dem der Körper und die Seele der Kritik bloßgestellt ist (Kino) und der eintreten wird, wenn diese bestimmte Vorstellung die schon gedacht wurde, weiterhin aufrechterhalten wird.«** (341)

Beschämung gibt es auch im folgenden Traum: »Ich baute in Kentucky mit anderen Leuten zusammen einen Zaun. Da verlor ich meine Hose und andere Kleidung. Einige Leute, die aus der Stadt kamen, brachten mir Hilfe. Sie waren von anderen mißhandelt worden. Ich bot ihnen meine Unterstützung an, wenn sie mir hülfen.«

Cayce: **»Dieser Traum bezieht sich auf Elemente im Träumenden selbst, die offensichtlich sein sollten. Der Traum spricht in Bildern Inhalte des Unterbewußtseins aus. Einen Zaun zu bauen bedeutet, daß diese Person einen Wall um sich baut durch ihre eigene Interpretation der Dinge, die jedoch irrig ist. Die Kleidung zu verlieren, das stellt die Nacktheit und Blöße dar, auf die diese Person durch ihre Engstirnigkeit reduziert ist: So also steht sie da. Wie in dem Traum zu sehen ist: Wenn man anderen Hilfe gibt, kommt einem selbst Hilfe. Deshalb mach dir die Lehre zu eigen, daß der Dienst am anderen ein höherer Erfolgsmaßstab fürs Leben ist!«** (341)

In anderen Träumen von unpassender Entblößung weiß der Träumende manchmal, daß er nicht beobachtet wird. In jedem Fall entblößt ihn der Traum jedoch vor sich selbst. Das höhere Selbst schämt sich seiner und bringt dem Menschen durch den Traum seinen Irrtum zu Bewußtsein. Der Traum, offen und nackt dazustehen, ist also immer eine Art Zensur durch das höhere Selbst, verbunden mit einer Warnung – auch wenn niemand sonst Zeuge ist. Letzteres bedeutet lediglich, daß anderen dieser Fehler nicht bewußt ist. Weiß man sich im Traum – nackt –

von anderen beobachtet, so weist dies darauf hin, daß andere von den Mängeln des Träumers wissen. Auf diese Weise macht das höhere Selbst einen auch auf Prahlerei und Angeberei aufmerksam; sie sind Zeichen mangelnder Bescheidenheit in unserer Gesellschaft.

Sex-Träume

Jeder hat irgendwann einmal einen sexuellen Traum gehabt. Die Bedeutung solcher Träume ist jedoch sehr unterschiedlich. Ein sexueller Traum kann eine Art Wunscherfüllung sein, aber auch die Fortsetzung eines Erlebnisses vom Vorabend im Traumleben. In allgemeiner Weise können sich diese Träume auch auf eine Selbstherabsetzung beziehen, wie wir es in einigen der folgenden Traumbeispiele sehen werden.

Allzuoft haben wir das Gefühl, wir seien nicht verantwortlich für das, was wir in unseren Träumen tun. Dies gilt in ganz besonderem Maße bei sexuellen Träumen. Sehr häufig üben sie eine Ventilfunktion aus, wenn sexuelle Wünsche im Laufe des Tages durch lüsterne Gedanken und schlüpfrige Reden geweckt wurden. Als Anregungen kommen hierbei auch das Lesen von erotischen Schriften und die Betrachtung pornographischer Fotos oder von Sexfilmen in Frage. Jedenfalls können wir durch unser bewußtes Verhalten im Laufe des Tages dazu beitragen, daß die Häufigkeit nächtlicher sexueller Träume gesteigert oder gesenkt wird. Es wäre in diesem Zusammenhang weise, sich Jesu Ermahnung in den Sinn zu rufen, die lautet: »Wer ein Weib ansieht, ihrer zu begehren, der hat schon mit ihr die Ehe gebrochen in seinem Herzen.« (Mt 5,28)

Manche sexuellen Träume gehören in diese Kategorie, und der Träumende ist dafür verantwortlich, sie stimuliert zu haben. Andere Sexträume können natürlich auf den Druck der Bettwäsche oder einen physiologischen Samenerguß zurückzuführen sein.

Im folgenden Traum finden wir eine Warnung: »Ich träumte, daß ein Mann ein Modell aus Ton von mir herstellte. Als es fertig war, stellte er es in die Wüste. Ich war überrascht, als ich sah, daß die obere Hälfte des Modells lebendig war. Sie ähnelte mir jedoch überhaupt nicht. Das Modell sah eher aus wie das eines exotischen, dunkelhäutigen, fremden Mädchens. Zu meiner Bestürzung stellte ich fest, daß die Figur von der Taille abwärts einer Toilettenschüssel glich, feucht und erdfarben!«

Dieser Traum warnte die junge Frau in sehr drastischer Weise davor, ein »Sex-Loch« zu werden. Dies ist die Aussage des Symbols »Toilettenschüssel«, die sich hier auf den Gebrauch der Geschlechtsorgane bezieht. Das gerade erst fertig gewordene Tonmodell deutet auf relativ junge, frische Erfahrungen hin. Das fremdländisch aussehende Mädchen wies darauf hin, daß das im Traum Gezeigte nicht das wahre, eigentliche Wesen der Träumerin ist. Die Wüste, in die der Mann sein »Geschöpf« stellte, stand symbolisch für die geistige Dürre, auf die die Träumende stieße, wenn sie die Warnung nicht beachtete. Der Künstler selbst stellte »den Mann« in ihrem Leben dar, der verantwortlich ist für das Modell, für dieses »Geschöpf« – natürlich zusammen mit der Träumerin selbst.

Im folgenden sexuellen Traum spielen ein Kaninchen und ein Rotluchs eine Rolle: »Entlang einer Landstraße ist ein Zaun. Es ist eine herrliche Landschaft mit sanften Hügeln. Ich halte an, als ich ein Kaninchen sehe, das versucht, durch den Zaun zu gelangen. Das Kaninchen ist groß und scheint noch weiter zu wachsen. Ich sorge mich, das Tier könnte durchkommen und auf die Straße geraten. Dann sehe ich einen großen Rotluchs und hoffe, daß er das Kaninchen töten wird, bevor es durch den Zaun gelangt. Der Luchs greift das Kaninchen an der Kehle und zieht es vom Zaun weg.«

Der junge, unverheiratete Träumer machte selbst folgende Assoziationen:

Kaninchen	Sex, wegen ihrer Paarungshäufigkeit
wachsendes Kaninchen	wachsende Sex-Wünsche
Kaninchen am Zaun	Ich bin mir in bezug auf die Sexualität noch nicht schlüssig*)
Luchs reißt Kaninchen an der Kehle vom Zaun	Ich muß stark sein um durch Willenskraft zu überwinden

Eine dramatische Symbolik, verbunden mit einer Warnung vor sexuellen Versuchungen, enthält der folgende Traum eines verheirateten Mannes: »Mein pensionierter Freund Charles schwamm im Fluß und sprach zu zwei Bekannten am Ufer, als ich daher kam. Charles sagte, er würde einer Frau 250$ bezahlen,

---

*) »to sit on the fence« heißt, wörtlich übersetzt, »auf dem Zaun sitzen«, in weitaus gebräuchlicherer, übertragener Bedeutung (so auch hier): »unschlüssig sein, sich abwartend verhalten« (Anm. d. Ü.)

wenn sie einmal wöchentlich in sein Appartement käme. Einer der anderen Männer meinte daraufhin lachend ›Für soviel Geld schick ich dir meine Frau!‹ Charles ging. Dann zeigte mir einer von den anderen die Nahaufnahme von der Scheide einer Frau. Auf der einen Seite war ein weißes Kreuz, auf der anderen eine offene, wunde Stelle wie von einer schlimmen Infektion.«

Dieser Traum ist in seiner Bedeutung und Warnung wohl klar genug, die sich selbst auf die Vorstellung »nur damit zu spielen« bezieht. Die Gefahren der sexuellen Freizügigkeit sind mit der infizierten, kranken Stelle klar gezeigt; den richtigen Weg weist das weiße Kreuz. Laut Cayce ist die sexuelle Betätigung unserem Herrn und Schöpfer nur im Rahmen der Ehe wohlgefällig. Charles war für den Träumenden ein »Unruhestifter«, daher gilt die Warnung doppelt.

In eine ganz andere Richtung zielt die Warnung des folgenden Traumes: Ein junger Mann sah, wie er selbst es mit anderen Männern zu tun hatte. Ich war mit der Problematik des Träumers nicht vertraut und erkannte die Bedeutung seines Traumes nicht sofort, bis ich einige Zeit später erfuhr, daß der junge Mann homosexuell war und es wirklich mit anderen Männern zu tun hatte, denen er sich unsittlich genähert hatte.

Ein anderer Mann hatte wiederholt diesen Traum: »Ein Kommilitone bittet mich dauernd, ihn zu heiraten. Ich scheine ihn nicht davon überzeugen zu können, daß ich ein Mann bin wie er.«

Einige Zeit später erfuhr der junge Träumer von den homophilen Neigungen des Kommilitonen, von dem er geträumt hatte. Der Traum hatte ihn zweifellos vor ihm gewarnt.

Im nächsten Warntraum sieht sich ein junger Mann bei einem Picknick: »Ein Hund ist auch dabei, der alle vor einer Gefahr warnt. Wir entdecken, daß Wölfe herankommen. Wir lassen eine Kuh für die Wölfe zurück, um uns einen Vorsprung zum Entkommen zu verschaffen. Wir erreichen das Haus. Ich glaube mich in Sicherheit und bleibe auf der hölzernen Veranda. Doch ein Wolf überrascht mich, reißt mich nieder und beginnt, an meinen Genitalien zu zerren.«

Manchmal werden sexuell sehr aggressive Menschen »(reißende) Wölfe« genannt. Dieser Traum forderte offensichtlich den Träumer auf, auf der Hut zu sein, andernfalls geriete er in Schwierigkeiten. Party oder Picknick deuten als Traumsymbole oft auf eine lockere oder sinnliche Atmosphäre hin; in diesem

Traum trifft beides zu. Die Warnung vor den Wölfen ist für den Träumenden eine Warnung davor, nicht aufzupassen. Die Richtigkeit dieser Warnung bestätigt sich, als er – der sich in Sicherheit wähnt – angegriffen wird. Die Opferung der Kuh steht symbolisch für das Opfer physischer Befriedigung; eine Kuh frißt oder ruht gewöhnlich, daher wird sie mit körperlichem Wohlbefinden und Wohlleben assoziiert.

Der Mann, der diesen Traum berichtete, hat sehr hohe Ideale und Schwierigkeiten, seinen Grundsätzen treu zu bleiben. Er akzeptierte Cayces Feststellung für sich, daß die sexuelle Betätigung außerhalb der ehelichen Gemeinschaft für beide Geschlechter falsch ist. Er entdeckte auch, daß die Umlenkung der Energie in andere konstruktive Tätigkeiten, durch Gebet, Meditation und viel körperliche Arbeit eine sichere Methode ist, diese schöpferische Energie einzusetzen.

Der nächste Traum ist wieder ein Beweis dafür, daß wir Traumsymbolen keine universelle Bedeutung zuschreiben können, auch nicht im Bereich sexueller Symbolik.

»Ich träumte, mein Vorgesetzter wäre ärgerlich auf mich, weil ich zu langsam zu arbeiten schien. Dann sah ich ihn zur Spüle gehen, wo er begann, das Geschirr abzuwaschen. Zu meiner Verwunderung war er im nächsten Augenblick völlig nackt; seine Genitalien hatten die Größe derer eines Knaben.«

Bei diesem Erlebnis – so stellten wir übereinstimmend fest – fühlte sich die Träumerin den Anforderungen der Arbeit nicht gewachsen und hatte Angst, daß ihr Vorgesetzter herausfände, daß sie die Arbeit nicht tun konnte. Sie hielt ihn in jeder Hinsicht für haushoch überlegen. Sein Zorn im Traum und das Geschirrspülen enthüllten ihr jedoch im Schlafe, daß er recht unfähig und weit entfernt von der Vollkommenheit war. Die kindliche Größe seiner Geschlechtsteile stellte einen Mangel an Reife oder »Männlichkeit« dar. Der Traum sprach der Träumerin also zu, mehr Mut zu haben und besser von sich selbst zu denken.

»Ich hatte Geschlechtsverkehr mit einem Geschäftspartner meines Mannes. Ich fühlte mich dabei schuldig und zog mich vor dem Höhepunkt zurück.«

Diesen Traum konnten wir schließlich auf den vorangegangenen Abend beziehen, an dem sich die Träumerin durch *verbalen* Verkehr auf jemanden eingelassen und sich selbst erniedrigt hatte. Der Geschäftspartner ihres Mannes war Zeuge ihrer – überflüssigen – Prahlerei über eine Sache, die eigentlich nicht enthüllt zu werden brauchte. Das ließ nicht nur ein Gefühl der Beschämung und Schuld zurück, sondern auch die Enttäuschung über ihre eigene Unfähigkeit, den Mund zu halten. Diese Frustration wurde symbolisch im Traum durch den Verzicht auf den Höhepunkt bei der geschlechtlichen Vereinigung dargestellt.

Manche Träume zeigen weitaus schrecklichere und schockierendere Symbole. Eine Frau träumte, ihr Bruder wäre morphiumsüchtig geworden; tatsächlich griff sie selbst ihre eigene Substanz an. Morphiumeinnahme kann zu körperlicher Abhängigkeit führen, und zwar bis zu einer höchst destruktiven Form. Die Träumerin dieses Traumes war selbst der Homosexualität verfallen, und so protestierte das beleidigte Unterbewußtsein im Schlaf nach Kräften und unter Anwendung brutaler Symbolik. In anderen Drogen-Träumen sehen wir jedoch – im Kapitel über Gesundheit und Krankheit – daß das Symbol »Droge« durchaus auch wörtlich zu verstehen sein kann.

Eine 50jährige Witwe, um die geworben und um deren Hand angehalten worden war, hatte einen Traum, der immer wiederkehrte. Sie zögerte, den Heiratsantrag anzunehmen, und die Träume enthüllten ihre Berechtigung zu zögern: »Ich träumte, ein Mann käme mit einem langen Messer auf mich zu.«

Es stellte sich heraus, daß sie sich vor dem Geschlechtsverkehr fürchtete, da sie unglückliche und schmerzliche Erfahrungen mit ihrem verstorbenen Mann gemacht hatte.

Viele junge Mädchen träumen von einem Mann, der mit einem Messer auf sie zukommt; sehr erschreckt erwachen sie dann. Solche Träume warnen gewöhnlich vor der sogenannten »freien Liebe«.

Haus und Wohnen

In Häusern und Gebäuden pflegen Menschen zu wohnen und zu arbeiten; somit ist ein Haus im Traum gewöhnlich – in mannigfacher Weise – Darstellung der Tätigkeiten des Träumenden. Die Zimmer, in denen ein Traum spielt, haben wiederum ihre Bedeutung; somit ergeben sich folgende häufige Assoziationen: Eßzimmer und Küche – Essen; Badezimmer – Reinigung, Körperpflege; Schlafzimmer – Ruhe, Entspannung, Sex, Geheimnis; Wohnzimmer – tägliche Arbeit. Öffentliche Gebäude wie Büros, Ämter, Bibliotheken, Kirchen und Polizeiwachen haben ebenfalls bestimmte Assoziationen, auf die sich der Traum – je nach dem Zusammenhange – bezieht. Cayce sagte, **»Häuser und Wohnungen stellten die verschiedenen Stationen des Denkens und Tuns der Menschen dar.«** (583)

Im Traum steht der Zustand des Hauses oder Zimmers symbolisch für den Zustand der jüngsten Beziehungen oder Verhaltensweisen des Träumenden den Personen gegenüber, die im Traum eine Rolle spielen oder sich im Hintergrund aufhalten. Kommen keine Menschen im Traum vor, so stellt ein Raum nur Probleme dar, die den Träumer selbst betreffen; so kann zum Beispiel ein übergroßes Zimmer auf das Übergewicht des Träumenden hinweisen. In manchen Träumen deuten alte, baufällige Häuser einen überalterten, überholten, reparaturbedürftigen Bewußtseinszustand des Träumenden an, oder – was sogar noch wahrscheinlicher ist – einen reparaturbedürftigen Körper oder Organismus. Eine gründliche, selbstkritische Prüfung wird die Antwort an den Tag bringen. Zeigt das Zimmer im Traum morsche, brüchige Fußböden, so ist dies ein deutlicher Hinweis auf eine morsche geistige Fundierung, sei es im Hause oder im Leben des Träumers. Senkt sich der Fußboden gar, so weist das auf ein Absinken, einen Abfall der geistigen Grundlegung hin. Bricht der Fußboden in Küche oder Eßzimmer ein und senkt sich, so ist hier die Rede von minderwertigem Essen und Ernährungsgewohnheiten, denn unser Leben hat seine Grundlage in einer guten, richtigen Ernährung.

Ein Haus mit vielen Räumen zeigt uns, daß ein Wachstum im Bewußtsein oder in der Wahrnehmungsfähigkeit für das Schöne festzustellen ist.

Düstere, unordentliche Gebäude sind meist ein klarer Hinweis auf düstere Zustände in einem selbst, auf negative Dinge und Aspekte wie Zynismus, Unfreundlichkeit oder Pessimismus.

Ein unvollendetes Haus oder ein Haus ohne Küche – dies ist ein häufiges Traummotiv – ist ein Hinweis auf einen Mangel an Liebe, Sanftmut, Verständnis oder gar Ordentlichkeit, die erst ein Haus zu einem Zuhause machen. Die gleiche Aussage hat auch der Traum – den viele Menschen erleben – von einem Haus, von dem Teile abbröckeln.

Manchmal steht man im Traum vor einer Tür, die sich auftut zu neuen Räumen, die man nie zuvor gesehen oder betreten hat. Diese Räume sind manchmal schön, manchmal aber auch leer oder unaufgeräumt. Alle stellen sie verschiedene Bewußtseinszustände dar, die im Traum enthüllt werden, der es nahelegt, diejenigen Geistesgaben oder Eigenschaften zu entwickeln oder fortzubilden, die durch Symbole gezeigt werden – oder auf der anderen Seite, wenn es schmerzliche, negative Symbole sind, diese Eigenschaften künftig zu meiden. Ein leeres Zimmer ist oft ein Hinweis auf mangelnde Bildung im Mentalen oder Herzensbildung im seelischen Bereich.

In einem recht häufig vorkommenden Traum öffnet sich eine Tür zu einem strahlend hell erleuchteten Raum, oder man steht vor einer Tür mit goldener Klinke, wobei die Tür nur leicht angelehnt ist. Dieser Traumtyp stellt den Träumer vor neue Möglichkeiten oder Perspektiven.

Eine geschlossene oder sich schließende Tür hingegen kann eine Warnung vor einem geschäftlichen oder sonstigen Vorhaben sein, dessen Verwirklichung in naher Zukunft liegt. Dieses Symbol mag aber auch ein Hinweis auf gegenwärtige Unternehmungen oder Aktivitäten sein, die einem die Tür zur Weiterentwicklung verschließen.

Der Traum von einem Schlüssel – sei es ein goldener oder nicht – bestätigt, daß der Träumer die Lösung zu einem Problem oder die Tür zu einer neuen Lebensweise gefunden hat.

In den nun folgenden drei Träumen wird eine Frau bezüglich ihres Gesundheitszustandes alarmiert. Das Haus ist ihr Körper:

Erste Nacht: »Ich träumte, in einem Haus zu sein, wo Sand durch die Dielenritzen hereinsickerte. An einer Stelle nahm der

Sand die Gestalt eines scheußlichen, langen Wurmes an, den ich tötete. «

Zweite Nacht: »Ich träumte, neben dem Nagel meines Zeigefingers eine Entzündung zu haben. Daraus krochen zwei Maden, die ich im Badezimmer zu entfernen versuchte. «

Dritte Nacht: »Ich träumte, eine Kuh stände draußen vor der Tür. Ich wollte sie gerade hereinlassen, als ich bemerkte, daß sie Anstalten machte, ihren Darm zu entleeren. Rasch ging ich ins Haus zurück, war jedoch nicht schnell genug, denn der zweite Kuhfladen landete auf meiner Schulter, so daß ich mich im Bad säubern mußte. «

Alle drei Träume warnten diese Frau vor der allmählichen Zerstörung des Hauses, ihres eigenen Körpers. Ihre Assoziationen zu Würmern und Maden waren: schlechtes Essen, falsche Ernährung und Krankheit. Der Zeigefinger deutete auf sie selbst; die Kuh war Symbol für Trägheit, mangelnde Bewegung, zuviel Essen und Entzündung. Der Kuhfladen wies auf unreines im Körper der Träumerin hin; Töten des Wurmes und Entfernung der Maden war eine Aufforderung, aufzuhören, weiterhin Gifte in ihren Körper hineinzuschütten. Der zweite Kuhfladen bedeutete, daß die Träumerin in zwei Tagen getroffen würde.

Zwei Tage nach diesem Traum mußte die Frau sich tatsächlich mit einer tiefsitzenden Entzündung der Atemwege ins Bett legen; hinzu kam eine Schleimbeutelentzündung. Die vom Kuhdung getroffene Schulter war ein Warnsignal vor der Schleimbeutelentzündung und einer Anhäufung von für den Organismus giftigen Stoffen im Körper gewesen. »Mangelnde Ausscheidung«, sagte Cayce, »ist ein die Bursitis (Schleimbeutelentzündung) begünstigender Faktor. «

Manchmal träumen wir, uns vor der Hausarbeit zu drücken. Dies ist gewöhnlich – wenn nicht tatsächlich – ein Anzeichen dafür, daß wir uns weigern, unser geistiges Haus zu reinigen und in Ordnung zu halten, denn oft sind wir nicht bereit, einzusehen und uns einzugestehen, daß wir versäumt haben, nach unseren geistigen Idealen zu leben, nach unseren Wertmaßstäben dessen, was gut und böse ist.

Eine Frau erzählte, sie hätte bis zu dem Zeitpunkt schöne Träume gehabt, als sie darum bat, im Traum geistig geleitet zu werden und Hilfe zu empfangen. Danach wurden ihre Träume so häßlich und erschreckend, daß sie kein Interesse nach geistigem Geleit mehr hatte! Durch die Träume hatte sie einen kleinen

Einblick in jene verborgenen Räume und Bereiche ihres Geistes und ihrer Seele gewonnen, denen sie sich nicht stellen mochte. So kam es, daß sie nichts mehr davon gezeigt bekam.

Eine andere Frau sagte, sie nähme sich jeden Abend vor, angenehme, schöne Träume zu erleben. Dann meinte sie noch: »Und das funktioniert auch!« Man kann sich natürlich fragen, ob ihr das Nutzen bringt. Diese Träume gehören in die Kategorie der Wunscherfüllungen und haben weder Sinn noch Bedeutung.

Zuweilen träumt man von einem schönen, einladenden, weißen Haus, das auf einen wartet. Das Haus ist wunderbar eingerichtet, und es ist auch größer als die gegenwärtige Wohnstätte. Doch wenn man einziehen will, stößt man in dem Haus auf Fremde, die dort nicht hingehören.

Dieser Traum ist eine Zusage, daß ein höherer Bewußtseinszustand, eine höhere Bewußtseinsebene oder eine bessere Lebensweise für uns erreichbar ist. Zuvor müssen wir jedoch die unwillkommenen und unerwünschten Fremden loswerden, die dort wohnen oder sich eingenistet haben. Diese sind die negativen Aspekte – unserer eigenen Persönlichkeit!

Der Traum von einem Haus, das sich in größtem Durcheinander befindet, ist eine Aufforderung, die uns – mit den Worten Jesajas – heißt: »Bestelle dein Haus!« (Jes 38,1)

Keller und andere unterirdische Örtlichkeiten beziehen sich auf »unterirdische, vergrabene« Dimensionen unseres Bewußtseins, besonders wenn sie beleuchtet sind. Dunkle, häßliche Keller sind manchmal gleichbedeutend mit dunklen Emotionen, die in unserem Unterbewußtsein »vergraben« sind.

Müll, Schmutz, Kot oder Ratten an der Tür haben die gleiche Bedeutung wie das Bibelwort aus 1. Mose 4,7: »So lauert die Sünde vor deiner Tür.«

Ein berühmter Traum C. G. Jungs ist sehr lehrreich: Er befand sich im Obergeschoß seines Hauses, wo viele wertvolle Gemälde hingen und alte Möbel standen. Anerkennend meinte er »Nicht schlecht!« Er fragte sich, was die unteren Stockwerke wohl bärgen, stieg hinab ins Erdgeschoß und erkannte dort die Möbel aus dem 15. und 16. Jahrhundert. Er ging von Zimmer zu Zimmer und bemerkte, daß der Boden aus roten Ziegelsteinen und die Bodenleisten ziemlich dunkel waren. Bei dieser Besichtigung des ganzen Hauses kam er an eine schwere Tür, hinter der eine steinerne Treppe hinunter in einen Keller führte. Der Keller war wunderschön gewölbt und sehr alt; der Träumer schrieb ihn der

Epoche der Römer zu. An dem Raum selbst hatte er jedoch kein weiteres Interesse, und so sah er sich um und entdeckte einen eisernen Ring an einer der steinernen Bodenplatten. Er hob sie an und stieß auf eine weitere, enge, steinerne Treppe, die in die Tiefe führte. Der Träumer stieg hinab und gelangte in eine niedrige Höhle, die aus dem Felsen gehauen war. Auf dem staubbedeckten Boden lagen zwei halb zerfallene Schädel, Knochen waren verstreut, auch ein paar Scherben – Reste einer primitiven Kultur.

Carl Gustav Jung bezog diesen Traum auf sich selbst: Das Haus – seine Psyche; das Obergeschoß – sein Bewußtsein; das Erdgeschoß – die erste Schicht seines Unterbewußtseins; die Höhle – primitive Teile seines Wesens, nur schwer zu erreichen. Die Höhle bezog er in seiner Deutung auch auf tierische, dunkle Aspekte seines menschlichen Wesens. Er empfand den Traum als eine Ermutigung, in noch größeren Tiefen des Geistes zu forschen.

In ähnlicher Weise symbolisiert der nächste Traum das geistige Streben des Träumers. Der Traum wiederholte sich öfter im Zeitraum von sechs Jahren, seine Bildsprache bedarf keiner weiteren Erklärung: »Ich suchte verbissen nach einem kleinen Zimmer (vielleicht einer geheimen Kammer) in einem Haus. Ich ging ins oberste Stockwerk hinauf und suchte nach einer anderen Treppe, die noch weiter hinaufführte. Öfter hatte ich das Gefühl, sie fast gefunden zu haben, erwachte aber dann jedesmal. Vor einigen Monaten fand ich tatsächlich im Traum diese Kammer, im höchsten Teil meines Hauses. Ich war sehr glücklich, denn es war genau so ein Zimmer, wie ich es brauchte. Seitdem habe ich diesen Traum nicht mehr gehabt.«

Handelt der Traum im *Büro* oder vor dem Hintergrund eines Büros oder Bürogebäudes, so bezieht er sich gewöhnlich auf den Beruf oder die Erwerbstätigkeit des Träumers.

Befindet man sich im Traum in einer *Schule*, so kann dies Anzeichen dafür sein, daß man im Leben oder fürs Leben noch einiges zu lernen hat. Es kann aber auch heißen: »Du bist noch lange nicht so schlau, wie du meinst!«

Selbstverständlich kann sich der Traum auch auf ein Erlebnis in der Schulzeit beziehen. Ist das im Traum dargestellte Verhalten oder Tun auch entsprechend kindlich oder jungenhaft, so kann der Träumer mit ziemlicher Wahrscheinlichkeit davon ausgehen, daß der Traum ihm mitteilen will: »Du verhältst dich kindisch!«

Ein *Krankenhaus* im Traum kann sich auf eine körperliche Schwäche oder ein Leiden beziehen; es kann aber auch auf die Notwendigkeit hinweisen, ein geistiges Leiden oder ein emotionales Ungleichgewicht in Ordnung zu bringen. Wieder sind es die übrigen Einzelheiten des Traumes, die seine Bedeutung und die empfohlene Rückbesinnung bestimmen.

Ein *Lebensmittelgeschäft* hat etwas mit der Ernährung zu tun, ein *Gerichtssaal* mit unreifer oder unvollkommener Gerechtigkeit. Die Flucht aus dem *Gefängnis* bezieht sich auf ein Streben nach besseren Zuständen; ein *Kaufhaus* stellt Versuchung dar (besonders Frauen erliegen gewöhnlich der Versuchung, etwas zu kaufen); ein *Wohnwagen* oder *Campingplatz* bezieht sich auf vorübergehende Zustände oder Umstände.

Eine *Bank* kann entweder auf spirituelle Schätze oder auf einen Aspekt der finanziellen Sicherheit des Träumers hinweisen, abhängig wiederum von den Details des Traumes und aktuellen Situationen.

Ein *Bahnhof* zeigt eine Reise oder Veränderung an, entweder in direkter oder übertragener Bedeutung im Sinne einer Reise im geistigen Leben, denn ein Bahnhof ist ein Ort, wo wir eine Reise beginnen oder umsteigen.

Ein *Flughafen* wird oft mit hohen Idealen oder religiösen Glaubensinhalten und Bemühungen assoziiert, denn das Flugzeug bringt uns himmelwärts.

Das *Hotel* kann symbolisch für einen vorübergehenden Zustand stehen, weil wir es als einen vorübergehenden Aufenthaltsort – im Gegensatz zu unserem Zuhause – betrachten.

Im folgenden Traumerlebnis eines Kaliforniers nahm das Symbol »Hotel« jedoch eine andere Bedeutung an: »Ich habe die Schlüssel zu meinem Hotelzimmer verloren. Als ich am Zimmer ankomme, putzt das Mädchen gerade den Schlafraum. Als ich den Korridor hinuntergehe, ist meine Frau völlig nackt.« Verheiratete Menschen assoziieren mit dem nackten Ehepartner meistens Sex. Der verlorene Schlüssel (verlorene Weg) und das im Schlafzimmer aufräumende Zimmermädchen betonen die absolute Notwendigkeit, daß der Träumer in seinem sittlichen Leben aufräumt. Das Hotelzimmer erinnerte ihn an seinen Ehebruch, zu dem es kam, als er einmal von zu Hause fort war.

Burgen wurden zur Verteidigung des Lebens gegen Angriffe von Feinden gebaut und symbolisieren allgemein eine Abwehrhaltung gegen das Leben.

Folgende Beispiele illustrieren hervorragend, wie Träume oft das gleiche Problem mit wechselnder Symbolik darzustellen in der Lage sind. In diesem Falle geht es um einen inneren Kriegszustand und die Entscheidung, die zu treffen vor einem liegt. Die Traumerlebnisse stammen alle von demselben Mann:

Traum 1: »Ich war auf einer alten Burg in Paris und sah hinüber zur Kirche. Da bemerkte ich, daß ich ohne Hosen auf einer belebten Straße stand! Ich entdeckte auch, daß ich den Schlüssel zu meinem Hotelzimmer verloren hatte.«

Traum 2: »Ich verlor den Schlüssel zur Autowaschanlage.«

Traum 3: »Ich war außerhalb einer Kirche und Schule, und beobachtete eine Anzahl Kinder in Uniform.«

Traum 4: »Ich nahm teil an einer großen militärischen Operation; es ging darum, das Regierungsgebäude einzunehmen. Ich ging hinunter, da stand ein alter Mann als Wache. Jemand schlug ihm auf den Kopf, und er starb an einem Herzanfall.«

All diese verschiedenen Träume beziehen sich auf einen inneren Kriegszustand und teilen dem Träumer mit, daß er sich, bevor dieser Zustand nicht beendet ist, außerhalb des Geistigen (Kirche) befindet. Der Verlust der Schlüssel weist auf den Verlust des rechten Weges hin. Der verlorene Schlüssel zur Autowaschanlage bedeutet den Verlust des Zugangs zur Reinigung und Läuterung, der spirituellen Weiterentwicklung.

In einem anderen Traum wurde demselben Manne eine weitere Botschaft vermittelt: »Ich beobachtete, wie ein Bagger einen Graben aushob; der Aushub wurde am Straßenrand aufgeworfen.«

Dieser Traum zeigte dem Träumer, daß er sich selbst einen Graben (Falle, Grab) schaufelte, solange er seine Probleme am Arbeitsplatz zu mechanisch (Bagger-Maschine) anging. Der Aushub am Straßenrand zeigte ihm, daß es nötig war aufzuräumen.

Manchmal handeln Träume in der Zeit des Bürgerkrieges. Hierbei handelt es sich nicht nur um ein Wortspiel, sondern der Traum will den inneren Konflikt zwischen niederem und höherem Selbst verdeutlichen.

Garage und Werkzeuge: Die Garage ist nicht nur das Haus für unser Auto, sondern auch der Ort, wo wir Dinge aufbewahren, die wir »eines Tages noch einmal brauchen« könnten. So haben viele Männer ihre Werkbank, ihr Werkzeug in der Garage stehen. Diese Werkzeuge erscheinen dann öfters in ihren Träumen und beziehen sich dann vor allem auf notwendige Reparaturarbeiten und Verschönerungsmaßnahmen an Charakter und/oder Leben des Träumers. Der folgende, von Cayce gedeutete Traum, dient uns hier als Beispiel: »Ich träumte, zu Hause (in Kentucky) zu sein. Anscheinend waren zwei Leute bei mir. Wir beobachteten zwei Luftschiffe (eines davon war lenkbar) über uns, die in Schwierigkeiten schienen. Plötzlich begann das lenkbare Luftschiff über die Spitze zu trudeln und stürzte auf die Wiese herab. Ich hörte Schreie und Stöhnen der Passagiere. Zwei Leute und ich gingen auf das Wrack zu, wurden aber von den Überlebenden aufgefordert zurückzubleiben. Wenig später wurden wir aufgerufen, die Verletzten nach Hause tragen zu helfen. Der Mann, den ich trug, schien sein Bein verletzt zu haben und schrie, man sollte es ihm nicht abnehmen. Später war ich wohl wieder bei dem Wrack. Ich trank etwas aus einer Flasche und fuhr dann fort, Werkzeuge einzusammeln: einen Hammer und andere Teile.«

Cayce: »**Hier finden wir wieder eine symbolische Darstellung der Lebensumstände dieser Person. Die Luftschiffe sind die hohen Ideale. Wenn jedoch keine Stabilität besteht, können zerstörerische Kräfte wirksam werden. Deshalb verdeutlicht der Aufruf, sich selbst zu helfen, daß der Träumer sich vornehmen muß, konsequenter zu sein.**

Die gewährte Hilfe und der Schrei, das Bein zu retten, beziehen sich auf das spirituelle Wachstum des einzelnen, das abgebrochen oder aufgehalten gewesen wäre, wenn diese Person sich nicht auf dem engen, geraden Pfad, dem rechten Wege gehalten hätte. Aus der Flasche zu trinken steht symbolisch für die Notwendigkeit des lebendigen Wassers. Das Einsammeln von Werkzeugen stellt das zum Erfolg und Weiterkommen im geistigen Leben notwendige geistige Rüstzeug dar, um das der Träumer sich zu kümmern hat.« (341)

Ein Astronom träumte: »Ich stieg eine Leiter zur Dachstube hinauf und sah dort viele Werkzeuge unbenutzt umherliegen. Dann schien ich etwas abzurutschen und schürfte mich am Schienbein.«

Die Assoziationen sahen folgendermaßen aus:

Dachstube	»Oberstübchen«, menschlicher Geist
unbenutzte Werkzeuge	ungenutztes Wissen oder Fähigkeiten im Innern

abrutschen | Rückfall, Sündenfall
sich aufschürfen | hinterläßt Narben oder Schmerzen am geistigen Selbst

Die Botschaft des Traumes will sagen, daß wir jeden Tag uns entweder vorwärtsbewegen oder zurückrutschen. Es gibt keinen Stillstand im Leben, und oft hinterlassen die Dinge, die wir unterlassen, größere Narben als die, die wir falsch tun. Steigere deine Aktivität im Mentalen und Spirituellen.

Ein Café am Hafen oder Meer bezieht sich manchmal auf das geistige Leben; eine *Kirche, Kathedrale* oder ein *Tempel* beziehen sich *immer* auf das Leben im Geistigen, auf Gott in uns, wie der nächste Traum illustriert:

Die Träumerin ist Mitglied der methodistischen Kirche. »Ich befinde mich in einem fremden Land, es ist wohl Spanien. Exotische Gebäude sind an diesem Ort. An der Straße sind Stände, wo Nahrungsmittel verkauft werden, auch einige noch grüne Melonen-Scheiben, die erst eine Spur von Rot zeigen. Die Nahrungsmittel sind in Dosen oder tiefgefroren in Behältern.

In der Nähe ist eine schöne weiße Kathedrale, deren Türme hoch in den Nachthimmel ragen. Ich gehe in die Kirche hinein, knie nieder und bekreuzige mich. Dabei habe ich das Gefühl, daß mein Mann, wenn er mich so sähe, mich für recht verrückt halten würde. Er ist aber draußen und bezahlt die Lebensmittel.

Ich merke, daß ich nur ein lose sitzendes Kleid anhabe, und frage mich, ob die Leute, während ich da am Boden knie, hindurchsehen könnten. In einem anderen Teil der Kirche finde ich meine Brille, die ich auf einem Tisch liegengelassen hatte. Ein Mann wischt den Raum aus. Der Fußboden neigt sich zu den Außenwänden hin, wo Öffnungen sind, unten in Bodenhöhe. Dann höre ich jemanden sehr deutlich sagen: ›Ich muß bis morgen in El Paso sein‹.«

Das fremde Land ist hier das geistige Bewußtsein, auf das die Träumerin sich zubewegt. Die grünen Melonen sind frisch, junge Früchte des Geistes, die ihr Heilung bringen werden. Die leichte Röte zeigt den reifmachenden Einfluß des geistigen Lebens, der die körperliche Reife begleitet. Die Nahrungsmittel in den Gefrierdosen deuten an, welch statische Eigenschaften die geistige Nahrung hatte, solange sie wie gefroren im Innern liegt. Die weiße Kirche vor dem nächtlichen Himmel betont die erhebende, geistige Botschaft dieses Traumes. Niederknien und Bekreuzigung sind ein Hinweis auf Demut, Bescheidenheit und Bereitschaft zur Unterwerfung unter die Gottheit, die für ein geistiges Leben unabdingbar sind.

Die Gedanken, was wohl ihr Mann dazu sagen würde, und ob andere durch ihr Kleid hindurchsehen könnten, zeigen einen gewissen Mangel von Selbstvertrauen und Selbstsicherheit an. Die Brille zu finden, bedeutet eine bessere Einsicht als Ergebnis des geistigen Strebens. Der Mann, der den Fußboden aufwischt, deutet den reinigenden, läuternden Effekt an, der in ihr schon einsetzt. Die Öffnungen entlang der Wand sind die geistigen oder Bewußtseinszentren, durch die Überflüssiges, Abfallstoffe und Unreines hinausbefördert und in Konstruktives, in Reinheit umgewandelt werden. Die Stimme, die sagt: »Ich muß bis morgen in El Paso sein«, zeigt, wie notwendig es ist, von einem alten Zustand (engl. »state«) in einen neuen weiterzugehen, weil El Paso eine Grenzstadt zwischen Mexiko – einem alten Stat (engl. »state«) – und den jungen Vereinigten Staaten von Amerika ist, der »Verschmelzung« ihrer Hoffnungen und Fertigkeiten. »Bis morgen« kündigt die Morgendämmerung eines neuen Tages für die Träumerin an.

Dieselbe Frau träumte einige Zeit danach, daß sie und ihr Mann »draußen miteinander spazierengingen. Plötzlich hält er an und sagt: ›Sieh dir das an!‹ Vor uns ragt ein sehr hohes Bauwerk empor, groß wie ein Haus, das die Form einer großen Nische hat, in die ein Standbild gestellt werden soll. Auf der Rückseite war ein riesiges, marmornes Mosaik mit einem Bild Christi, der die Arme nach oben hält. Es war in zarten Farben gehalten, überwiegend in weiß, blau und einem warmen Beigeton.

Vor diesem Mosaik steht ein hohes Blumengesteck, das fast die Form eines Kirchturms hat. Im ersten Augenblick sehe ich die prächtigen Blumen, die Kirchturmform, und dann erst das herrliche Mosaik mit dem Bild Christi dahinter. Alles sieht so lebendig und echt aus, und es ist wirklich atemberaubend schön.«

Dieser Traum verheißt eine Erfüllung des geistigen Lebens, von dem die Träumerin bereits einen Blick erhaschen durfte. Dieses wird wachsen, in dem Maße, in dem die Blumen, die den Kirchturm bilden, sie leiten werden, das Gute in der Entfaltung ihres neuen Lebens zu sehen.

Da eine harmonische Beziehung zwischen der Träumerin und ihrem Mann besteht, der sich um das Gute in seinem Leben bemüht, bestätigt ihn sein Hinweis auf das Mosaik mit dem

Christus-Bild als ihre »bessere Hälfte«, die sie zu den Christus-Prinzipien führen wird. Wären nicht Liebe und Achtung voreinander, hätte das Unterbewußtsein vermutlich jemand anderes ausgesucht, der ihr im Traum das Göttliche im Innern darstellte.

Zuweilen gebraucht das Unterbewußtsein lustige Symbole, um ein Bedürfnis nach Licht, Reinigung oder Reinheit anzuzeigen.

Im nächsten Traum erleben wir die Antwort auf die Gebete einer Frau, die um Tugend, Weisheit und Verständnis gebetet hatte. Der Traum gab ihr drei Bilder:

1. Drei Abfalleimer
2. Eine Milchflasche, die gewaschen wird
3. Sie beißt auf einen Eisenstift, so fest, daß ihre Zähne sich bogen.

Das erste Bild, die drei Abfalleimer, zeigte der Träumerin, daß eine Reinigung auf allen drei Ebenen ihres Seins, der physischen, mentalen und spirituellen vonnöten wäre, bevor Tugend im eigentlichen Sinne sie erfüllte.

Das zweite Bild assoziierte die Frau mit Unreife, denn Milch ist das Lebensmittel der kleinen Kinder. Hier wurde ihr mitgeteilt, daß sie noch weiter reifen müßte, bevor sie wirkliche Weisheit ihr eigen nennen könnte.

Das dritte Bild zeigt das Verständnis, um das sie bittet: Das Symbol des Stahlstiftes deutete ihr an, daß sie sich regelrecht stählen müßte, um auf dem rechten Weg zu bleiben, selbst wenn sie ihre Zähne so zusammenbeißen müßte, daß sie sich bögen. Daß die Symbolik aller drei Bilder aus alltäglichen Gegenständen bestand, wies auch darauf hin, daß es die Tugenden des Alltags sind, die zum Wachstum führen: Freundlichkeit und Geduld.

Seifenschale: Eine Frau träumte von einer Seifenschale, in der ein vierblättriges Kleeblatt lag. Als sie erwachte, hatte sie dieses Bild noch klar und deutlich vor Augen. Am Vorabend hatte sie mit ihrem Mann über das Gesetz von Ursache und Wirkung gesprochen; ihr Mann war dabei der Meinung gewesen, es gäbe keine Dinge wie Glück oder Vorbestimmung.

Cayce deutete die Seifenschale als ein Symbol für ein gutes, sauberes Leben, und das Kleeblatt als Symbol des aus einem solchen Leben erwachsenden »Glückes«. »Glück«, so sagte er, **»ist die materielle Manifestation geistiger Ideale, die im**

Leben ausgedrückt, gelebt werden – oder: Gottes Zeichen der Anerkennung für dich.« (136)

Badezimmer: Ein Badezimmer im Traum empfiehlt dem Träumenden, sich von etwas Schädlichem zu reinigen, es von sich abzuwaschen. Diesen folgenden Traum hatte eine geschiedene Mutter dreier Kinder – Teenager –, die ein höchst erfolgreiches Geschäft leitete. Das Geschäftliche jedoch nahm den größten Teil ihrer Zeit in Anspruch, worüber sie sich sehr ärgerte. Doch hier folgt ihr Traum:»Ich war in einer öffentlichen Damentoilette und wusch meine Brille sauber. Die Linsen waren bedeckt von einer Vielzahl bunter hübscher Blütenblätter in den Farben blau, purpurrot und lavendel. Ich hatte mein helles Entzücken daran, die Blätter anzuschauen, obgleich ich gerade versuchte, sie von den Brillengläsern abzuspülen. Je mehr ich mich mühte, sie zu entfernen, desto mehr schienen sie sich auf den Linsen zu versammeln. Sie schienen von allen möglichen unsichtbaren Blüten über mir herabzufallen. Zwei Frauen, die mir zusahen, meinten lachend: ›Wo haben Sie denn nur all diese Blütenblätter hergebracht?‹ Fröhlich entgegnete ich: ›Das weiß ich selbst nicht, aber vermutlich habe ich das passende Netz, um sie überall einzufangen!‹ Dabei dachte ich an die Netze, die als Schleier vor den Hüten zu hängen pflegten.«

Als wir den Traum miteinander besprachen, erfuhr ich, daß die Frau ihr Geschäft nicht ausstehen konnte, weil es sie so sehr einschränkte. Sie hatte das Gefühl, sie sollte viel mehr bei ihren Kindern sein. Die Kinder wiederum hingen an dem Luxus, den das erfolgreiche Geschäft ihrer Mutter ihnen erlaubte. So kamen wir denn überein, daß sie sich zuerst von der Ablehnung gegenüber ihrem Geschäft freimachen sollte, denn diese schädigte sowohl ihr Privat- wie auch Geschäftsleben, wie die spurlos verschwindenden Blumen andeuteten. Ihr Haß gegen die Arbeit hatte sie schon blind gemacht (Brillengläser sind mit Blütenblättern bedeckt), so daß sie selbst die angenehmen und guten Seiten und Aspekte nicht mehr zu sehen vermochte, die ihr zusätzliches Einkommen ihr und ihren Kindern ermöglichte. Der Traum deutete an, daß eine unbeschwertere Haltung nötig war, die die lachenden Frauen im Traum und ihre eigene fröhliche Antwort auf deren Frage verkörperten. Das Netz zeigte ihr, daß vernünftiges Denken, gute Gedanken-Verknüpfungen zu besseren inneren und äußeren Umständen führen können. (Hüte beziehen sich auf Köpfe und ihre Erzeugnisse: Gedanken.)

Der Traum regte sie zu der Überlegung an, einen Partner in das Geschäft mit einzubeziehen, so daß sie sowohl dessen Vorteile genießen als auch ihren Kindern mehr Zeit widmen könnte.

Im nächsten Traum symbolisiert die *Toilette* eine Notwendigkeit für den Träumer, von seiner vergiftenden Einstellung loszukommen. Diese Frau hatte darum gebeten, durch die Träume geistiges Geleit zu empfangen, und war recht verstimmt, als sie träumte, sie müßte auf die Toilette gehen. Als sie dort gerade die Tür öffnete, sah sie durch den Türspalt die Füße eines Mannes. Hastig kehrte sie um.

Sie stimmte mir mir dahingehend überein, daß die Toilette ein notwendiger Ort der Reinigung und der Entschlackung ist. Die Füße, die sie am Eintreten gehindert haben, deuteten an, daß es ein Mann war, der zwischen ihr und ihrem spirituellen Wohlbefinden stand.

Schließlich erkannte sie, daß dieser Traum sich wohl auf ihren Stiefsohn bezog, von dem sie nicht viel hielt, und der ihr auch dauernd auf die Nerven ging. Der Traum zeigte ihr, daß ihre Haltung dem Stiefsohn gegenüber einen giftigen Stoff produzierte, der ausgeschieden werden mußte, bevor sie Hilfe von einer höheren Ebene erwarten oder in Anspruch nehmen durfte.

Einen Traum wie den nun folgenden würden wohl die wenigsten Menschen weitererzählen, aber ich glaube, daß er vielen – vielleicht auch in ähnlicher Form – vertraut sein wird, denn die meisten von uns bedürfen einer »inneren« Reinigung.

»Ich saß auf der Toilette; alle konnten mich sehen. Das war mir schrecklich peinlich. Zwei Frauen warteten auf mich. Eine war schwarz. Sie sagte, ich brauchte mich nicht zu schämen, denn das ginge allen so. Dann gaben sie mir ein Papierhandtuch, das sehr rauh war; damit sollte ich mich säubern. Nachdem ich das getan hatte, langte ich hinüber und nahm von dem weichen, quadratischen Toilettenpapier, hatte aber noch immer Schwierigkeiten, mich zu reinigen.«

Als wir versuchten, diesen Traum auf den vorangegangenen Tag zu beziehen, stimmten wir darin überein, daß er von leichten Sticheleien ausgelöst wurde, die auf eine Tendenz zum Eigenlob zielten. Die Farben der beiden wartenden Frauen, Schwarz und Weiß, zeigten der Träumerin, daß ein Schwarz-Weiß-Sehen nicht – wie beabsichtigt – vernünftig erschien, wenn sie selbst falsch urteilte. Der Traum wies sie mit recht drastischen Bildern darauf hin, daß es nie zu würdigen oder zu rechtfertigen ist, wenn sie sich in der Öffentlichkeit herausstellte oder angab. Die Toilette wies darauf hin, daß eine innere Reinigung und Läuterung der Träumerin angezeigt war, denn – wie durch das rauhe Papierhandtuch bewiesen wurde – die bestehende Situation reizte das sensible Wesen, das in ihr steckte.

Das sanfte, weiche Papier steht symbolisch für die versteckte, feine Weise, in der sie vorgegangen war. Durch ihr Unvermögen, sich genügend zu reinigen, zeigte ihr der Traum, daß sie sich mehr bemühen müßte.

Die *Badewanneneinlage* ist im Traum ein Symbol des Schutzes, denn – richtig angewendet – verhindert sie, daß der Badende in der Wanne ausrutscht. Erscheint sie einmal im Traum, so mag das eine ernstzunehmende Aufforderung sein, eine solche Einlage zu gebrauchen. Ansonsten kann uns dieses Symbol warnen, auszurutschen, sei es physisch, sittlich oder »mit der Zunge«.

Brennendes Haus: Folgender Traum wurde Cayce zur Deutung vorgelegt: »Ich sah ganz deutlich ein schönes Haus, das in Flammen stand, und träumte, daß eine Freundin mit vielen Gästen – darunter auch ich – beim Essen saß. Es war noch in New Orleans. Offen und sogar demonstrativ bekundete sie ihrem früheren Schatz ihre Liebe; er saß gleich neben ihr. Andere Gäste tadelten sie deswegen.«

Cayce: »**Dies ist eine Darstellung des ersten von vielen Erlebnissen, die von Mißverständnissen mit der Familie überschattet sind. Das Feuer ist der Zorn. Doch durch nicht nachlassendes Bemühen – wie auch bei einem wirklichen Feuer – wird alles unter Kontrolle und in Ordnung gebracht werden. Doch dies ist nur ein Teil der Vision. Im Traum wird nur ein Teil der Fassade des Hauses von den Flammen zerstört, während die schwarze Ruine an der Rückseite verdeutlichte, daß das Denken oft störende und beunruhigende Elemente von unserem Bewußtsein fernhält. Das sollte nie auch nur beginnen, so zu werden! In der zweiten Szene haben wir die Freundin, die jemandem beim Essen ihre Liebe beweist. Das zeigt, wie störende Erlebnisse manchmal unser Leben überschatten können. Aus dieser Sicht ist es ratsam – wie die schwarzen Reste des Hauses bedeuten –, Schatten aus Herzen und Denken ›auszuscheiden‹; dies wird dazu beitragen, zum vollkommensten Verständnis deiner selbst zu finden. Wir müssen erkennen: Gedanken sind Taten, und wenn unsere Zeit herum ist,** werden ›wir empfangen, was unsere Taten wert sind‹ (Lk 23,41), ›denn was der Mensch sät, das wird er ernten‹ (Gal 6,7).«

Hier sehen wir wieder die Fähigkeit Edgar Cayces, im Reading den vollständigen Traum anzugeben, selbst wenn er vom ratsuchenden Träumer nur bruchstückhaft angegeben worden war.

Wie bei fast allen Träumen, so handelte auch dieses Erlebnis praktisch nur von der Problematik der Träumerin selbst. Sie war die Frau, die einem alten Liebhaber entgegenkam. Im wirklichen Leben war sie es, die gute Ratschläge in den Wind schlug und sich von ihrem Mann scheiden ließ, um dann schließlich zu entdecken, daß der alte Liebhaber, mit dem sie eine Affäre gehabt hatte, sich nun weigerte, sie zu heiraten. So sind die schwarzen Ruinen-Teile im Traum ein Symbol ihres eigenen ruinierten Lebens.

Der junge Mann, der den folgenden Traum erlebte, fand sich hierin in seinem zweistöckigen Heim wieder. Als er die *Treppe* hinaufsteigen wollte, stand auf jeder Stufe ein Tablett, das voll geladen war mit Essen, in erster Linie waren es Salate und Molkereiprodukte.

Dieser Traum forderte den jungen Mann unmißverständlich auf, seine Nahrungsaufnahme vorläufig auf Salate und Milchprodukte zu beschränken, um seinen Gesundheitszustand und sein Denkvermögen zu bessern. (Cayce sagte, daß frisches Obst, Gemüse und Meeresfrüchte die mentalen und spirituellen Kräfte besser fördern und in dieser Hinsicht auch schneller wirken als Fleisch und Süßigkeiten.) Das Treppensteigen wies darauf hin, daß es mit dem Träumer tatsächlich aufwärts ginge, wenn er sich an den gegebenen Rat hielte.

Auch im Traum einer 35jährigen Frau geht es um einen Aufstieg: »Die Stufen waren sehr eng und führten wie eine Wendeltreppe in einem Turm nach oben. Zuerst schien es fast unmöglich, sie zu ersteigen; aber ein Fremder – und doch ein Freund – half mir hinauf. Ich wußte, daß ich hier hinaufgehen mußte, weil es dort einige sehr exklusive Waren gab. Ich erspähte schwarze Hüte.«

Dieser Traum spiegelte den spirituellen Aufstieg der Träumerin wider, die auf ihr Ziel zuging. Der schwarze Hut stand für die Geheimnisse, die allgemein mit den geistigen Kräften verbunden werden, die sich im Menschen durch dessen Überbewußtes manifestieren. Die Wendeltreppe ist der Weg zur Vollkommenheit, die durch den Zyklus der Wiederkehr (Rad der Wiedergeburt) – wie wir ihn in der Reinkarnation finden – erreicht werden kann.

Eine Frau, die nicht genügend Fortschritte in Richtung Besserung machte, hatte den folgenden Traum:

»Ich gab eine große Menge Stuhl von mir. Er war blaugrün, oval, und größer als ein Brotkasten. Ich war erstaunt über diese Menge, wußte aber, daß da noch mehr hinaus mußte. Dann fand ich mich auf einem unterirdischen Steg, der, obwohl man leicht über ihn gehen konnte, mehrere Häuserblocks lang war. Er war beleuchtet, aber man konnte keine Beleuchtungskörper sehen. Viele Rutschen führten vom Steg bergab, aber nur eine kurze nach oben. Ich suchte das Hotel, in dem ich wohnte. Schließlich kam ich oben wieder heraus und schien in New York angekommen zu sein, wo sehr viel wieder aufgebaut wurde. Ich erinnerte mich noch, daß da ein Hotel ›Die Palmen‹ war, wußte aber nicht mehr, ob es das richtige war oder nicht.«

In diesem Traum begegnen wir einigen Regeln für die Suche nach dem wirklichen Sinn des Lebens. Die blaugrüne Farbe des Stuhls zeigt an, daß Heilung in den Organismus Einzug halten kann, wenn Giftstoffe ausgeschieden werden. Diese notwendige Reinigung physischer Begierden gestattet dem Menschen, im Leben voranzuschreiten.

Der von selbst leuchtende unterirdische Steg zwischen verschiedenen Gebäuden ist das Überbewußtsein im Innern, das dem Menschen den Weg beleuchtet und zeigt, so daß er frei von Angst und festen, entschiedenen Schrittes vorangehen kann.

Die zahlreichen kurzen Rutschen nach unten sind die vielen Irrwege, auf die wir im Laufe unseres Lebens geraten können. Der eine kurze Seitenweg nach oben ist nicht nur ein Hinweis auf den geringen Fortschritt, den wir in jedem Leben machen, sondern auch auf den Einen Weg, den Weg der Liebe und Wahrheit.

Daß die Träumerin wieder auf die Erdoberfläche gelangt und in New York ankommt, wo viel gebaut wird, zeigt, daß ihr neues Leben gebaut wird, während und solange sie sich bemüht, sich von den Fesseln zu befreien, die sie an die Erde binden. Das »Palmen«-Hotel weist auf das Heilige Land hin, das sowohl in ihrem Bewußtsein wie auch in ihrer Zielsetzung zu finden sein wird. Palmen, sagte Cayce, sind ein Symbol des sich entfaltenden geistigen Bewußtseins.

Im folgenden Traum haben wir ein gutes Beispiel dafür, wie ein Haus und seine Einrichtung die aktuellen Probleme des Träumers widerspiegeln können: »Im Traum betrachtete ich ein Erbstück, das meinem Großvater einst gehörte. Es war ein großes altes Möbelstück. Es war mit herrlichen Schnitzereien verziert und sah aus wie eine große Kiste. Es nahm den größten Teil meines Wohnzimmers ein. Auf allen Seiten waren Vertiefungen, groß genug, um einen Nachtstuhl darin unterzubringen. Vor jedem Nachtstuhl befand sich ein Vorhang. Ich wollte das riesige antike Möbel loswerden und es an die Smithsonian Institution in Washington für 6000 $ verkaufen. Doch meine Tante (der ich ähnlich sehe) sagte ›Nein!‹ dazu. Sie bestand darauf, daß das alte Stück im Wohnzimmer bliebe. Als dann einmal niemand in der Nähe war, nahm ich aus einer der Nischen, wo ein Nachtstuhl stand, einen kleinen Trauring, der mit winzigen Brillanten besetzt war.«

Als wir uns über diesen Traum unterhielten, kam heraus, daß die Träumerin eine Veränderung in ihrem Leben plante, um sich von einer unglücklichen Beziehung zu befreien. Der Traum warnte sie davor, sich auf die geplante Weise zu befreien, zeigte ihr aber zugleich, wie sie die Probleme auf die rechte Weise überwinden könnte.

Das alte Möbelstück stand symbolisch für eine karmische Verbindung (Ursache und Wirkung!) und zeigte der Träumerin, daß sie diese auflösen mußte (im Wohnzimmer aufstellen).

Die Schnitzereien erinnerten sie an die Windungen des Gehirns, die sie auf Denk- und Verhaltensmuster bezog.

Die Nachtstühle waren ein Hinweis auf die Notwendigkeit, Unvollkommenes auszuscheiden.

Die Vorhänge, die die Nachtstühle vor den Blicken verbargen, waren ein Aspekt ihrer selbst, der versuchte, ihr Versagen und Fehlen zu verbergen und zu verschleiern.

Der Ehering ist Symbol für einen Zustand der Harmonie und Einheit, der am Ende eines konstruktiven Vorgehens stehen könnte. Die Träumerin könnte fortlaufen, wenn sie wollte, aber auf diese Weise nicht lösen, oder sie könnte dieses Erlebnis in eines voll Harmonie und seelischen Wachstums wandeln, und so der (Er-)Lösung ihres Problems näherkommen.

Ich bin froh, schreiben zu können, daß die Frau diesen Rat befolgt hat und eine Besserung in der Beziehung zu den Menschen ihrer Umgebung erreicht hat. Da die Träumerin sehr gefühlsbetont ist, fiel ihr das nicht leicht, aber heute kann man feststellen, daß sie einen großen Schritt nach vorne gegangen ist:

Jetzt bemüht sie sich um die Einsicht – mit Hilfe ihrer Träume –,
ihre Probleme zuerst auf einen Mangel in sich selbst zu beziehen,
statt ihr Versagen auf andere zu projizieren. So wurde sie eine viel
bessere Mutter, Ehefrau, Freundin und Nachbarin.

Der nächste Traum einer jungen Krankenschwester spielt in
einem Krankenhaus, das sich ja als Traumsymbol – wie wir schon
gesehen haben – auf die Heilung des Menschen und zugleich auf
den Dienst am Nächsten bezieht. »Ich hatte die Aufsicht über eine
große Station. Ich schien für eine Kollegin eingesprungen zu sein.
Auf der einen Seite standen zwei Reihen Betten mit Patienten.
Auf der anderen Seite war eine große Maschine. Das Bild des
Raumes wurde dadurch gestört, daß die Bettreihen nicht gleich-
mäßig waren. Ich bat die Schwestern und Krankenpfleger, die
Betten ordentlich in gerade Reihen zu stellen, sobald sie mit der
Versorgung der Patienten fertig wären.

Sie waren damit einverstanden. Dann begann ich mit der
Reinigung eines Schreibtisches, bis eine Schwester sagte: ›Das ist
der Tisch von Miss Reed!‹ Ich ging fort, nicht ohne vorher noch
einen weißen Schal, der einem Altartuch glich, auf dem Tisch
zurückzulassen. Nun putzte ich einen großen alten Schrank; ich
ging dabei auf die Knie, um ihn gründlicher säubern zu können.
Ich hatte das Gefühl, ein Aufseher beobachtete mich. Da klingelte
das Telefon. Ich ging an den Apparat, meldete mich, und eine
Stimme sagte, ›Wer wird denn den ganzen Tag arbeiten?!‹ Ich
antwortete ›Ich tue das!‹ Dann kam die Erwiderung: ›Das ist gut.
Dann ist alles gut. Sehen Sie, wir nahmen Miss Reed von hier fort
und versetzten sie an eine andere Stelle, weil wir wußten, Miss
Rhode würde die Aufsicht übernehmen, denn sie ist eine gute
Straßenbauerin. Ja, sie ist wohl sehr willensstark und manchmal
auch ein bißchen kurz angebunden, aber insgesamt ist sie hervorragend!‹

Als ich auf die Station zurückging, sah es schon viel besser
aus. Die Betten standen in gleichen, geraden Reihen auf beiden
Seiten des Raumes; viele der Kranken waren geheilt und nach
Hause gegangen, die meisten Betten waren nun leer. Eine Gruppe
Ärzte kam zur Visite. Es waren ihrer so viele, daß ich mich kaum
rühren konnte.«

Dieser Traum bringt Zuspruch und eine Verheißung, weil
Miss Reed (der schwache Teil der Träumerin) durch Miss Rhode
ersetzt worden ist, eine gute Straßenbauerin, die ordentlich arbeitete. Das fehlende Gleichgewicht war wiederhergestellt, und das

wird deutlich durch die Traumsymbolik gezeigt. Es bestehen auch Anzeichen einer Verheißung von Heilung und Schutz, nicht nur in bezug auf die Heilung der Kranken (Teile der Träumerin selbst), sondern auch durch die Anwesenheit so vieler Ärzte. Auf einer anderen Betrachtungsebene kann die Heilung der Kranken auch die Begabung der Träumerin darstellen, anderen Menschen zu helfen, also denen Heilung zu bringen, die körperlich, geistig oder seelisch gestört, aus dem Gleichgewicht waren.

Ein 12jähriger Junge träumte: »Mein älterer Bruder und ich gingen in das Schlafzimmer unserer Mutter; dort lagen irgendwelche Klumpen auf dem Boden, die das Vorwärtskommen erschwerten. Wir beschlossen, das Zeug fortzuschaufeln, und waren überrascht, darunter wunderschöne Bücher und viel Geld und Schmuck zu finden.«

Dieser Traum teilte den beiden Jungen mit, daß ihr Leben schöner und lohnender sein könnte, wenn sie die Weisheit und Ratschläge ihrer Mutter ernstnähmen (Bücher und Schatz). Die Klumpen auf dem Boden waren ihre eigene Interpretation der Maßstäbe, die ihre Mutter vertrat, die es ihnen zeitweise »erschwerten«, fortzukommen. Das Schlafzimmer sagte »Nimm es leicht!«

Schule: Die Bedeutung einer Schule für den Jungen, der den folgenden Traum erlebte, ist gut zu erkennen. Er sah sich im Klassenzimmer, wo der Englisch-Lehrer eine Lektion erläuterte. Dann träumte er, aus dem Fenster nach einem Mädchen zu sehen. Nach der Stunde hatte er Schwierigkeiten, sich durch das Gebäude zu bewegen; er schien im Dachgeschoß des Schulhauses zu sein. Die Bodendielen waren locker.

Als wir über den Traum sprachen, gestand der Junge, daß er sich dreimal wöchentlich verabredete und seine Englisch-Hausaufgaben sehr vernachlässigte. Dies zeigte sich schon im Traum: Er sah dem Mädchen nach, statt seinem Lehrer zuzuhören. Die losen Bodendielen in seinem »Oberstübchen« wiesen auf die schlechten Grundkenntnisse in Englisch hin, was ihn später im Leben beim Vorwärtsgehen behindern würde. Folgsam beschränkte er sich daraufhin auf eine Verabredung pro Woche.

Der Traum, wieder in der Schule zu sein und vor einer Prüfung zu stehen, gehört zu den häufigsten Träumen, die wiederholt vorkommen. In den meisten Fällen ist der Träumer sehr besorgt um eine mündliche Prüfung, die er zu bestehen hat, weil er meist völlig unvorbereitet ist. Die Schulprüfung im Traum läßt sich im Gespräch im allgemeinen auf die tägliche Beschäftigung des Träumers beziehen; meist war er nach dem Traum voller Angst und Bestürzung aufgewacht. Je nach dem Beruf spielen sich die Prüfungen in verschiedenen Fächern ab; so steht zum Beispiel ein Verkäufer meist vor einer Prüfung in Verkaufskunde, ein Psychologe vor einer Prüfung in Psychologie, ein Arzt in Medizin, ein Pfarrer in Theologie und ein Ingenieur in Mathematik.

Ein kalifornischer Ingenieur erlebt eine solche Situation in seinem folgenden Traum: »Ich bin wieder auf dem College und komme recht flott voran, außer in Mathematik, wo ich überhaupt nicht vorbereitet bin, jedoch meine Abschlußprüfung machen muß. Mir ist klar, daß ich im letzten Semester bin und es schon zu spät ist. Ich erwache voller Angst, daß ich die Prüfung nicht schaffen werde.«

Dieser Traum zeigt deutlich, daß das, worauf es im Leben wirklich ankommt, übergangen worden ist. Denn für einen Ingenieur wie den Träumer wäre eine totale Unkenntnis der Mathematik praktisch eine Bankrotterklärung. Daher bedeutete sein Versagen in Mathematik sein mangelndes Vertrauen in geistige Werte und Wahrheiten. Die Aspekte »letztes Semester« und »zu spät«, zeigten an und erinnerten den Träumer daran, daß er sich schon im letzten Viertel seines Lebens befand und nicht mehr allzu viel Zeit hatte.

Alltägliche Symbole: Folgende Symbole können helfen, Träume richtig einzuschätzen und zu klären, worauf sie sich beziehen. *Ihre häufigste und allgemeinste Bedeutung wird hier nur als Hilfe gegeben, die Deutung der Träume auf dem Wege der Assoziationen zu beginnen.* Wenn Sie beispielsweise von einem Hausgang träumen, dann wissen Sie bei der Assoziation, daß ein Hausgang ein Ort der Veränderung ist, ein Durchgansort, weil er die Verbindung, den Übergang von einer Arbeit oder Tätigkeit zur anderen, von einem Zimmer zum anderen ist. Ein Mensch jedoch, der schon einmal einen Mord in einem Hausgang erlebt hat, wird zuerst immer die Assoziation »Mord« haben, wenn er von einem Hausgang träumt. Einem Schüler, der auf dem Korridor die Möglichkeit hatte, sich mit seiner Angebeteten ungestört in einer Ecke zu küssen, wird eine ganz andere Assoziation ins Bewußtsein kommen. Vergessen Sie also auf keinen Fall, daß der Schlüssel zur Interpretation eines Traumes in den persönlichen, individuellen Assoziationen des Träumers selbst liegt.

Haus	Selbst
Dachkammer	»Oberstübchen«, Bewußtsein, Denken
Turm	Überbewußtes, denn es überragt alles
Türmchen	Ohren
Keller	Unterbewußtes (Lager-, Sammelraum)
Tunnel, Höhlen, unterirdische Räume oder Wege	tiefere Bewußtseinsschichten
Wohnzimmer	tägliche Beschäftigung
Eßzimmer	Nahrungsaufnahme (geistig oder körperlich
Küche	Zubereitung der Nahrung
Spielzimmer, gemütliche Bude	Entspannung
Studierzimmer, Bibliothek	Forschung, Studium, Lernen
Diele	Übergang, Durchgang, Veränderung
Mauer, Zaun	Hindernis, Abgrenzung
Zügel	zügeln!
Falle, Fallstrick, Netz	Falle!
Schreibtisch	Ihre Arbeit
Waage	Gerechtigkeit, Gleichgewicht
Bleistift, Kuli, Tinte, Briefmarke	Schreiben, Kommunikation
Musik	göttlicher Einfluß im Leben; Harmonie
Zimmererwerkzeug	Aufbau, Erbauung
Hintertür verschließen	Wunsch, Unangenehmes auszuschließen

Haustür öffnen	geistige Hilfe empfangen
verschlossene Tür	negative Haltung, die Menschen und Hilfe aussperrt
Besen	fegen, reinigen
kleine Kammer	(Bibel!) inneres Selbst, verschlossen, abgetrennt
Teppiche	bedecken etwas, werden getreten
Spiegel	Spiegelung Ihrer selbst; sehen Sie sich ins Gesicht!
Wasserhahn	Wasser des Lebens
Wasser aus einem Hahn oder einer Quelle holen	Lebenswasser empfangen
schwarze Vorhänge	Tod
Uhr	Zeit
Uhr, Zeiger stehen still	Tod
Uhr, Zeiger sehr schnell	Zeit läuft ab, geht zu Ende
Telefon klingelt	Botschaft, Nachricht, Kontakt kommt
Nebelhorn	Gefahr
Bücher	Studium
Bibel	Gottes Gesetz
Messer	schneide ab!, Sex
Schere	Trennung, Tod
Gabel	sorgfältig auswählen
Löffel	füttern
Kochtöpfe usw.	Zubereitung des Essens
Töpfe zerbeult	schlechte Zubereitung des Essens
Lampe, Leuchte	geistiges Licht
Wecker läutet	Achtung! Wach auf! Gefahr!

Pfeife ertönt	Stopp!
Gewehre	emotionale Explosionen
schöne Möbel	Schönheit des geistigen Lebens
schönes Obergeschoß	gutes Denken, gute Ausrichtung
schönes Erdgeschoß	gut im täglichen Tun
Badezimmer	Reinigung nötig
Toilettenschüssel läuft über	Stuhlverstopfung
Mülleimer	Etwas muß ausgeschieden werden
Waschmaschine	Reinigung nötig
Badewanne	Körperreinigung nötig
Badewanne fließt über	Emotionen außer Kontrolle
Schlafzimmer	Ruhe, Sex, verborgenes Tun
Bett	Ruhe, Sex
Veranda	dem Innern fremd, außerhalb, unsicher
Dach	höchster Punkt, Ideale
Fenster	Licht, Wahrnehmung, Augen, Gewahrsein
Kamin	Feuer, Gemütlichkeit, Läuterung, Verdauung
Fußboden	Grundlage, Prinzipien
Backofen	Verdauung, Magen
Hintertür	etwas nicht Offensichtliches, gewöhnlich Negatives, Verborgenes
Zahnbürste	Zahnpflege nötig; unsaubere, schmutzige Sprache; wechsle die Zahnbürste!
Seife	Reinheit; Reinigung nötig
Foto des Träumers	Selbstkritik, -prüfung nötig

Nagelfeile	rauhe Kanten der Persönlichkeit glätten oder forthobeln!
Radiergummi	Fehler entfernen!
Milch	Unreife, »Milch der frommen Denkungsart«; Hinweis auf oder für Ernährung
Öl	Reibung, entferne sie durch Ölen oder Glätten
Hefe	wachsen
Salz	»Salz der Erde«, Würze des Lebens
Pfeil	Nachricht kommt

In früheren Zeiten wurden Nachrichten befördert, indem man sie an Pfeile steckte und mit dem Bogen schoß. Im folgenden Traum bezieht sich das Symbol »*Pfeil*« auf eine Nachricht:

»Ich sah einen Pfeil, der mit großer Kraft sehr hoch hinauf flog.«

Cayce: »**Bald wird zu dieser Person eine Nachricht kommen, die sehr wichtig und ›kräftig‹ ist. Mach das beste daraus, damit du an Macht und Kraft zunimmst.**« (137)

Im folgenden Traum haben *Wassergläser* eine bestimmte Bedeutung:

»Ich saß mit meinem Mann zu Tische. Er sprach über meine grünen Wassergläser. ›Jetzt sei endlich still!‹ fordert ich ihn auf. ›Meckere nicht an den Gläsern herum!‹«

Cayce: »**In diesem Traum finden wir die Befriedigung, die das bringt, was dem Menschen gefällt, weil es seinen Vorstellungen von den schöpferischen oder geistigen Kräften entspricht. Die Farbe Grün ist ein Zeichen von Fortentwicklung. Die Gläser stehen symbolisch für das Wasser des Lebens – im Mentalen, Physischen und Spirituellen. Weiterhin: Kümmere dich nicht, was andere sagen, solange es dem Inneren nicht widerspricht.**«

Das *Fahrrad* ist in den drei nächsten Träumen Symbol des Gleichgewichts: »Ich fahre auf dem Rad nach Los Angeles (Stadt der Engel) und höre eine Meldung im Radio, die vor einer hohen Flut warnt. Ich halte es für besser, wieder umzukehren.«

Die Flut nimmt Bezug auf die Emotionen des Träumers, die

außer Kontrolle geraten sind; das Radio gab eine Meldung von seinem Unterbewußtsein wieder. Die Aufforderung, umzukehren betonte die Notwendigkeit, die Richtung zu ändern, in die der Mann ging. Das Fahrrad stand für das erforderliche Gleichgewicht, das die Kontrolle über die Emotionen bringt, denn wir müssen das Gleichgewicht halten können, um auf dem Fahrrad zu fahren. Los Angeles, die Stadt der Engel war Symbol seiner geistigen Suche.

Derselbe Mann erhielt noch eine andere Warnung zu diesem Problem, wenn die Symbolik auch verschieden ist: »Wir sehen uns nach etwas Bestimmten um, aber um unser Vorhaben zu erreichen, müssen wir erst um die Trommeln herumgehen, denn die Fahrräder, auf denen wir fahren wollen, stehen hinter den Trommeln.«

Trommeln beziehen sich hier auf die Kriegstrommeln der primitiven Stämme. Deshalb teilt der Traum dem Manne abermals mit, daß er um seine primitiven Triebe kommen muß, daß er sie überwinden muß (Streit zu suchen), bevor er das Gleichgewicht erreichen kann (Fahrrad), nach dem er sucht.

Ein Mann in den Sechzigern bekam im Traum zwei Symbole, die sich auf das Gleichgewicht beziehen: »Ich sauste sehr schnell auf Skiern einher, dann auf einem Fahrrad. Plötzlich schoß ich ganz unerwartet über die Böschung. Das letzte, woran ich mich erinnerte, war, daß ich einen nicht wiedergutzumachenden Fehler getan habe, von dem es kein Zurück mehr gab, der unausweichlich in den Tod führte. Ich erwachte erschreckt, noch bevor ich wieder auf dem Boden landete.«

Unser Gespräch kam zu dem Schluß, daß der Traum ihn aufforderte, sein Tempo zu verlangsamen, bevor er sich ums Leben brächte. Er gab zu, daß er so fest arbeitete (schnell Ski fuhr), daß er selbst zum Lesen zu müde war. Somit zeigten ihm Skier und Fahrrad ein Bedürfnis größerer Ausgeglichenheit, ohne die ein verhängnisvoller Fehler (Überarbeitung) ihn das Leben kosten würde.

Der nächste Traum, den dieser Mann aufschrieb, wiederholte mit anderen Symbolen die gleiche Warnung: »Ich saß auf einem sehr hohen Fahnenmast. Ich begann zu schwanken und verlor das Gleichgewicht. Ein Mann unten schrie zu mir hoch ›Nimm deinen Fallschirm!‹ Doch ich hatte keinen, fiel auf die Erde und starb.« Der Fallschirm war die Empfehlung des ersten Traumes »Mach langsamer!«

Kleidung, Hände und Füße

Weil die Kleidung unseren Körper verhüllt, und weil wir sie passend zur jeweiligen Situation wählen, spielen Kleidungsstücke sehr verschiedene Rollen im Bewußtsein des Träumenden, denn sie stellen gewöhnlich eine ganz bestimmte Tätigkeit oder Situation dar. Kommt im Traum ein Hauskleid oder irgendwelche Berufskleidung vor, so bezieht sich das auf die Arbeit oder Beschäftigung des Träumers. Sportkleidung wie z. B. ein Badeanzug lenken das Bewußtsein auf die Freizeitbeschäftigung, auf unsere Mittel zur Entspannung, wohingegen ein korrekter, feierlicher Anzug auf ganz andere Dinge in unserem Leben hinweist. Qualitativ gutes Material und klare, schöne Farben sind im allgemeinen positive Symbole.

Natürlich spielt auch die Beziehung der Kleidung zum Hintergrund, vor dem wir auftreten, eine wichtige Rolle. Träumt eine Frau beispielsweise, in einem feinen Spitzenkleid sich im Ruderboot fortzubewegen, so deutet dieser Traum darauf hin, daß irgend etwas verkehrt ist, denn das Kleid ist ja entschieden fehl am Platze. Es kann auch bedeuten, daß der Träumer einen falschen Eindruck erweckt, weil er versäumt, sich in einer bestimmten Situation in angebrachter Weise zu verhalten.

Der Traum, unpassend gekleidet zu sein, kann auch eine direkte Kritik am schlechten Geschmack des Träumenden sein – besonders, wenn die Mode von der Frau kurze Röcke und viel »Hals-Freiheit«, vom Mann aber enge Hosen verlangt. Verschmutzte oder fleckige Kleidungsstücke sind oft Hinweise auf unsauberes Verhalten oder Tun. Schlampige Kleidung wirft dem Träumer oft Unordentlichkeit im Leben vor. Aber wieder können all diese Träume auch eine wörtliche Bedeutung haben, besonders, wenn der Träumende sich tatsächlich schlampig anzieht. Manchmal sagt schmutzige Wäsche, verbunden mit einem schlechten Geruch, im Traum auch nur: »Du solltest öfter baden!«

Zu enge Kleidung kann dem Träumer andeuten, daß er die Tendenz hat, Dinge zu eng zu sehen, oder zu kleinlich zu sein.

Unpassende Kleidung von einem hartnäckigen Verkäufer zu erwerben, kann eine symbolische Warnung sein, zu schnell auf die »Anpreisungen« anderer hereinzufallen.

Die beiden folgenden Träume – auch sie handeln von Kleidung – wurden von Edgar Cayce im Reading interpretiert:

»Ich kaufte mir ein Paar Reithosen. Sie schienen ganz in Ordnung, bis ich sie mir näher besah. Da stellte ich fest, daß sie mir nicht nur zu groß waren, sondern auch sehr abgetragen.«

Cayce: »**Das Reiten auf den Pferderücken ist gut für diese Person – solange es mit Maßen geschieht.**« (136) Offensichtlich bezog sich das »zu groß« und »abgetragen« auf ein Übermaß an Aktivität, das die Träumerin schnell »abnutzte«.

»Ich sah, wie ich viele verschiedene, attraktive Kleider trug.«

Cayce: »**Dieser Traum deutet auf die Veränderung hin, die im Mentalen, Physischen und Spirituellen zu dir kommen wird... wenn du dich ganz von Gott erfüllen läßt.**« (136)

In diesem Traum beziehen sich noch nicht verpackte Kleider auf Bewußtseinszustände der Träumerin: »Mein Mann, meine Mutter und ich flogen nach Corpus Christi, Texas. Als wir dort auf dem Flugplatz waren, fand ich mich auf einmal von meinem Mann und meiner Mutter getrennt. Obwohl sie an einem anderen Ende des Terminals waren, konnte ich ihr Gespräch hören. Es ging ihnen um den besten Weg, in die Stadt zu gelangen. Die Diskussion wurde hitzig, bis schließlich mein Mann vorschlug, meine Mutter sollte ihren Weg gehen, und ihn und mich unseren Weg gehen lassen. Da entdeckte ich, daß meine Taschen noch offen waren, und einige Kleider noch auf den Bügeln hingen.«

Den ersten Hinweis zur Deutung dieses Traumes gibt uns das Flugziel der Träumerin: Corpus Christi, eine Stadt in Texas, bedeutet nämlich – es stammt aus dem Lateinischen – »Leib Christi«. Hiermit bezieht sich der Traum auf die geistige Suche der Träumerin, nicht nur in bezug auf ihre Aktivitäten in der Kirche, sondern besonders hinsichtlich ihres Studiums der Edgar Cayce-Readings. Das Streitgespräch zwischen ihrem Mann und ihrer Mutter bezog sich auf die Diskussionen, die sie selbst mit ihrer Mutter über das Phänomen Edgar Cayce geführt hatte. Weil die Träumerin sehr viel von ihrem Manne hält, symbolisiert er im Traum die geistige Führung, die ihr wahres Selbst ihr gab. Sie war gerade so weit, daß sie beschloß, ihre Mutter in bezug auf ihren religiösen Glauben ihren eigenen Weg gehen zu lassen, daß sie selbst ihre Mutter nicht belasten sollte, indem sie versuchte, ihr um jeden Preis die Philosophie der Cayce-Readings näherzubringen. Die offenen Taschen und die Kleider, die noch nicht eingepackt waren, zeigten an, daß sie in mancher Beziehung noch nicht genau wußte, wie sie sich zu dem in den Readings Gesagten stellen sollte.

Sogar ein bestimmter Teil eines Kleidungsstückes kann im Traum seine Bedeutung haben, wie das folgende Beispiel zeigt: Ein verheirateter Mann, der geschäftlich sehr erfolgreich war, träumte, eine schwarze Witwe (gefährliche, giftige Spinnenart) kröche aus seinem Ärmel zur Decke hinauf. Dort baute sie ein Netz, das schließlich die ganze Decke seines Wohnzimmers überzog.

Dieser Traum warnte ihn vor einer unerlaubten Liebesaffäre mit einer Witwe, die er um jeden Preis geheimhalten wollte (er hatte »Manschetten«, die Sache könnte ans Licht kommen). Edgar Cayce teilte ihm im Reading mit, daß Unglück vor ihm läge, und daß sein Zuhause gefährdet war (Spinnennetz überzieht die Zimmerdecke). Der Träumer war jedoch zu töricht, die Warnung zu beachten, und zerstörte in der Folge seine Ehe.

Ein neues Kleidungsstück im Traum kann auch eine negative Aussage haben. So interpretierte Cayce einmal einen neuen, leichten Mantel als eine ärgerliche Einstellung des Träumenden – wahrscheinlich, weil, wenn wir zu ärgerlich und wütend sind, helle Funken fliegen, zumindest im übertragenen Sinne.

Ein Schriftsteller fand in seinem – folgenden – Traum einen Anzug als Symbol für sein unanständiges Tun: »Ich träumte, einen Anzug zu tragen, der mir viel zu groß war. Das war nicht sehr bequem; dauernd mußte ich Hosen und Mantel hochziehen, um darin gehen zu können. In der nächsten Szene scheine ich einen guten Anzug zusammenzulegen, den ich wohl irgend jemand gestohlen hatte.«

Es stellte sich heraus, daß der Schriftsteller einen Abschnitt aus einer Zeitung in seine Veröffentlichung hatte »einfließen« lassen, ohne auf ihre Quelle hinzuweisen. Der gestohlene, gute Anzug wies darauf hin, daß der gestohlene Artikel von viel besserer Qualität war als sein eigenes Werk.

Ein 35jähriger Ingenieur träumte: »Ich unterhielt mich mit einem Freund, der Inhaber und Koch eines Hafenlokals war. Während wir miteinander sprachen, sammelten sich eine große

Zahl rauher Seeleute in der Kapelle, die Teil des Lokals zu sein
schien. Mein Freund lud mich ein: ›Heute ist Kommunion.
Komm doch mit hinein.‹ Ich hatte nur alte, abgetragene Sachen
und schmutzige Stiefel an. Ich dachte, das schickte sich nicht für
eine Kapelle, und begann meine Stiefel auszuziehen. Da fing die
Orgel an zu spielen; wir hörten das Lied ›So wie ich bin‹.

Mein Freund sagte zu mir, das hieße, ich sollte so hereinkommen, wie ich wäre. Die Andacht der rauhen Seeleute war ehr-
furchtgebietend. Bei der Kommunion war das Brot wie eine
kleine, weiche, in Wein getränkte Kugel. Mein Freund teilte mir
mit, das Brot sollte erst gegessen werden, nachdem der Wein
herumgereicht worden sei. Als der Kelch näherkam, sagte er mir,
ich dürfte daran nur riechen. Das Brot wurde gegessen und der
Duft des Weines eingesogen. Das führte zu einer inneren Heiter-
keit, einer Ekstase, die einige Augenblicke andauerte. Nach dem
Gottesdienst standen mein Freund und ich wieder draußen. Er
schälte Kartoffeln und blickte in die Ferne. Er griff nach oben und
entdeckte, daß ich einen Hut aufhatte; er fragte sich, ob ich den
Hut auch während des Gottesdienstes auf dem Kopf behalten
hätte. Ich entschuldigte mich bei meinem Bekannten und nahm
den Hut ab; dabei entdeckte ich überrascht, daß ich ein Käppchen
trug, das aus einem alten Strumpf gemacht war. Als der Traum
endete, machte ich mir noch Gedanken darüber, was dieses
Käppchen zu bedeuten hätte.«

Die Traumsymbole standen für alle Teilaspekte der Wesenheit
des Träumers:

Freund, Inhaber, Koch	höheres Selbst, bereitet geistige Nah-rung
Hafen	(Wasser:) Geist
Lokal	Selbst
rauhe Seeleute	Teile des sündigen Selbst
Kapelle im Lokal	Allerheiligstes im Selbst
alte, abgetragene Sachen und schmutzige Stiefel	Unzufriedenheit mit dem geistigen Fortschreiten
Orgel spielt »So wie ich bin«	Gott nimmt uns an »so wie wir sind«, wir müssen es nur versuchen

Andacht der rauhen Männer	Vor Gott zählt die innere Einstellung, nicht die äußere Erscheinung.
außergewöhnlicher Verlauf der Kommunion	Die wirkliche Kommunion mit Gott oder Christus findet in einem selbst statt, in einem meditativen Zustand; sie ist quasi die Hefe fürs Leben (Sauerteig!), die das geistige Leben wachsen läßt.
Inhalieren des Weines	Wein ist der Heilige Geist. Zuerst muß man durchdrungen sein vom rechten Geist, bevor man das Brot des Lebens annehmen kann.
Ekstase	Meditation bringt einen dem Heiligen Geist und der Ekstase näher.
Brot	Mehr Geduld, Bescheidenheit und andere göttliche Eigenschaften verkörpert symbolisch die kleine, weiche Brotkugel.
Freund schält Kartoffeln	Eine Lektion in Demut. Sei bereit und willens, die geringsten Aufgaben zu erfüllen, halte dabei jedoch immer deinen Blick auf das Geistige gerichtet.
Hut wird abgenommen	Weltliche Einstellungen und Denkweisen müssen fort.
Käppchen	religiöses Symbol: Ideale, die täglich getragen oder vor Augen gehalten werden müssen

Hüte stehen oft symbolisch für den Denkvorgang und den gegenwärtigen Geisteszustand. Manchmal gehen uns Dinge »über die Hutschnur«, altbekannte Tatsachen tun wir mit der Bemerkung »Das ist ein alter Hut« ab.

»Ich sah, wie ein Freund zwei Hüte kaufte. Bei dem einen war die Krempe nach unten geklappt, beim anderen nach oben, wie es in Mexiko üblich ist. Der Bekannte sah mit beiden Hüten schlecht aus. Ich sagte laut, so daß er es hören konnte: ›Beide Hüte, die du dir zugelegt hast, sehen miserabel aus!‹«

Cayce: »**Hier haben wir es mit einer symbolischen Darstellung dessen zu tun, was andere vom Tun des Träumers denken. Es ist eine Aufforderung, zu der richtigen gedanklichen Einstellung zu kommen, um den anderen im rechten Licht zu erscheinen und nicht unverständlich zu wirken – für alle.**« (136-D)

In einem anderen Traum hatte eine Frau aus einer Mücke einen Elefanten gemacht; Ursache war das Versehen einer Bekannten, die vergessen hatte, sie zu einem Nachmittagstee unter Nachbarinnen einzuladen. Im Traum nun sah sie sich einen riesigen, unpassenden braunen Hut tragen.

Durch die Übergröße des Hutes zeigte der Traum ihr, daß sie aus einem kleinen Versehen eine große Affäre machte. Das Braun verdeutlichte, wie negativ die Träumerin über ihre Bekannte dachte.

Die fast wörtliche Bedeutung des folgenden Traumes von einem Hut spricht für sich selbst: »Ich schaute in den Spiegel und sah, daß ich einen völlig verrückten Hut aufhatte – ja er war so verrückt, daß ich lachend aufwachte.«

Dieser Traum bezog sich auf ihr Verhalten am Vortage. Weil ihr Mann ihren Hochzeitstag vergessen hatte, schmollte sie den ganzen Tag über. Es erübrigt sich zu sagen, daß der Traum ihr zeigte, wie lächerlich ihre Reaktion gewsen war.

Schuhe – Überschuhe – Füße – Strümpfe: Träume von Schuhen, Strümpfen und Überschuhen beziehen sich oft auf geistige Vorstellungen und Ideale, und den Schutz, den sie mit sich bringen. Darüber hinaus geben die genannten Kleidungsstücke auch unserem Körper Wärme und Schutz. Wir brauchen Schuhe, wenn wir spazierengehen wollen; wenn die Wege zu schlammig sind, brauchen wir Überschuhe; wenn es gar regnet, brauchen wir zusätzlich noch einen Regenmantel, einen Schirm oder ein Cape. Darum ist ein Traum, in dem der nötige Schutz vor der Witterung fehlt, eine Warnung, sich ungeschützt Schwierigkeiten auszusetzen, seien sie körperlicher oder geistiger Natur.

Eine ältere Dame träumte, ihre Freunde bewunderten ihre aquamarinblauen Schuhe.

Dieser Traum zeigte ihr, daß sie auf andere einen guten Einfluß hatte. Das Blau bedeutet hier, daß geistige Prinzipien die Macht haben, anderen Kraft zu vermitteln.

Ein Traum, in dem wir barfuß sind, kann eine negative, emotionelle Empfindlichkeit andeuten, denn ohne Schuhe sind wir tatsächlich sehr empfindlich. Hierbei ist es wichtig, daß wir diese Empfindlichkeit auf die anderen Traumsymbole beziehen, auch auf das, was wir am Tag zuvor getan haben – wie der folgende Traum zeigt:

»Ich ging in die Kirche, um dort zu arbeiten. Als ich gerade wieder nach Hause gehen wollte, stellte ich fest, daß ich barfuß war und meine Schuhe nicht finden konnte.«

Die Dame, die dies träumte, gab zu, daß sie am Vortag sehr gereizt war über jemanden im Kirchenrat. Der Traum zeigte ihr, daß sie unbewußt diesem Mann gegenüber in der Defensive war. Diese Überempfindlichkeit war symbolisch dargestellt durch den Verlust ihrer Schuhe in der Kirche, wo die Träumerin arbeitete.

Im folgenden Traum, den eine Frau Edgar Cayce zur Interpretation vorlegte, erscheinen noch andere interessante Symbole: Im Traum drücken diese Frau ihre Schuhe so sehr, daß sie sie zum Schuhmacher brachte. Er bereitete irgend etwas vor, das er in die Schuhe einlegte. Dieses Irgendetwas explodierte dann und verwandelte sich in zwei Flaggen der USA, die die Träumerin und der Schuhmacher oben in der Luft zu erreichen versuchten. Schließlich brachte der Schuhmacher ihre Schuhe so in Ordnung, daß sie bequem paßten. Als die Träumerin an sich hinabsah, waren ihre feinen Strümpfe voller Löcher.

Cayce: »**Dies ist eine symbolische Darstellung der Bedingungen um diese Person; sie erstreckt sich auf ihre eigene spirituelle Grundlage (Schuhe) und auf die derer, die sich in ihrer Umgebung aufhalten. Das Streben nach Hilfe für die Grundlage, d.h. die Schuhe, verkörpert der Schuhmacher. Die plötzliche Explosion bringt eine Veränderung mit sich; diese ist das Resultat der Art und Weise, in der die geistige Grundlage bereitet werden muß. Das Fortfliegen der Flaggen deutet die Höhen an, die auf zwei verschiedenen Wegen erreicht werden können. Das Unvermögen beider Menschen, die Flaggen zu erreichen, zeigt an, daß beide selbst weitergehen müssen, als die Hilfe vom anderen zu erwarten, nämlich zur Quelle aller Hilfe, zu Gott.**

Die Schuhe zu reparieren, um dann Löcher und Laufmaschen in den Strümpfen vorzufinden, weist darauf hin, daß die erstrebte Hilfe auch nur unvollkommen ist. Laufmaschen entstehen dadurch, daß man an etwas hängenbleibt, und so hat auch die angestrebte Hilfe ihre Haken.« (106)

150

Findet man sich im Traum ohne Bein oder Beine, so deutet das darauf hin, daß man nicht oder kaum über die Mittel verfügt, über die Grundlagen verfügt, um mit einem gegenwärtigen Problem fertigzuwerden. Einen anderen im Traum ohne Beine zu sehen, beweist, daß man nur eine sehr geringe Einsicht in das hat, was der andere wirklich vorstellt.

Auch im nächsten Traum finden wir Schuhe als das Hauptsymbol: »Ich trug nur einen Schuh.« Es ist offensichtlich, daß Gang und Haltung aus dem Gleichgewicht geraten, wenn man nur einen Schuh anhat. So wies dieser Traum darauf hin, daß die Anwendung grundlegender geistiger Wertvorstellungen unausgeglichen war. Obgleich der Träumer idealistisch eingestellt ist, geht er doch nicht vorsichtig genug voran. Der Traum erinnert auch an die Bibelstelle, wo es heißt: »Der Eifer um dein Haus hat mich gefressen« (Jh 2,17). Ausdauer ist natürlich eine Tugend, die nur schwerlich in ständigem Gleichmaß einzuhalten ist. Deshalb ist der Gang dieses Menschen nur mit einem Schuh auch ein Hinweis darauf, daß sie in einem Augenblick »oben«, im nächsten wieder »unten« ist.

Der nächste Traum weist auf eine gewisse Starrheit im Denken hin: »Ich trug ein Paar weiße Schuhe, wie eine Krankenschwester. Der rechte Schuh war größer als der linke.«

Die weißen Schuhe einer Krankenschwester bedeuten eine gute Grundlage im Dienst am Nächsten. In diesem Traum symbolisierte der größere Schuh auf der rechten Seite Selbstgerechtigkeit. Die Träumerin erkannte dies als ihren Fehler und begann, daran zu arbeiten.

Wenn wir wissen, daß die Schuhe sich im Traum auf grundlegende, prinzipielle Dinge beziehen, können wir auch deuten, was es heißt, wenn jemand träumte »Ich hatte Löcher in der Sohle« (Seele!).

Im nächsten Traum wird darauf hingewiesen, daß es notwendig ist, einige grundsätzliche Denkweisen des Träumers auszuschalten, die ihm in seinem Leben Probleme schaffen: »Ich träumte, Nägel, wie man sie zum Hausbau braucht, aus den Sohlen beider Füße zu ziehen. Die Stellen hatten sich schon entzündet. Jemand gab mir eine Spritze.«

Das Hauptproblem dieses Mannes war seine Kritiksucht. Der Traum zeigte ihm nun, daß die Entzündung, das Kranke, an der Stelle lag, wo er sich daran erbaute (Zimmermanns-Nägel!), über andere herzuziehen und sie herunterzumachen. Deshalb müßte er zuerst die Entzündung beseitigen, indem er sich andere, richtige Grundsätze »einspritzte«.

Mäntel – Regenmäntel – Regenschirme: Wenn wir nicht den passenden und richtigen Schutz gegen die Witterung haben, so sollen solche Träume eine Warnung sein, daß wir und unsere körperliche Gesundheit in Gefahr sind. Das träfe ja auch bei den meisten von uns zu, wenn wir unvorbereitet einen Wetterwechsel erleben.

»Ich war in Newark, wie vor Jahren, als wir dort wohnten«, wurde Cayce berichtet. »Ich fuhr mit der Straßenbahn bei der Clinton Avenue und verlor meinen Regenmantel. Die Straßenbahn fuhr darüber hinweg.«

Cayce: **»Dieses Bild bezieht sich auf den Gesundheitszustand dieses Menschen. Diese Person sollte Gebrauch von einem Regenmantel machen, um Körper und Füße warm und trocken zu halten, sonst hätte Erkältung und Erkrankung schädliche Folgen, wie der Verlust des Regenmantels zeigt.«** (137)

Handschuhe – Hände: Wunderbar schöne Hände deuten auf den wunderbaren Dienst hin, der damit anderen erteilt wird. Applaudierende Hände geben Zustimmung und Einverständnis, solange nicht auch negative Symbole erscheinen, die auf Applaus für das Ego, auf Egoismus und egozentrisches Verhalten hindeuten. Ein drohender Zeigefinger ist meist eine Warnung oder ein Tadel. Händeschütteln ist ein Zeichen der Freundschaft. Unsaubere Hände können auf ein unreines Gewissen hinweisen, wenn ein unsauberes Geschäft stattgefunden hat. Rauhe Hände im Traum sind oft ein Zeichen mangelnder Freundlichkeit oder eines unsanften Umgangstones gegenüber der Familie, Freunden oder anderen Menschen. Eine »harte Hand« spricht für sich selbst.

Hände, die mehr Tierklauen ähneln, können sich auf tierähnliche Verhaltensweisen wie Kratzen, Reißen, Packen und Festhalten beziehen. Hier handelt es sich also um Hinweise auf dunkle, unzivilisierte Elemente der Träumer-Persönlichkeit.

Kennt der Träumer die Deutung von Handlinien, wird sie sich zeitweise auch im Unterbewußtsein manifestieren. Das finden wir auch im folgenden, sehr kurzen Traum: »Ich betrachtete meinen Daumen.«

In der Handlesekunst stehen die beiden Glieder des Daumens für Logik und Willen. Aufgrund dieses Traumes rechnete der Träumer ein geschäftliches Vorhaben, das er erwog, noch einmal genau durch, um festzustellen, daß er sich zuerst verkalkuliert hatte. Auf diese Weise sparte er sehr viel Geld.

Edgar Cayce sagte im Reading über einen Traum, in dem der Träumer versuchte, seine schmutzigen Fingernägel zu säubern:

»Dieses Bild bezieht sich auf das Verstandesbewußtsein des Träumers, das manche Erscheinungsformen medialer Phänomene für anstößig oder schmutzig hält. Wenn sich diese Person jedoch offen hält für die geistigen Lehren, wird sie die Prinzipien, die hinter solchen Phänomenen stehen, begreifen können. Mit dem Verständnis medialer Phänomene wird die gleiche Zufriedenheit in das Selbst einziehen, wie die Sauberkeit des physischen Körpers physische Behaglichkeit bewirkt. Das Wissen jeglicher Wahrheit oder jeglichen Umstandes muß gebraucht und in die Tat umgesetzt werden, damit es sich überhaupt lohnt. Daraus folgt, daß es hell, strahlend und glänzend gehalten werden muß.« (137)

Nach Cayce beziehen sich Tiere im Traum gewöhnlich auf negative, unzivilisierte oder unschickliche Einstellungen oder Tätigkeiten des Menschen.

Eine 34jährige Frau träumte, daß sie in jeder Handfläche ein Eichhörnchen sitzen hatte. Eines der Tiere urinierte auf ihr Handgelenk. Dabei wurde ihr unaussprechlich schlecht. Sie fühlte ganz deutlich, daß die Tiere unter ihrer Haut saßen, und daß sie sie loswerden mußte.

Als ganz kleines Kind hatte diese Frau Eichhörnchen geliebt, ganz besonders eines, das sie als Haustier hatte. Eines Tages kamen einige wilde Eichhörnchen auf den Hof, und ihr Lieblingstierchen verschwand zusammen mit ihnen; das Mädchen litt noch wochenlang unter dem Verlust.

Als sie – als erwachsene Frau – diesen Traum hatte, war sie schon mehrere Monate krank gewesen. Wir fanden gemeinsam heraus, daß diese Krankheit sich zu manifestieren begann, kurz nachdem sie und ihr Mann ihr Haus verkauft hatten, in der Hoffnung, ein neues zu bauen. Das Baugrundstück für ihr neues Haus war in einer unerschlossenen Gegend, wo es noch viele wilde Eichhörnchen gab.

Sie gestand mir, daß sie gefürchtet hatte, daß das neue Haus nie entstehen könnte, und selbst wenn es so weit käme, würden finanzielle Schwierigkeiten sie zwingen, es wieder zu verkaufen. Wegen dieser Angst hatte die Frau versucht, sich nicht zu sehr mit ihren Gefühlen auf die Pläne für das neue Haus einzulassen, um dann nicht zu schlimm enttäuscht zu werden. Hier lag also ein traumatisches Verlust-Erlebnis aus ihrer Kindheit der Symbolsprache des Traumes zugrunde, weiterhin ließen nicht nur ihre Angst, sondern auch die vielen wilden Eichhörnchen auf dem neuen Grundstück jenes Bild aus ihrem Unterbewußtsein entstehen. Als sie diese Zusammenhänge begriff, konnte sie von ihrer unterbewußten Angst loskommen, und auch ihr Gesundheitszustand begann sich zu bessern.

In den meisten Fällen, in denen sich im Traum ein Insekt oder ein größeres Tier unter der Haut verborgen hat, kann man bei der Deutung ziemlich sicher davon ausgehen, daß ein akuter oder chronischer »Reizzustand« besteht – auch eine Unsicherheit –, daß dem Träumer also etwas »unter die Haut gegangen« ist.

Auch Spreißel unter der Haut können sich auf etwas beziehen, das fremd ist oder von außen kommt, und somit eine Warnung übermitteln, denn ein Fremdkörper unter der Haut oder in unserem Organismus verursacht oft Beschwerden. Befindet sich ein Fremdkörper unter der Kopfhaut, so kann das auf »fremdes Denken« hinweisen, das seine eigenen Probleme nach sich zieht. Ein Fremdkörper im Bauch deutet oft auf eine falsche Ernährungsweise hin.

Wird ein Körperteil im Traum besonders hervorgehoben oder herausgestellt, so kann man im allgemeinen davon ausgehen, daß ein bestimmtes Problem mit ihm verbunden ist. Das zeigt auch der Traum einer Frau, die die unglückliche Leidenschaft hat, ihren Mann immer in der Öffentlichkeit zu korrigieren. Sie träumte, in Anwesenheit anderer eine Sicherheitsnadel durch die Wange ihres Mannes zu stecken. Später wollte sie sie wieder entfernen, aber ihr Mann erlaubte es ihr nicht und sagte: »Ich werde sie den ganzen Tag tragen.«

Bei der Analyse dieses Traumes fanden wir heraus, daß die Sicherheitsnadel in der Wange ihres Mannes der Träumerin selbst galt. Schließlich erkannte sie, daß sie »sein Aussehen beeinträchtigt« hat und ihn vor anderen so bloßstellte, daß er »das Gesicht verlor«. Das Traumerlebnis selbst konnte sie auf den vorausgegangenen Tag beziehen, an dem sie ihren Mann in der Gesellschaft anderer getadelt hatte.

Der Entschluß des Mannes im Traum, die Nadel den ganzen Tag zu tragen, zeigte an, daß er noch den ganzen Tag unter der Zurechtweisung leiden mußte. Der Traum rief die Frau nicht nur dazu auf, sich bei ihrem Manne zu entschuldigen, sondern künftig auf ihre Maßregelungen zu verzichten, denn diese gingen schon lange »unter die Haut«, wenn nicht sogar »ins Auge«.

Geld, Schmuck, Wertgegenstände

Laut Cayce sind Träume von *Schmuck, Geld* und anderen *Wertge-genständen* am höchsten einzuschätzen, wenn sie Symbole sind für Tugenden wie Geduld, Liebe, Langmut, Vergebung und andere hohe ethische Werte. Auf die materiellen, praktischen Ebene jedoch brauchen wir alle Geld, um in dieser Welt leben zu können, und so kann der Wohlstand in einem Traum auch einfach Wohlstand in der Realität bedeuten, nichts mehr und nichts weniger. Im ungünstigsten Falle stellt er den Preis dar, den wir bezahlen müssen für unsere Genuß- und Vergnügungssucht, für unser Unglück und die Abkehr von moralischen Wertvorstellun-gen. Dies wird in einem Traum häufig durch den Verlust einer Brieftasche oder des Geldbeutels gezeigt, die Wertvolles enthiel-ten, oder durch den ungeheuer hohen Preis für etwas, das uns letztlich zum Schaden gereicht.

Ein gutes Beispiel für den Verlust moralischer Werte finden wir im folgenden Traum eines jungen College-Mädchens, das der freien Liebe erlegen war: »Ich war mit meinem Freund auf einer Straße, die von einer roten Laterne beleuchtet wurde. Die Stadt war, glaube ich, Las Vegas. Einen Augenblick später trieb ich auf dem aufgewühlten Meer, hielt mich aber an meinem Geldbeutel fest. Ich wußte, daß ein wertvolles, edelsteinbesetztes Kreuz darin war, das ich nicht verlieren durfte. Ein kleiner Junge versicherte mir, es wäre schon in Ordnung, den Geldbeutel loszulassen, daß er versank. Als ich das Ufer erreichte, entdeckte ich zu meinem großen Schrecken, daß ich den Geldbeutel verloren hatte.«

Die rote Laterne stand symbolisch für einen Rotlicht-Bezirk und zeigte damit nicht nur die Gefahr an, sondern war auch ein Bild für die freie Liebe, der sich die junge Träumerin auf Anraten des »kleinen Jungen« ergeben hatte. Der kleine Junge selbst wies auf die mangelnde Reife solchen Denkens und Treibens hin. Las Vegas als Ort des Geschehens verstärkte die Warnung an das Mädchen, ihr geistiges Leben aufs Spiel zu setzen. Der kleine Junge im Traum war »derjenige«, mit dem das Mädchen sexuell Umgang hatte. Allein »auf dem aufgewühlten Meer« zeigte, wie ihre Seele dahintrieb und hin- und hergeworfen wurde. Der Verlust des Wertvollen, des Geldbeutels und besonders des edelsteinbesetzten Kreuzes schließlich deuten genau auf den Sinn und die Botschaft des Traumes: Die Träumerin sollte ihr Leben überdenken, an die Sicherheit des Ufers zurückkehren und über die Lehren Christi (Kreuz!) nachdenken – auch wenn dies eine Kreuzigung ihres niederen Gefühls und Verlangens bedeutete. Der Geschlechtstrieb sollte auf konstruktive, kreative Ziele gelenkt werden, bis die Ehe seinen Gebrauch auf körperlicher Ebene heiligte.

Bezüglich der »Umlenkung« oder Kanalisierung der körperlichen Energie meinte Cayce: **»Wenn du nicht bewußt danach strebst, ein Kanal für den Dienst an deinen Mitmenschen zu sein – was für ein Kanal willst du dann sein? Vielleicht ein Straßengraben, Bewässerungskanal, Gosse, Rinnsal? Das jedoch sind keine schöpferischen Dinge!« (254-99)**

Menschen, die davon träumen, Schmuck, Wertgegenstände, Gold- oder Silbermünzen auf dem (Lebens-)Weg zu finden, sind in den meisten Fällen stärker geistig orientiert als die Mehrzahl ihrer Mitmenschen. Dieser Traum zeigt gewöhnlich ein Wachstum von geistigen Eigenschaften an, oder er ist eine ermutigende Aufforderung, nach den geistigen Schätzen, dem wirklich Wertvollen im Leben zu suchen.

In den beiden folgenden Träumen sehen wir Anweisungen an den Träumer, sich und sein Leben zu bessern: »Als ich neun Jahre alt war, träumte ich, daß 12 Meter von einer mächtigen Eiche vor dem Grundstück, 1,20 Meter tief im Boden, zwei Kupferkessel vergraben wären, gefüllt mit Gold und Edelsteinen. Mit 35 Jahren hatte ich den gleichen Traum wieder.«

Cayce: **»Wie der Traum zeigt, existiert ein solcher Schatz. Er ist inzwischen gehoben worden. Nun stellt sich natürlich die Frage: Was soll dann der zweite Traum bedeuten? In der Analyse des Traumes finden wir die Warnung davor, daß die Informationen** (die in einem früheren Cayce-Reading gegeben worden waren) **nicht beachtet werden. In diesem Falle wird das Resultat genauso aussehen wie damals, als die Vision vom vergrabenen Schatz zum ersten Mal als Traumerlebnis zu diesem Menschen kam, das – wenn beachtet und befolgt – ihm hätte hilfreich sein können. Jetzt ist es unnötig, nach dem vergrabenen Schatz zu suchen. Gebrauche statt dessen die geistigen Schätze, die du**

**jetzt (im Innern vergraben) hast, und bringe sie zur An-
wendung, wie es der jetzigen Zeit und Stunde entspricht –
klar?« (4666-2)**

Auch folgender Traum wurde Edgar Cayce zur Analyse an-
vertraut: »Ich träumte, in Alabama in der Kirche zu sein. Eine
Kollekte wurde durchgeführt, und ein jeder gab großzügig. Auch
ich legte einen Geldschein dazu. Dabei versuchte ich, es einem
Freund gleichzutun. Als sie das Geld zählten, fanden sie eine 5$-
Note. Ich dachte, es wäre meine. Während der Aussprache begannen die Gemeindemitglieder über eine junge Dame zu reden, die
ich kannte. Ich verteidigte sie und trat in ihrem Interesse gegen
eine Frau für sie ein, die ihr feindselig gesonnen schien.«

Cayce: »**Dieser Traum stellt in bezeichnender Weise die
subjektiven Überzeugungen dar, die in diesem Menschen
zu beobachten sind. Er sollte verstehen, diese im täglichen
Leben und im geistigen Leben gegenüber jedermann zur
Anwendung zu bringen: nicht durch den Wunsch, es deinem Freunde gleichzutun, sondern eher – wie im Traum –
durch die Verteidigung dessen, der ungerecht behandelt
und beschimpft wird, wie du fühlst. Dann nähere dich, in
Demut und geistlicher Erfüllung von Herz und Sinn, den
verschiedenen Abschnitten des Lebensweges, der Entwicklung auf dem physischen Plane.« (341)**

Ein achtjähriger Junge aus meiner Verwandtschaft träumte,
einen Vierteldollar und ein Fünf-Cent-Stück statt des normalen
Vierteldollars als Taschengeld zu erhalten. Ich war gerührt, als ich
erfuhr, daß er, als er das letzte Mal sein Taschengeld bekam, seiner
Schwester zehn Cent davon abgab, die ihn darum gebeten hatte.

Ich erklärte ihm, der Traum hätte ihn nicht nur für seine
Großzügigkeit gelobt, sondern bedeutete auch eine Verheißung:
Solange er selbstlos lebte, würde er immer gewinnen.

Eine recht deutliche Botschaft bringt der nächste Traum: »Ich
träumte, ich müßte 40 Cent für eine Fünf-Cent-Tafel Schokolade
bezahlen.«

Der Traum teilte dem Träumenden den hohen Preis mit, den
sein Körper für den Genuß der Schokolade zu zahlen hätte.

Im folgenden Traum sehen wir, wie sehr Wissen mit Verantwortung verbunden ist: »Ich sah ein Mädchen Geld sammeln. Sie
ging in ein Geschäft und bat einen Mann, seine Rechnung zu
bezahlen. Der Mann sagte, es wäre noch mehr hinzugekommen,
und man sollte besser warten, bis alles geregelt ist.«

Cayce: »**Dieser Traum hält der Person die Notwendigkeit vor Augen, sich über sich selbst klar zu werden, indem der Träumer seine Begabungen – durch die praktische Nutzung – steigert und hierdurch die »Rechnung« für jene Einsichten und das Wissen begleicht, das er schon in Empfang genommen hat.«**

Hier erinnert uns Cayce wieder daran, daß »nicht gelebtes Wissen Sünde« ist.

Im folgenden sehen wir, wie Edgar Cayce das Symbol »Schmuck« im Traum einer verheirateten Frau deutete: »Ich träumte von Ringen an meinen Fingern, die sich zu biegsamen Brillantarmbändern öffneten; ich hatte einen ganzen Arm voll dieser Brillantbänder, bis zum Ellbogen. Ich war zu der Zeit zu Hause, ging aufs College und war so aufgeregt, daß ich beschloß, zu Hause zu bleiben. Jedenfalls hatte ich das Vorlesungsverzeichnis vergessen oder verlegt und konnte deshalb an jenem Tage nicht aufs College gehen. Ich hatte einen roten Pullover und Rock an. Meine Mutter drängte mich, zu Hause zu bleiben, damit ich mich an dem wunderbaren Schmuck freuen konnte.«

Cayce: »**Die Ringe an deinem Finger stehen symbolisch für deine Heirat. Daß sich die Ringe zu flexiblen Brillantarmbändern öffnen, zeigt an, daß dir ein ungewöhnlich begabter Knabe geboren werden soll. ›Ins College gehen‹ heißt, daß es nötig ist, sich gedanklich, körperlich und geistig darauf vorzubereiten. Es ist zugleich auch eine Aufforderung, sich bereitzumachen und vorzubereiten auf die Seele, die durch dich in diese Welt kommen wird, denn hiervon hängt es ab, wie sich das Kind körperlich, mental und spirituell entwickeln wird in dem Körper, den die Mutter für es bereiten wird.«** (136)

Der interessante Faktor ist hier die Bedeutung der Brillantarmbänder, die die Arme der jungen Frau bis zu den Ellbogen bedecken: Sie zeigen das kostbare Kind an, das auf diesen Armen einmal getragen werden wird. Hier tragen auch roter Rock und Pullover symbolisch zur Verheißung des neuen Lebens bei: Rot ist die Farbe des Blutes, das als Träger des Lebens nötig ist für unser körperliches Dasein.

Eine 23jährige Hausfrau hatte einen ähnlichen Traum, erhielt aber eine andere Interpretation. Sie träumte, ihre Schwägerin, eine geistig ausgerichtete Frau, hätte ein neues, flexibles Brillantarmband.

Cayce: »**Der Schmuck am Arm stellt die Vorbereitungen dar, die im Sinne jener stärkeren Bande unternommen werden, die diesen Menschen mit dem Geistigen auf dem Erdenplan verbinden durch die Anstrengungen jener im Physischen, die sich im Dienst an die geistigen Werte und Ideale hingeben.**« (140 D) Weil es unsere Hände sind, mit denen wir oft unseren Mitmenschen dienen, wurde der Schmuck am Arm gezeigt. Die »Schwägerin« war die Träumerin selbst.

Im nächsten Traum wird das Geistige durch einen Amethystring symbolisiert. Die Träumende sah ihren Ring in eine Presse gelegt, wo zu ihrem Entsetzen nicht nur der Stein in mehrere Teile zersprang, sondern auch seinen Glanz verlor. Sie brach in Tränen aus; als sie jedoch wieder hinsah, war der Amethyst wieder heil und strahlender als je zuvor.

Diese Frau stand unter der emotionellen Belastung eines Konflikts mit einem Freund, in dem es sogar zu harten Worten gekommen war. Die Reue folgte auf dem Fuß, und die Träumerin hatte die Versöhnung angeregt.

Für sie bedeutete der Amethyst die geistigen Eigenschaften Treue und Wahrheit; das Zerspringen des Steines zeigte symbolisch die Auswirkung der bösen Worte auf ihr höheres Selbst. Die Wiederherstellung des Edelsteines zu noch größerer Brillanz stand symbolisch für das Wachstum im Geistigen durch das Darbieten der »anderen Backe«.

Eine andere Studentin träumte, auf den Knien zu liegen und mit bloßen Händen drei Löcher zwischen Bürgersteig und Fahrbahn zu graben, um vor einem mächtigen alten Baum drei junge Palmen einzupflanzen. Sie wollte damit die Landschaft verschönern. An ihrem Finger entdeckte sie einen sehr teuren Ring. Er war aus Silber und stellte eine Schlange dar, die sich in den Schwanz biß. Der Stein am Ring war rein weiß und quadratisch mit je einem kleinen blauweißen Brillanten an den Ecken.

Ein Mann kam mit dem Auto und beschuldigte sie, den Ring gestohlen zu haben. Sie erwiderte ihm, das wäre nicht wahr, weil ein Freund ihn ihr geschenkt hätte.

In diesem Traum bedeutete das Schlangensymbol sowohl Weisheit wie auch Versuchung für die Träumerin; die Botschaft schien zu lauten: »Weisheit schluckt die Versuchung«. Die junge Frau assoziiert Palmen mit den sich entwickelnden spirituellen Kräften (Cayce) und dem Heiligen Land. Das Einpflanzen der drei Palmen schien anzuzeigen, daß die Träumerin gerade dabei war anzufangen, die Welt durch ihre spirituellen Aktivitäten zu verschönern. Der quadratische, weiße Stein mit den vier blauweißen Brillanten an den Ecken stand symbolisch für die Wahrheit oder das Göttliche im Innern, wie es sich in unserem täglichen Leben durch das Gleichgewicht in den vier niederen Bewußtseinszentren oder Chakras manifestiert.

In diesem Zusammenhang ist es interessant festzustellen, daß das auf der Brust getragene Amtsschild des Priesters in 2. Mose 28,16-17 viereckig war »mit vier Reihen voll Steinen«.

Die Beschuldigung, gestohlen zu haben, war eine Verurteilung der Träumerin durch ihr eigenes höheres Selbst dafür, daß sie sich als Verdienst anrechnete, was in Wahrheit unserem Schöpfer gebührte.

Die durch die Schlange symbolisierte Versuchung und die Mahnung, weise zu sein und Gott allein die Ehre zu geben, erklären auch den wertvollen Ring.

Statt mit einem quadratischen, weißen Stein haben wir es im folgenden Traum mit einem runden Rohdiamanten zu tun: »Ich hatte einen großen, runden Rohdiamanten, den ich vor dem Feind zu verbergen versuchte. Der Stein war zu groß, um ihn im Mund zu verstecken, so versuchte ich, ihn im Oberstübchen zu verbergen.«

Das Symbol des Kreises ist seit unvordenklichen Zeiten ein Symbol des Vollkommenen, ein Symbol Gottes gewesen, weil es die Ewigkeit darstellt – es hat keinen Anfang und kein Ende –; der rohe, ungeschliffene Diamant stellt die Träumerin selbst dar. Der »Feind« sind Aspekte ihrer selbst, die sie des geistigen Juwels im Innern berauben könnten. Die Idee, den Stein im Kopfe zu verbergen, bedeutete, daß das geistige Juwel, das geistige Wissen, einen praktischen Teil ihres Lebens und Denkens einnehmen sollte und nicht auf Lippenbekenntnisse (Mund!) beschränkt werden dürfte.

Auch im folgenden Traum von Elfenbein finden wir wiederholt Symbole für das Geistige im Menschen: »Ich träumte, eine Frau brächte mir einige kleine, schöne, weiße Elfenbeingegenstände, die instandgesetzt und verschönert werden sollten. Einige hatten die Form von Muschelschalen, von Gladiolen, auch eine kleine Elfenbeingeldbörse war dabei. Ich hielt sie alle für schön genug, die Frau jedoch und der Geschäftsinhaber, dem wir die Dinge zeigten, stimmten überein, daß man sie noch verschönern könnte.«

Hier bedurften die sittlichen Wertmaßstäbe des Träumers einer gewissen Verschönerung oder Wiederherstellung. Das Weiß des Elfenbeins deutete auf die Notwendigkeit einer größeren Reinheit in den Absichten des Träumers hin, die Kraft bringen würde. Die Muschelschalen, die aus dem Wasser kommen, versprachen größere Kreativität. Die Gladiolen verkörperten Freude und Schönheit des geistigen Lebens. Die elfenbeinerne Geldbörse verhieß den Überfluß im Mentalen und Materiellen, der nötig ist, um Gott und den Menschen zu dienen.

Ehe- und Verlobungsringe: Wie das Erscheinen eines königlichen Brautpaares im Traum eine Vereinigung mit dem höheren Selbst symbolisieren kann, so können auch Brautkleider, Ehe- oder Verlobungsringe die Verbindung mit dem Geistigen ankündigen.

Es gibt natürlich auch die Ausnahmen: So träumte ich zum Beispiel selbst, daß eine Bekannte (über 40jährig) in der Bibel las, und obgleich sie unverheiratet ist, sah ich einen Ehering an ihrem Finger.

Ich deutete den Traum dahingehend, daß sie durch ihre erneuerte geistige Suche (dargestellt durch das Bibellesen) einen Mann träfe, den sie später heiraten würde. Zwei Jahre danach lernte sie tatsächlich einen prächtigen Mann kennen, und sie heirateten.

Das Kreuz und andere geistige Symbole

In verschiedenen Formen erscheint das Kreuz als religiöses Symbol in den Träumen von Angehörigen der großen Religionen, seien es Christen, Juden, Moslems oder Hindus. Seit undenklichen Zeiten war das Kreuz Symbol für den Fall des Menschen vom Geist in die Verdichtung der Materie und für die Notwendigkeit, seine niedere, seine Tiernatur unter Kontrolle zu halten, zu kreuzigen. Zumindest das Christentum unterstützt diese Zusammenhänge. Schon das alte Symbol des Kreuzes, um das sich die Schlange windet, steht für des Menschen Fall in die Materie und für die Notwendigkeit, sein Kreuz auf sich zu nehmen, um auferstehen zu können, um hinaufgehoben werden zu können im Bewußtsein.

Eine Frau träumte, ein Mann gäbe ihr ein Kreuz. Sie küßte es, um das Andenken daran zu bewahren. Das Kreuz war aus grünem Jade; am Ende jedes Armes befand sich ein Querbalken aus Elfenbein. Am Fuß des Kreuzes wuchs ein Strauß Maiglöckchen. Links von den Blumen war ein Kamm aus Elfenbein und eine Klinge.

Der grüne Jade zeigte der Träumerin den Wert und die Kraft des Weges dessen, der der Weg ist, denn mit Grün assoziierte sie Heilung und Wachstum im Bewußtsein. Da auch das Meer zu den Assoziationen um Grün gehörte, bezog sich der Traum auf den geistigen Bereich. Die drei freien Arme des Kreuzes zeigten, welchen Einfluß Vater, Sohn und Heiliger Geist im Leben der Träumenden haben. (Laut Cayce stellt der Vater das Ganze des Menschen dar, der Sohn zeige sich im menschlichen Geist, der Heilige Geist jedoch die Macht des Geistes im Menschen, die – wenn in rechter Weise gebraucht – ihn in die Lage versetzt, in das geistige Bewußtsein zurückzukehren, von dem er einst abfiel.)

Elfenbeinerner Kamm und Klinge stellen grundsätzlich die Dualität allen Lebens dar: Gutes und Böses wirken zusammen für die Erlösung des Menschen. Kamm und Klinge sind Symbole für das Glätten und Ordnen von Problemen durch den Einsatz des Geistes (Kamm) oder das Herausschneiden ungehöriger Dinge aus dem Leben (Klinge). Das weiße Elfenbein (aus den Stoßzähnen der Elefanten) steht symbolisch für die große Kraft und Macht, die dem zukommt, der dem Weg des Kreuzes folgt. Es verheißt auch, daß mit dem Tod der Tiernatur in der Träumerin Schutz und Kraft für den Dienst zu ihr kämen. Die Maiglöckchen am Fuße des Kreuzes wollen Schönheit und Bescheidenheit ausdrücken, die den Charakter des Menschen veredeln, der sich zum Ziel macht, in Liebe und Dienst am Nächsten zu leben.

Eine Frau, die zweimal unglücklich verheiratet war, träumte, sie wäre mit einem gutaussehenden Mann verheiratet, dessen Äußeres jedoch dick geschwollene Drüsen an beiden Halsseiten störten. »Er lud mich auf sein schönes Gut ein, damit ich seine Mutter kennenlernen könnte. Sie war dünn und hager.

Er sagte, er könne mich in seinem eigenen Flugzeug bringen, wohin ich wolle. Ich antwortete, ich würde gerne ins Heilige Land reisen oder irgendwohin, wo Jesus einst gegangen war. Der Mann versprach mir, mich am nächsten Tage dorthin zu bringen. Am nächsten Morgen erschien er jedoch nicht. Oben am Himmel sah ich drei sehr große, schwarze Kreuze, die senkrecht standen. Drei lange, schwarze Pfeile zeigten längs der Kreuze zur Erde herunter.«

Alle Symbole dieses Traumes stellen Aspekte in der Träumerin selbst dar. Die geschwollenen Hals-Lymphknoten zeigten Krankheit an. So deuteten sie auf die Reaktion der Träumerin auf ihre unglücklichen Ehen hin: Männer waren ihr nicht mehr erwünscht.

Das »schöne Gut« jedoch enthüllte die tiefverwurzelte Sehnsucht der Träumerin nach einer erfüllten Ehe; das Bild der hageren Mutter stand dagegen für ein Leben ohne Liebe oder Freundschaft. Das Flugzeug und der Wunsch, ins Heilige Land zu gelangen, drückten ihre Hoffnungen und Ideale aus. Daß der Mann sie nicht dorthin brachte, zeigte die negative Haltung der Träumerin gegenüber Männern, die als Barriere zwischen ihr und dem erwünschten Lebensglück stand.

Die drei großen schwarzen Kreuze und die nach unten, auf die Erde weisenden Pfeile waren eine Aufforderung: Nimm deine schweren Kreuze im Physischen, Mentalen und Geistigen auf dich, und du wirst durch rechtes Leben auf der Erde das Heilige Land erreichen (oder den Bewußtseinszustand), in dem ER wohnt. Die drei Kreuze stellten auch die Männer in ihrem Leben dar.

Eine 40jährige Frau, die mit sich selbst im Widerstreit war, hatte drei aufeinander aufbauende Träume, die Symbole des Kreuzes und der Auferstehung enthielten. Der erste Traum war zwei Wochen vor Ostern: »Ich saß auf einer Schaukel, die aus dem Himmel herab zu hängen schien. Ich schaukelte über Berge und Täler und wollte gerade auf einer Bergspitze anhalten, als ich bemerkte, daß drei Männer mich beobachteten. So schaukelte ich weiter. Ich trug kurze, blaue Hosen, weil unsere Kleider am Berg in den Bäumen zwischen den Zweigen trockneten. Mein Mann war auf einem Hügel in der Nähe. Ich fragte ihn, ob die Kleider trocken seien. Er sagte, sie seien trocken, und so schwang ich mich an eine Stelle, wo ich abspringen wollte, als ich wieder die drei Männer sah. Ein Mexikaner kam mit einem Messer auf mich zu und versuchte, das Seil durchzuschneiden, um mich zu fangen. Ich trug meine Kristall-Weingläser in der rechten Hand, die es etwas erschwerten, sich in Sicherheit zu schaukeln. Dann wachte ich auf.«

Die drei Männer zeigten, wie verderbt die Träumerin in ihrem mentalen, physischen und spirituellen Selbst war, denn sie assoziierte Mexiko mit Brutalität und Unzivilisiertheit. Dieser Aspekt stand im Widerspruch zu ihrer Fähigkeit, irdische Dinge zu meistern (Schaukeln über Berge und Täler).

Die Schaukel »aus dem Himmel« zeigt das geistige Ziel des Menschen, das zur Meisterung eigensüchtiger Wünsche führen kann.

Der Mexikaner mit dem Messer verdeutlichte der Träumerin die Notwendigkeit, sich in bezug auf ihren Sexualtrieb zu läutern, außerdem hinsichtlich einer gewissen »Mañana«-Haltung, Pflichten, die eigentlich einer sofortigen Erledigung bedürften, leichterhand auf einen späteren Tag zu verschieben.

Die Weingläser in der Rechten der Schaukelnden zeigten an, daß der Alkohol ein weiterer Faktor war, der sie am Fortkommen hinderte.

Die kurzen Hosen und nassen Kleider stehen symbolisch für ihr unreifes Bewußtsein.

Der zweite Traum folgte zwei Wochen später, an Ostern. Hier sehen wir, daß die drei Männer nun keine Bedrohung mehr darstellten: »Ich befand mich zusammen mit drei Männern in einem Zimmer; vor uns lag eine in königlichen Purpur gehüllte

Mumie. Die Gazebinden über ihrem Gesicht sahen aus wie das Visier eines Kreuzfahrers. Ein silbriges Kreuz war in den purpurnen Stoff eingewebt. Ich wußte, daß eine Auferstehung bevorstand, und fürchtete mich. Da begann die Gestalt sich zu regen, erhob sich und stand schließlich vor uns. Ich wollte voller Schrekken aus dem Zimmer rennen, als ich aber sah, daß die drei Männer keine Angst hatten, schloß ich wieder die Tür und kam zurück.

Die Gestalt begann die Binden von ihrem Gesicht zu lösen, und ich sah die ungewöhnlich tiefen Augen mit einem durchdringenen Blick. Der zum Leben Erweckte küßte die drei Männer und sagte dann zu mir. ›Oh, Dank auch dir, Marie!‹ Dann küßte er mich auf die Wange, und ich erwachte voller Freude.«

Dieser Mann verhieß der Träumerin, einer Christin, ein spirituelles Erwachen im Innern. Die Gestalt, die Marie dafür dankt, daß sie ihr half, ins Leben zurückzukommen, ist ihr Gewahrsein, daß die verheißene Wiederkunft Christi nur durch das Handeln jedes einzelnen auf der Erde ermöglicht würde.

Der dritte Traum folgte drei Monate später, und wieder sehen wir deutliche Fortschritte: »Ich sah eine Vision am Himmel. Zuerst sah es aus wie ein wunderschöner Sonnenuntergang, aber als ich es dann bewundernd betrachtete, wechselte das Bild, und ich begann, sechs oder sieben Reihen mit je sieben Madonnenbildern zu sehen. Sie erschienen alle in verschiedenen Haltungen, fütterten und hielten das Baby.

Zur Rechten erschien eine Gestalt in reinem Weiß, die ich zuerst für die Jungfrau Maria hielt. Die Gestalt war aber Jesus, der die Arme ausgebreitet hatte und drei menschliche Gestalten segnete; zwei von ihnen halfen dem dritten aus dem Grabe heraus. Ich mußte an die Erweckung des Lazarus denken.«

Die Madonnen in sieben Reihen, die – in verschiedenen Haltungen – für ihr Kind sorgten, sprechen für die Gegenwart des geistigen Bewußtseins oder des Christus im Innern. Die Zahl Sieben bezieht sich auf die Siebenzahl der Bewußtseinszentren oder Chakras im Menschen. Der Segen Jesu gilt nun den drei Gestalten. Zwei von ihnen heben die dritte aus dem Grabe, was für ein Erwachen des dritten Aspektes der Heiligen Dreifaltigkeit spricht. Der Segen Jesu für die drei Gestalten zeigt auch ein Erwachen oder Wachstum der Kraft an.

Den eigenen Namen im Traum gerufen hören, das ist ein Erlebnis ähnlich des Propheten Samuel im Tempel, als er ein Kind war.

166

Unter geistig ausgerichteten Menschen ist es jedoch ganz und gar nicht außergewöhnlich.

»Ich wachte mehrere Male auf, da ich meinen Namen rufen hörte. Das ging so über einen Zeitraum von mehreren Wochen. Dann folgten Träume, in denen ein lautes Pochen tief aus meinem Innern zu kommen schien. Das weckte mich auch aus dem Schlaf. Als ich eines Nachts im Bett lag und mich fragte, was dies alles wohl bedeutete, da erschienen vor mir in einer Art Vision die Buchstaben ›J‹ und ›C‹ in strahlendem Weiß.«

Dieser Traum ist die Sprache des Überbewußtseins, das die Träumerin zu größerem spirituellem Dienst aufruft. Es ruft auch den Christus-Geist in den Sinn, der an der Herzenstür pocht und wartet, eingelassen zu werden (J und C: Jesus Christus). Der Traum erinnert die Träumende zudem an die Verheißungen, die die Bibel jedem einzelnen macht.

Lampen und Lichter: Hier geht es um geistige oder mentale Erleuchtung oder einen Mangel daran; das hängt wie immer von persönlichen Assoziationen, Erlebnissen und Bedeutungen ab.

»Ich sah, wie die Straßenlaternen geputzt wurden«, war ein Traum, der Edgar Cayce zur Deutung vorgelegt wurde, worauf er antwortete: »**Durch diesen Menschen werden die höchsten Gedanken manifestiert. Dies geschieht als Resultat der Tatsache, daß er den mystischen oder medialen Zustand erreicht hat.**« (137)

Im folgenden Traum symbolisieren Lichter das Versagen der Träumerin: »Ich sollte einen Vortrag vor einer Gruppe Menschen halten. Ich versuchte, mehr Lichter einzuschalten, aber viele der Birnen waren ausgebrannt. Dann konnte ich mein Vortragsmanuskript nicht finden. Ich entschuldigte mich bei den Zuhörern mit den Worten ›Sonst ist es nicht so!‹«

Die Unfähigkeit, die ausgebrannten elektrischen Birnen zu ersetzen und das Vortragsmanuskript zu finden, symbolisiert das Versagen der Träumenden, das eigene Licht brennend zu halten, sei es durch tägliche Meditation oder durch Verwirklichung dessen, was sie predigte. Jesus sagte einst: »Mag denn auch ein Blinder einem Blinden den Weg weisen? Werden sie nicht alle beide in die Grube fallen?« (Lk 6,39)

Regenbogen: Der Bibelkundige verbindet den Regenbogen am Himmel mit Gottes Versprechen an Noah, daß die Erde nie mehr ganz überflutet würde. Daher weist ein Regenbogen im Traum allgemein auf Gottes Verheißungen an den Menschen hin.

Cayce wies darauf hin, daß Visionen oder Träume mit Symbolen wie Engel, Sonne, Mond, Sterne, Kometen, Luftschiffe und andere *helle Himmelskörper* oft spirituelle Ideale vorstellen. Einem Piloten oder Flugzeugmechaniker jedoch mögen sie ganz andere Botschaften überbringen.

Wann immer in einem Traum ein himmlisches Licht verborgen ist oder erlischt oder ein Flugzeug vom Himmel abstürzt, kann man mit einiger Sicherheit annehmen, daß der eine oder andere Aspekt im geistigen Leben des Träumenden zu Schaden gekommen ist. Die Ursache eines solchen Traumes kann ein Streit sein, der Gedanken der Rache und Vergeltung zurückließ, oder die Schadenfreude, andere vom Unglück getroffen zu sehen, oder ein taubes Ohr und abweisendes Herz, wenn andere einen um etwas bitten, oder eine andere, rein egoistische Aktion oder Reaktion.

Wir brauchen Licht in unserer physischen Welt, um sehen zu können. Um lernen zu können, brauchen wir Licht in unserem Denken. Noch wichtiger ist das Licht auf spiritueller Ebene, um den Einblick zu haben, der uns geistige Realitäten wahrnehmen läßt.

Die Notwendigkeit, den Blick, die Orientierung nach oben gerichtet zu halten, verdeutlicht der folgende Traum eines Studenten: »Ich ging auf einer Landstraße und sah auf zu einem sternenübersäten Himmel. Als ich so zu den Sternen hinaufblickte, begannen sie sich in die lächelnden Gesichter von Engeln zu verwandeln. Ich blickte wieder hinab auf die Straße. Als ich wieder hinaufsah ans Firmament, hatten die Sterne wieder ihr früheres, normales Aussehen angenommen.«

Dieser Traum gibt Zuspruch und verheißt innere Führung. Die Sterne und Engel bedeuteten für diesen Studenten der Theologie die Zustimmung des Himmels.

Der Traum brachte jedoch auch eine Warnung mit: Wenn der junge Mann den Blick zu weit vom Geistigen abwendete (auf die Straße niedersähe), verlöre er die Freude und Schönheit, die ein Leben im Einklang mit dem Himmlischen mit sich bringt (lächelnde Engel).

Die *Sonne* als Symbol für Gott, für Religion und geistige Prinzipien zeigt sich im folgenden Traum: »Ich befand mich auf der Sonne. Eine Frau war bei mir. Die Sonne war fest, nicht so gasförmig und explosiv, wie man glaubt, daß sie sei. Ihre Farbe war ein lebhaftes Gelb-Orange. Ich hatte einen Geologenhammer und wollte damit ein Stück von der Sonne losschlagen und auf die Erde mitbringen, um es den anderen zu zeigen.«

Die Assoziationen des Träumers waren folgende: »Zur Zeit des Traumes bezweifelte ich die Existenz einer höheren Macht und hatte beschlossen, mir eine persönliche Entscheidung hierüber vorzubehalten, bis ich einen Beweis hätte oder ein Zeichen erhielte. Bei der Analyse des Traumes wußte ich, daß frühere Kulturen und Völker die Sonne anbeteten. Meine christliche Erziehung und die Worte Jesu ›Ich bin das Licht der Welt‹ führten mich zu der Erkenntnis der Bedeutung dieses Traumes.«

Der Traum teilte ihm also mit, daß Gott tatsächlich, real war, fest gegründet auf der Wahrheit. Er zeigte ihm auch an, daß er diese Erkenntnis anderen überbringen sollte.

Der Traum stärkte den schwankenden Glauben des Träumers, bis weitere, persönliche Erlebnisse ihn zum Wissen führten.

»Glauben«, so sagte Cayce, **»ist eine innere Gewißheit um Gott, das sich auf die Erfahrung, die eigenen Erlebnisse gründet. Er bringt Vertrauen und die Fähigkeit, allezeit zu wissen, was zu tun ist.«**

Religiöse Leitgestalten

Die geistigen Führer früherer Zeiten erscheinen häufig in Träumen. Manchmal sprechen sie, meist sieht sie der Träumende jedoch nur oder weiß nur von ihrer Anwesenheit. Ob es sich nun um Mose, Mohammed, Buddha, Jesus oder Mahatma Gandhi handelt, spielt in einer Beziehung keine Rolle: Die Anwesenheit solcher Persönlichkeiten im Traum ist eine Aufforderung an den Träumenden, Eigenschaften wie Liebe und Dienst am Nächsten so zu verkörpern, wie die Gestalt im Traum es einst tat.

Träume dieses Typs sind immer wichtig. Religöse Gestalten können auch ein Hinweis dafür sein, worüber Carl Gustav Jung oft gesprochen hat: das andere Selbst, das wir nicht kennen, das aber in Träumen zu uns spricht, das uns sagt, wie es uns und unser Verhalten sieht, und das uns oft zeigt, wie wir handeln sollen. Dieses »hohe« Selbst erscheint in Träumen oft als eine sehr große, schlanke Gestalt. Befolgen wir seinen Rat, ergeben sich oft Lösungen von Problemen, die wir für unlösbar gehalten haben.

Die Erscheinung von Engeln in Träumen kann auch ein Hinweis auf die höchsten spirituellen Kräfte in unserem Leben sein. Könige, Lehrer, Priester, Nonnen, Krankenschwestern, Polizisten und ähnliche Erscheinungen haben grundsätzlich die gleiche Bedeutung.

Ein 14jähriges Mädchen träumte, sie begegnete einem weiß gekleideten Engel, der auf einem braunen Pferd saß. Er teilte ihr mit, sein Name wäre »Slošik«; er buchstabierte ihn genau, damit sich die Träumerin daran erinnern könne. Der Engel verließ sie wieder mit dem Versprechen, allezeit mit ihr zu sein.

Dann beobachtete sie, wie ihre jüngere Schwester, ein lebhaftes Kind, in einen hell beleuchteten Tunnel ging, wo ein Gladiator sie erwartete. Die Träumerin selbst hatte starke Zweifel, ob sie ihrer Schwester in den Tunnel folgen sollte oder nicht. Dort begannen der Gladiator und das kleine Mädchen zu kämpfen. Als die Kleine siegte, verwandelte sich der Mann in Jesus.

In diesem Traum sind Lebhaftigkeit, Fröhlichkeit und Mut die Katalysatoren, die Schutz und Macht des Göttlichen herbeiziehen.

Der Tunnel ist das Unterbewußtsein des Mädchens; die braune Farbe des Pferdes spiegelt ihre melancholische Art wider, die es zu ändern gilt.

Der Engel Slosik steht symbolisch für ihr höheres Selbst, das sie ermutigt, ihrem Leben mit Fröhlichkeit zu begegnen, denn sie ist recht scheu. Die jüngere Schwester verkörpert Lebhaftigkeit, Fröhlichkeit und Mut, die der Träumerin selbst fehlen. Der kämpfende Mann ist ein Aspekt ihrer selbst, der durch die Entwicklung der positiven Eigenschaften – die in der Schwester verkörpert sind – besiegt werden muß.

Die Verwandlung des Kämpfers in Jesus ist eine andere Spielart des Motivs der Schönen und der Bestie – la belle et la bête –; der Einsatz geistig wertvollen, selbstlosen Tuns verwandelt die Bestie in einen schönen Prinzen.

Einer der faszinierendsten Aspekte dieses Traumes ist der Name des Engels, Slosik, denn wann immer er fiel, mußte die junge Träumerin schallend lachen. So verkörperte »Slosik« Optimismus angesichts von Problemen.

Die Botschaft des Engels auf dem Pferderücken war also, daß das Mädchen mit Optimismus und Lachen ihre Probleme meistern könnte.

Der nächste Traum, in dem Jesus erscheint, stammt wieder aus den Cayce-Archiven. In dem Traum näherte sich ein Mann einer Gruppe von Menschen in einer Hotelhalle. Der Träumer erzählt: »Zuerst sah er aus wie ein Hoteldetektiv, aber als er näherkam, hatte ich das Gefühl, es sei Jesus Christus.«

Cayce interpretierte diesen Traum folgendermaßen: »**In diesem Traum – so sehen wir – kommt eine Botschaft; sie kommt zu vielen (der Menschengruppe in der Hotelhalle), aber auch zum Träumer selbst. Sie will von Mensch zu Mensch weitergegeben werden. Sie handelt von den dem Menschen innewohnenden, spirituellen Kräften, die ihn leiten werden.**

Diese Botschaften können dieser Person so wichtig werden wie das Kommen, Leben und Vorbild Christi, das der ganzen Welt galt. Diese geistigen Kräfte können für diese Person ebenso hilfreich sein – wenn sie geistig angewandt werden.« (137D)

Im folgenden Traum wird ein Mitglied der Studiengruppe der A. R. E. Zeuge eines Gesprächs zwischen ihrer Schwiegermutter und Jesus:

»Ich träumte, Johns Mutter betete für ihren Sohn. Plötzlich stand Jesus vor ihr. Sie fragte ihn: ›Wie steht es um meinen Sohn John?‹ Jesus antwortete und sprach: ›Er ist befähigt, die Erde zu bereichern.‹ Dann fragte sie: ›Und wie steht es mit meiner Schwiegertochter?‹ Jesus antwortete: ›Es steht gut.‹«

Dieser Traum betonte die Macht des Gebets, denn die Schwiegermutter betete wirklich. Er enthielt auch ein präkognitives Moment, denn durch das gemeinsame Wirken von John und seiner Frau, der Träumerin, wurden viele Menschen zurück auf einen geistig ausgerichteten Lebensweg geleitet, und das bereicherte die Erde.

In einem anderen Traum betet ein Mann in der Not: »Wenn ich nur Jesus sehen könnte! Wenn ich nur mit ihm sprechen könnte!« Dann versank er in Halbschlaf, in dem er die Worte vernahm: »Worum würdest du Jesus bitten?«

Da erkannte der Mann plötzlich, daß er schon wußte, was Jesus ihm antworten würde: daß er weiterhin Geduld und Vertrauen haben und ehrlich bleiben sollte. So könnte er sich über seine Probleme erheben, bevor sie so mächtig würden, daß sie ihm über den Kopf stiegen.

Ein Mitglied der Gebetsgruppe der A. R. E. hörte wiederholt eine Stimme im Traum, die sagte: »Fürchte dich nicht, ich bin es.«

Die Frau fragte Edgar Cayce: »Warum wird mir so oft gesagt ›Fürchte dich nicht, ich bin es‹?«

Cayce antwortete: **»Weil Er zu dir kommen will.«**

»Ist dieser ›Ich‹ also Jesus? Sollte ich Ihn nicht erkennen, wenn Er mir erscheint?«

Cayce: **»Du sollst Ihn erkennen, wie Er dich kennt, denn Er wird dich bei deinem Namen nennen.«**

»Warum sollte ich mich dann fürchten?«

»Zweifel und Angst sind uns eingeboren, und so wirst du im Traume aufgefordert, dich nicht zu fürchten, damit sie dich nicht überkommen.« (281-10 A)

Ein anderes Mitglied der Gruppe fragte: »Ich sah alle Namen auf unserer Gebetsliste wie die Noten der Musik. Das Gebet für die Kranken erreichte Christus, den Meister aller Musiker, der die Noten zu spielen begann; es klang durch und durch harmonisch. Ich hatte das Gefühl, dies war ein Bild der geistigen Schwingungen beim Heilungsvorgang. Funktioniert Heilung tatsächlich auf diese Weise?«

Cayce: »**Das ist ein sehr schönes Bild... Glaube aber nicht, das sei alles! Keines Menschen Geist vermag zu erfassen, was durch die Kraft des Meisters der Musiker vollbracht werden kann. Die Heilungs-Schwingungen können ebenso mit dem Bild einer sich entfaltenden Rosenblüte verglichen werden, oder den Schwingungen des Gesanges der Frösche, oder sogar mit solchen Schallschwingungen, die dir selbst schädlich sind, ebenso wie mit jenen, die dir Harmonie und Frieden bringen.**«

Diese Antwort sollte die Fragerin darüber informieren, daß Heilung auf vielerlei Weise stattfinden kann, was auch abhängt von der Einstimmung oder dem Bewußtsein des einzelnen.

Der nächste Traum eines Mitglieds der Studiengruppe der A. R. E. handelt auch von Jesus: »Ich träumte, ein Farbbild von Jesus zu sehen. Seine Augen wanderten mir nach, als ob Er versuchte, mich zu fixieren.«

Die offensichtliche Bedeutung dieses Traumes war, daß die Träumerin etwas vom Wege abgekommen war; Jesus stellte ihre geistigen Bemühungen dar, wieder klare Sicht zu gewinnen.

Nach dem Gespräch kamen die Träumerin und ich zu dem Schluß, daß Abkürzungen, die sie damals suchte, ihr den Blick versperrten: Sie hatte sich etwas zu oberflächlich mit dem Spiritismus beschäftigt, ungeachtet der Warnung in den Readings Edgar Cayces, daß wir das Geleit, die Führung von ganz oben anstreben sollten, möglichst also vom Göttlichen allein.

In einem anderen Traum erleben wir: »Ich träumte, das leidende Gesicht Jesu zu sehen. Eine Hand blutete. Gleichzeitig vernahm ich im Innern die Worte: ›Ihr habet mich nicht erwählet, sondern ich habe euch erwählet. Siehe, ich bin bei euch alle Tage bis an der Welt Ende.‹« (Jh 15,16; Mt 28,20)

Cayce: »**Sei du – wie im Traum gezeigt – Seine Hand und Sein Antlitz für andere, so daß auch sie die Herrlichkeit (im Dienst) des Herrn in ihrem Leben kennenlernen und selbst erleben. Es geht nicht um die großartigen Taten, sondern um die kleinen Freundlichkeiten, Tag für Tag. Das Traumerlebnis, die Vision Seiner blutenden Hand und Seines leidenden Antlitzes ist eine Aufforderung an dich. Bete allezeit! Wenn du willst, dann meditiere oft über dem Gedanken, daß Er mit dir geht. Durch deine Anstrengungen, dein Durchhalten und deine Entschlußkraft hilfst du wirklich, andere auf dem Weg des Herrn zu halten!**« (540-18)

Die Träume zweier Geschäftsleute geben die gleiche Aufforderung wieder. Der eine sah sich im Traum ein Loch graben, in
das das Kreuz Jesu gestellt werden sollte; der andere sah Jesus am
Kreuze weinen.

Ich glaube, Cayce hätte dazu gesagt, daß die beiden Träumenden durch ihr nicht heiligmäßiges Handeln und Tun Jesus in sich
selbst erneut kreuzigten. Denn Jesus sagte selbst: »Wahrlich, ich
sage euch, was ihr getan habt einem unter diesen meinen gerings-
ten Brüdern, das habt ihr mir getan.« (Mt 25,40)

»Eine große Gestalt, die in reines Weiß gekleidet ist und
umgeben von einer riesigen Menschenmenge, tadelt mich, weil
ich Fragen über Gott gestellt habe.«

Cayce: **»Es gibt ein sehr wichtiges Gesetz, nach dem die, die
nach Wissen über Gott trachten, dies zum Wohle und
Heile anderer tun sollen. Strebt man nur mit dem Ziele
danach, das eigene Ego aufzublasen und es über andere zu
stellen, wird das zu einem abträglichen Erlebnis führen.
Eher sollte das Wissen aus Träumen und Visionen an eine
sterbende Welt weitergegeben werden. Gib es jenen Menschen, die sich dem Weg des Lebens, dem lebendigen Wasser des Lebens nähern, auf daß sie gefestigt werden auf dem
heiligen Pfad, der zum Ewigen führt. Solches Vorgehen
wird dir dann jenes Gefühl bringen, die innere Ruhe. Wenn
andere Menschen ihrer gewahr werden, wissen sie, daß sie
eine Seele vor sich haben, die sich schon dem Throne
genähert und das strahlende Licht mit sich zurückgebracht
hat, jenes Licht, das in der Nacht hell leuchtet und uns bei
Tage als große Wolke führt (2 Mo 13,21). Es wird Stärke
verleihen und Kraft mit sich bringen und alle Zweifel,
Angst, Enttäuschung und Mißtrauen in solche Tiefen ver-
bannen, daß nur das echte, heilige Licht durch dich scheinen wird; es wird viele leiten auf dem Weg, der zum ewigen
Leben führt.«** (540-18)

Cayce wurde von einem Traum erzählt, in dem die Träumerin
einen Mann mit grauem Bart sah, »gekleidet in reines Weiß, wie
die Wolle eines Schafes. Es beeindruckte mich so, daß ich sagte:
›Ich kann das nicht glauben.‹ Dann sah ich, wie er meine Mutter
am Arm faßte und mit sich ins Licht nahm.«

Cayce: **»Dies – so sehen wir – war für dich eine Darstellung dessen, der das Lamm ist, des Heilands. Denn, wie
geschrieben steht, durch ihn ist der Weg bereitet worden**

zum Thron der Gnade, Barmherzigkeit und Vergebung. Folgen wir ihm nach – wie seine Worte sagen –, so kann alles ins Licht geführt werden.«

Bezugnehmend auf die Kleidung, die »reines Weiß, wie die Wolle eines Schafes« war, kam folgender Kommentar: »Die Wolle – auch wenn sie noch so rot ist wie Karmesin – soll weiß werden durch den Gehorsam gegenüber Seinen Gesetzen und Geboten; diese weisen allen den Weg zu jenem großen, weißen Licht.« (136D)

Im folgenden Traum eines 18jährigen jungen Mannes spielt Moses die Hauptrolle: »Ich träumte, zusammen mit Moses einen Berg hinaufzusteigen. Auf halber Höhe hieß Moses mich, wieder hinunterzugehen. Ich blieb stehen und sah ihm nach, bis er inmitten von Blitzen auf dem Berggipfel verschwand.«

Dieser Traum gab dem geistlich orientierten, christlichen Jugendlichen einen wichtigen Hinweis; der Träumer wollte gerne ein geistliches Amt bekleiden. Im Traum begleitete er Moses den Berg hinauf, um die Gesetzestafeln zu empfangen. Die Aufforderung Moses' an ihn, wieder umzukehren, betonte, wie wichtig es ist, die Mitmenschen »unten« im Alltag in das geistig ausgerichtete Leben einzuführen. Moses, der sein Volk aus der Knechtschaft in das verheißene Land führte, legt besonderes Gewicht auf diese Weisung. Die Blitze waren eine Darstellung der Kräfte von oben, die den Träumer nicht nur umgeben würden, wie er es bei Moses sah, sondern ihm auch Schutz gäben.

Eine christliche Frau, die Mahatma Gandhi verehrte, träumte, in einem großen, schönen Raum zu sein. Drei Geschenke wurden ihr angeboten. Es waren eine funkelnde, goldene Schatulle, ein elfenbeinerner Kamm und ein Stück »Elfenbein«-Seife. Sie nahm Kamm und Seife, als sie sich jedoch vorbeugte, um auch die Schatulle zu nehmen, die auf dem Boden lag, betrat Mahatma Gandhi den Raum und schüttelte warnend den Kopf.

Die Träumerin assoziierte mit dem Namen und der Gestalt Mahatma Gandhis Eigenschaften wie Selbstverleugnung und Hintanstellung materieller Wünsche. Der elfenbeinerne Kamm und die Seife standen für Ordnung und Reinheit in Gedanken und Tun, wie sie notwendig waren für ein erfolgreiches Leben, wohingegen die goldene Schatulle für die Versuchung und Ablenkung vom Wesentlichen stand, die der rein materielle Erfolg mit sich bringen kann. Durch die Warnung Gandhis war sie geschützt und gestärkt worden.

Eine meiner Bekannten, eine Studentin der vergleichenden Religionswissenschaften, träumte von einem menschlichen Körper, der – in ein purpurnes Tuch gehüllt – auf einem Tisch im Leichenschauhaus lag. Sie ging darauf zu, berührte die Gestalt und sagte: ›Wach auf, Marc Aurel!‹ Der Körper bewegte sich und setzte sich auf.

Als sie mit mir über ihren Traum sprach, war sie sich hinsichtlich des Namens Marc Aurel nicht mehr ganz sicher. Sie las die *Selbstbetrachtungen* dieses römischen Kaisers und fand Abschnitte daraus – wie zum Beispiel den Satz: »Ist es nicht ziemlich, so tue es nie, ist es nicht wahr, dann sage es nicht, denn dein Handeln sollst du immer unter Kontrolle haben« – sehr passend auf ihre derzeitige Situation emotioneller Belastungen und Spannungen.

Die Farbe Purpur war symbolisch sowohl für die Königswürde wie auch für die Geistlichkeit. Der Traum wollte die Träumerin also zu einem höheren Bewußtseinszustand und Handeln wecken.

Im nächsten Traumerlebnis finden wir eine Situation, die der Versuchung Jesu ähnlich ist: »Ich ritt mit jemandem auf die Spitze eines Berges. Er zeigte mir eine herrliche Aussicht auf das Land, das unter uns ausgebreitet lag.«

Cayce: »**Der Ritt auf den hohen Berg ist eine Darstellung der Entwicklung des Geistes auf ein vollkommeneres Verständnis der Dinge zu. Die herrliche Aussicht weist auf die innewohnenden Fähigkeiten hin, Reichtümer oder materiellen Besitz zu erwerben.**

Die Lehre dieses Traumes ist: Laß nicht zu, daß materieller Besitz und Reichtümer an deinem Denkvermögen und an der geistigen Kraft zehren. Christus sagte einst: ›Was hülfe es dem Menschen, wenn er die ganze Welt gewönne und nähme doch Schaden an seiner Seele?‹ (Mt 16,26)«

Die folgende Geschichte stammt aus dem Buch *The Autobiography of St. Therese of Lisieux* (»Die Autobiographie der hl. Thérèse vom Kinde Jesus«) und ist ein Beispiel für prophetische Warnträume. Sie ereignete sich im Jahre 1911 in Dalkey in der Nähe von Dublin, Irland.

»Ein 72 Jahre alter Mann zeigte schon seit langer Zeit eine besondere Hingabe an die ›Kleine Blume‹. Er kann weder lesen noch schreiben, aber seine Schwester las ihm aus dem Leben von Sr. Thérèse vor, und er trug immer ein Bild von ihr bei sich.

Eines Morgens zu der Zeit, als er sich schon zur Arbeit hätte fertig machen sollen, merkte seine Schwester, daß er noch nicht fertig war und... fragte ihn, was denn geschehen wäre. ›Ich habe das kleine Blümchen gesehen‹, antwortete er. ›Ich weiß nicht, ob ich wach war oder schlief, aber ich sah sie deutlich, und sie sagte zu mir: 'Geh' heute nicht zur Arbeit...'‹

Und er ging an jenem Tage nicht zu Arbeit. Es begab sich aber, daß an diesem selben Tage ein anderer Mann, der in demselben Steinbruch arbeitete, von einem schweren Unglück getroffen wurde, dem unser Freund wohl zum Opfer gefallen wäre, hätte ihn nicht Sr. Thérèse gewarnt. Der große Stein kam genau an der Stelle herunter, an der er gewöhnlich arbeitete.«

Hier stellt sich nun die Frage, warum nicht alle Menschen Träume haben, die ihnen so hilfreich sind.

Laut Cayce ziehen gute Absichten, unterstützt durch ebensolches Tun, besondere Führung und Schutz von oben nach sich. Unter guten Absichten verstand Cayce hohe Ideale und selbstlose Ziele. Ein Mensch, der versucht, im selbstlosen Dienst für andere zu leben, wird nicht nur von den unsichtbaren Mächten durch Träume und Visionen Schutz und Führung erhalten, sondern auch durch die Höherentwicklung seiner Intuition. Diese umfaßt alle Eigenschaften, die man gewöhnlich als ASW (außersinnliche Wahrnehmung) zusammenfaßt.

Im folgenden Traum, der ein ziemlich klares Bild der Menschheit im allgemeinen gibt, finden wir einen Tadel an die Adresse der Träumenden:

»Ich ging mit meiner Mutter zu einer Kunstausstellung. Die Leute dort betrachteten alle Bilder bis auf eines, das sie alle zu meiden schienen. Es handelte sich hierbei um einen vielfarbigen Wandteppich. Bei näherer Betrachtung entdeckten wir jedoch einen kleinen, schmalen Weg. Im nächsten Augenblick befanden wir uns selbst auf diesem Pfad, der ganz von goldenem Licht umgeben war. Der Weg – der wohl nie betreten wurde – war von knöcheltiefem Staub bedeckt. Wir gelangten zu drei weißgekleideten Männern mit langem Haar, die mit dem Rücken zu uns standen. Sie schienen unsere Anwesenheit nicht zu bemerken. Der dritte Mann war Jesus; ich zögerte jedoch, ihn anzublicken, und so wandten Mutter und ich uns um und befanden uns wieder in der Kunstausstellung.«

Die Kunstausstellung stand symbolisch für die Haltung der Träumerin im Leben: sie war mehr Zuschauerin als Handelnde.

Der bunte Gobelin brachte eine Darstellung des menschlichen Lebens und seines Zieles, des schmalen Weges, »der zum Leben führet« (Mt 7,14). Die Weigerung oder das Zögern der Träumerin, ihrer Aufgabe im Physischen, Mentalen und Geistigen ins Auge zu sehen und das physische Leben zu vergeistigen, wird symbolisch gezeigt durch die drei Gestalten – sie stellten das dem Geistigen hingegebene Leben auf den drei Ebenen dar –, deren Rücken der Träumenden zugewandt sind. Sie ist es, die zugleich einem sinnerfüllten Leben den Rücken zukehrt. Der wohl nie betretene, staubige Weg, der umgeben ist von goldenem Licht, ist der eine, heilige Weg. Die Weigerung der Träumerin, vor Jesus zu treten, und ihre Umkehr in die Kunstausstellung sind nur eine Wiederholung und Verstärkung der Lehre und Aufforderung dieses Traumes: Gehe in allen Dingen auf dem Pfad des Lebens, dem heiligen Weg! Ohne Zweifel bezog sich diese Ermahnung auch auf ein aktuelles Problem, dem entgegenzutreten die Träumerin sich weigerte.

Auch im folgenden Traum kommen drei Gestalten vor, und wiederum geht es um die Unentschlossenheit: »Zu meiner Rechten sind drei Mönche, zu meiner Linken sitzt eine hübsche, wohlgeformte Blondine. Ich stehe in der Mitte und sehe vor mir eine Straße, die nach rechts führt, in ein wunderschönes, sonnenbeschienenes Tal, das in der Ferne liegt.«

Dieser Mann hatte an einem Traumseminar teilgenommen, das – wie der Leser ja schon weiß – die wirklichen, geistigen Ziele des Lebens betont. Der Traum legte dem Träumenden nahe, eine Entscheidung für sein Leben zu treffen: zwischen einem beherrschten Leben mit spiritueller Ausrichtung (symbolisch dargestellt durch die drei Mönche: drei Ebenen physisch – mental – spirituell) und dem rein materiellen und materialistischen Leben, dargestellt durch die verführerische Blondine. Die Mönche sind im Traum auf der rechten Seite, der richtigen Seite also; das Mädchen sitzt auf der linken, der falschen Seite. Die Straße, die der Träumer vor sich sah, führte nach rechts, in ein wunderschönes Tal. Sie zeigt klar, daß der Weg der Moral und Reinheit zu Frieden und Schönheit führen würde – wenn der Träumer ihn wählte.

Der folgende Traum, in dem Jesus und der Teufel erscheinen, führt uns einen Konflikt vor Augen, der zwischen dem höheren und dem niederen Selbst der träumenden Frau besteht: »Der Teufel erschien vor mir und sagte wiederholte Male ›Ich habe dich! Ich habe dich!‹ Hinter dem Teufel jedoch stand Jesus, der sein gesenktes Haupt schüttelte, mich jedoch nicht anblickte.«

Diese Frau war einige Zeit krank gewesen und nun so von Selbstmitleid erfüllt, daß dieser Traum sie direkt aufforderte, sich vom Negativen, Dunklen, Teuflischen zu trennen. Die Erscheinung Jesu und der Umstand, daß er die Träumerin nicht anblickte, verdeutlichten nur die Notwendigkeit, die Lebens-Notwendigkeit für sie, zu Ihm und zu Seinen Verheißungen aufzublicken. Daß Jesus sein Haupt schüttelte, bedeutete, daß die Träumerin eine Kehrtwendung vornehmen und ihren Kopf heben müßte, statt weiterhin der negativen Einstellung, dem Kopf-hängen-Lassen, der teuflischen Verzweiflung im Herzen unterliegen.

Ein schwerkrankes, 24jähriges Mädchen, das künstlich beatmet wird, gesteht, daß sie eine schreckliche Patientin war, die sich dauernd über irgend etwas beklagte und die Ärzte und Schwestern fast zur Verzweiflung gebracht hatte. Eines Tages, nach einem besonders bösartigen Ausbruch ihres Mißmutes, fiel sie in einen leichten Schlaf. Vor ihren Augen erschien plötzlich Jesus, aus dessen Nase Blut lief. Er blickte das Mädchen mitleidsvoll an und sprach: »Ich habe es ausgehalten. Kannst du nicht auch ein bißchen aushalten?« Sofort antwortete sie »Ja, Herr!«

Die Schwestern und Ärzte wundern und fragen sich heute noch, was diese wunderbare Veränderung in ihrer Patientin herbeigeführt hat.

Lebenshilfe

Die Notwendigkeit, an geistigen Werten festzuhalten, illustriert dieser Traum: »Nach einem abendlichen Treffen befand ich mich auf dem Heimweg; ich fuhr auf der Landstraße durch eine hügelige Gegend. Ich kam zu der Ruine des alten Hauses meines Onkels in der Nähe von San Gabriel, Kalifornien, und weil das nicht weit von seinem neuen Haus war, dachte ich, es wäre doch nett, sich einmal wiederzusehen. Ich fuhr an einem alten Brunnen vorbei, der von Hindernissen umgeben war, kletterte über einen Zaun und wurde von jungen Wachsoldaten gegrüßt, die Pfadfindern nicht unähnlich sahen. Sie begleiteten mich zu einem Richterstuhl, wo ich aufgefordert wurde, mich zu rechtfertigen. Ich antwortete gewissenhaft und bekam den Bescheid, man würde über meinen Fall beraten. Ich ging wieder.

Dann befand ich mich auf einem Schiff und sah über eine weite Wasserfläche, als einer der Wachhabenden mich zurückrief. Ich folgte ihm zu dem Gericht, wo man mir mitteilte, ich würde am folgenden Tag vor ein Kriegsgericht gestellt; ich sollte meine Verteidigung vorbereiten. Ich ging wieder und dachte dabei, mein Vetter, Major Z. könnte mich verteidigen.«

Cayce: »**Die Hindernisse um den alten Brunnen waren die Kritik, die von denen kommen würde, die du besuchen wolltest; der Brunnen selbst ist Symbol der geistigen Suche nach dir selbst, die angegriffen würde.**

Das Schiff auf dem großen Gewässer sind die weiteren geistigen Horizonte, die sich dir öffnen, ungeachtet der Kritik junger Wachen (einer wohlmeinden, aber unreifen Kritik).

Das Gericht stand für die Verurteilung des geistig ›Schlafenden‹; der Major, das höhere Selbst, hilft immer.

Fürchte dich also nicht, gewinne jenes umfassendere Verständnis und die Fähigkeit, es in deinem Leben anzuwenden.« (195)

Der nächste Traum ist das Erlebnis einer Frau, die versuchte, ihre Tochter für die metaphysischen Lehren, wie sie von Edgar

180

Cayce vorgestellt werden, zu begeistern: »Ich sah, wie ein Obst-
verkäufer große, schöne, leuchtende Äpfel verkaufte. Ich sagte zu
meiner Tochter: ›O, von diesen Äpfeln solltest du ein paar
kaufen!‹ Sie öffnete den Kühlschrank und sagte ›Nein, ich habe
keinen Platz dafür. Schau, mein Gefrierfach ist schon voller
Äpfel!‹«

Die Träumerin assoziierte Äpfel mit Versuchung und Verfüh-
rung (weil Eva einst Adam mit einem Apfel verführt haben soll).
Der Baum der Erkenntnis von Gut und Böse half Adam und Eva
nur wenig, denn mit dem größeren Wissen kommt größere
Verantwortung, und nur die wenigsten sind dem Wissen, über
das sie verfügen, schon gewachsen. Somit kann zusätzliche Weisheit (wenn nicht aus freien Stücken angestrebt) eher eine Ab-
schreckung als eine Hilfe sein. Wir können mentale und spirituelle
Verdauungsstörungen und »Verstopfung« bekommen, wenn wir
versuchen, das Wissen zu schnell in uns – oder andere – hineinzu-
stopfen. Der Traum war also eine Warnung für die Frau, die
Beschäftigung mit den Readings Edgar Cayces von ihrer Tochter
nicht zu rasch zu erzwingen.

Eine der größten Schwierigkeiten in unserem Leben ist es
wohl, in allen Dingen und Aspekten konsequent zu bleiben.
Inkonsequenz zeigt sich oft in unlogischen Träumen, wie zum
Beispiel in dem Traum einer Frau, die träumte, ihren Gürtel um
die Knie zu tragen.

Da Gürtel normalerweise um den Bauch getragen werden, um
diesen in Kontrolle oder Rock bzw. Hose in der richtigen Höhe
zu halten, drückte der Gürtel im Traum auf humorvolle Weise
einen Mangel an Willenskraft bei der Wahl des Essens, besonders
dessen Menge aus.

Irrationales finden wir auch in diesem Traum: Eine Frau
erzählte Cayce, sie wäre eines Morgens mit den Worten erwacht:
»John, iß nicht soviel Mäntel!«

Cayce: »**Diese Aussage ist unvernünftig. Daher gibt dieser Traum einer unvernünftigen Haltung dieser Person
gegenüber John Ausdruck. Sei also vernünftig!... Ja?«
(136)**

In diesem Traum erkennen wir die Bemühungen des hohen
Selbst, die Lösung für offensichtlich aktuelle Konflikte zu
finden.

Dieselbe Frau kam auch mit dem nächsten Traum zu Cayce:
»Ich sah ein einziges Wort auf die Wand geschrieben: ›gut‹. Das

verstand ich nicht. Ich schlief wieder ein und sah mich in einem blauweißen Kleid. Ich kniete auf dem Fußboden vor einem Arzt, der mir über den Kopf strich und sagte: ›Durch dich und den allmächtigen Gott wurde unsere Mutter geschont. Wir wollen zu dir und Gott dem Herrn beten.‹«

Cayce: »**In diesem Traum wird wieder darauf hingewiesen, daß es notwendig ist, sich in die Hand des Gebers alles Guten und Vollkommenen zu begeben. Dann erst sieh zu, daß du den besten erreichbaren Arzt um Rat fragst und ihn bittest, sich um die Sache zu kümmern. Weiß und Blau standen für die reine und aufrichtige Haltung dieses Menschen im Gebet. Dadurch wirst du völlig verstehen können, daß es wahrhaftig heißt ›Alles ist gut‹. Das Wort ›gut‹ war in altertümlicher Handschrift an die Wand geschrieben. Das ist nicht nur ein Hinweis auf die beschränkten Fähigkeiten des Menschen selbst, sondern auf die grenzenlosen Möglichkeiten des Herrn. In Seinem Bewußtsein ist alles gut!«** (136)

Ein anderer Träumer sah sich selbst zur Spitze eines Zeltes aufschauen und Gott Befehle geben.

Cayce: »**Dieser Traum zeigt in bildhafter Ausdrucksweise, wie sehr ein Wissen um die geistigen Kräfte im menschlichen Wesen die eigene Bedeutung aufblasen kann, daß diese Person unter den direkten Einfluß der geistigen Gesetze kommt. Das Zelt ist Symbol für deine Unsicherheit. Das Aufblicken und Gott Befehle Erteilen zeigt, wie die Gebete der Gerechten viele Menschen retten werden. Die Befehle an Gott gelten deinem Innern, daß dein Leben in der Weise ausgerichtet werde, daß du in engerem Kontakt mit IHM bist. So kann ein Kanal wachsen, durch den Seine Befehle empfangen werden können. Es wäre gut für dich, den Judas-Brief zu lesen, insbesondere die Verse 10–12«** (137)

»Die Familie stritt sich darüber, was mit Mutter und für ihre Gesundheit unternommen werden sollte. Dann hörte ich eine Stimme sagen: ›Achte auf die Meinung zweier Ärzte. Zuerst gehe zu Dr. B.; und den zweiten Namen habe ich vergessen.‹ Was hat das zu bedeuten?«

Cayce: »**Was in dem Traum gesagt wurde. Richte dich nach dem ersten Arzt, der die Hauptverantwortung übertragen bekommen sollte. Hier ist mechanische oder materielle**

Hilfe nötig, doch auf den Großen Arzt (2 Mo 15,26: ›Ich bin der Herr, dein Arzt‹) wurde noch nicht gehört oder geachtet. Er gibt die größere Hilfe, indem er die Kräfte und Stoffe, die für eine mechanische Hilfe nötig sind, zur Verfügung stellt, um alle Menschen durch den Geist oder die Kräfte im Innern zu heilen.« (136)

Den folgenden Traum hatte eine Frau in Kalifornien, die mit einem Ouija-Brett spielte, um Antwort auf bestimmte Fragen zu erhalten: Sie sollte – erfuhr sie im Traum – die Nummer SU 2-1776 anrufen. Als sie fragte warum, hieß es, sie sollte dort anrufen und würde es dann erfahren.

Zu ihrer großen Verwunderung gehörte die geträumte Telefonnummer einer Frau, die den gleichen Namen hatte wie sie selbst! Der Traum forderte sie also auf, sich mit ihrem höheren Selbst in Verbindung zu setzen, statt über das Ouija-Brett Antworten zu suchen.

»Ich träumte, ich könnte Gewehrkugeln im Fluge anhalten«, lautete ein anderer Traum.

Cayce: »**Dies ist ein Bild für die Kraft des Meisters, die im Leben derer wirkt, die sich Gottes Gesetzen unterworfen haben. Wir sehen hier, wie die Naturgesetze dem untergeordnet sind, der mit Gottes Gesetz eins ist. Diese Einswerdung bringt das Wirken geistiger Kräfte in den Bereich des vom Menschen Kontrollierbaren, wie wir es am Beispiel eines Moses, Elia, Elisa, Josua und ganz besonders im Leben Jesu gesehen haben.**« (137)

»Mein alter Verehrer kommt in mein Haus, um mich in meiner Trauer über den Verlust meiner Mutter zu besuchen. Er sagte ›Ich besuche dich nur, weil ich deine Mutter so gern hatte!‹«

Cayce: »**Vom materiellen Gesichtspunkt aus zeigt dieser Traum, auf welche Weise die Liebe arbeitet, wirkt, herrscht und die Welt leitet. Es steht geschrieben ›Gott ist Liebe‹. Wenn Menschen danach trachten, anderen Liebe, Trost und Zuspruch zu vermitteln aus ihrer eigenen Liebe für den anderen, dann kannst du dir eine kleine Vorstellung davon machen, wie sehr Gott die Seelen liebt, die seine Gesetze lieben und versuchen, ihnen treu zu bleiben.**

Dies ist dann ein wunderschönes Geschenk für diese Person und ihre Mutter. Die Lehre ist: Wenn kindliche Liebe in der Welt so Ausdruck findet wie in diesem Traum,

wieviel größer muß dann erst die Liebe unseres Vaters im Himmel sein!« (136)

Die Macht der Liebe zwischen verschiedenen Bewußtseinsebenen zeigt sich im folgenden Traum: »Meine Mutter, die schon tot ist, kam zu mir, legte die Arme um mich und sagte mir, sie liebte mich. Ich fragte sie, ob sie wüßte, wie sehr ich sie immer geliebt hätte, und sie antwortete: ›Ja, das hast du mir immer gezeigt.‹«

Cayce: **»Die Mutter, die sich als die Person, die sie wirklich ist, auf dem kosmischen Plan befindet, schuf diesen Kontakt... Die Mutter sieht, die Mutter weiß, die Mutter hat dieselben Empfindungen der Liebe, die sie schon auf Erden ausdrückte, so daß euer Zuhause zu einem himmlischen Heim wurde. Wenn sie nun auch im geistigen Reiche ist, so kann sie doch im Denken und im Herzen derer gegenwärtig sein, die auch der Liebe Ausdruck geben – der Art von Liebe, die der Meister zeigte, als er den Seinen versprach, er ginge zu seinem Vater, um ein Zuhause für sie vorzubereiten, die nach ihm kämen.**

Die Botschaft heißt also: Liebe die Menschen, die um dich sind, wie deine Mutter es tat. Sei der Mensch, der Mutter sein wollte. Mutter ist noch bei dir, liebe Schwester, und sie weiß, was dich bewegt. Denn auf dem kosmischen Plan schließt das Leben das des geistigen Wesens und Seins ein... Die Liebe der Mutter ist weder verschwunden noch fortgegangen, sondern sie ist unter den Lebenden! Gott ist der Gott der Lebenden (der geistig Lebendigen). Der Heiland ist der Heiland der Lebendigen!« (243-D)

»Ein Freund bat mich, einer Frau zu helfen, die die Geburt ihres dritten Kindes erwartete. Die schwangere Frau war mir unbekannt. Ich war dabei, als das Fruchtwasser abging und bewahrte sie vor einem Sturz. Als ich sie fragte, wie lange es ginge, bis dieses Kind geboren würde, antwortete sie: ›Zwischen vierundzwanzig und achtundvierzig Stunden.‹ Ich ärgerte mich, daß eine Fremde erwartete, sie könnte soviel meiner Zeit in Anspruch nehmen.«

Die Träumerin, eine Person des öffentlichen Lebens, bezog diesen Traum auf ein Streitgespräch mit ihrem Mann, in dem sie ihn überreden wollte, künftig eine geheime Telefonnummer zu besitzen, damit nicht alle möglichen Unbekannten anriefen, um sie um Hilfe zu bitten.

Der Traum teilte ihr nun mit, daß sowohl Unbekannte wie auch Freunde Hilfe brauchten, wenn sie neue Ideale in die Welt setzen wollte. Diese wurden im Traum durch das Baby verkörpert, das geboren werden sollte.

Weiterhin wurde die Frau daran erinnert, daß aus Gottes Sicht kein Mensch ein Unbekannter ist. Es erübrigt sich zu sagen, daß sie ihre Telefonnummer beibehielt.

Eine Lektion im Fach »Wahrheit« findet sich in diesem Traum: »Ich träumte, Ohrenschmerzen zu haben, als ich vor dem Drugstore in meiner alten Heimatstadt auf meine Mutter wartete. Die Schmerzen waren so schlimm, daß sie mit mir zum Arzt gehen sollte. ›Du brauchst dafür keinen Arzt. Das schaffst du selbst‹, erwiderte sie. Das gelang mir in der Tat, und ich war darob so überrascht, daß ich meiner Freundin C. C. davon erzählte. ›Was du brauchst‹, meinte diese, ›ist Christian Science (christliche Wissenschaft).‹ – ›Nein‹, entgegnete ich; ›ich habe meine eigene Wissenschaft, die jüdische Wissenschaft!‹ Ich heilte mich mit ganz natürlichen Mitteln.«

Cayce: **»In diesem Traum werden Wahrheiten angeboten, die einige nur schwer akzeptieren können. Wie schon bemerkt, sind die geistigen Kräfte, die Heilung bringen, nicht auf einen Glauben oder eine Religion allein beschränkt. Sie sind Ausdruck des einen Glaubens, der einen Kraft, die sich in allen Wesen offenbart. Beschäftige dich mit den Wahrheiten des Einsseins, mit der Einheit aller religiösen Glaubensbekenntnisse in der Gotteskraft. Denn sie sind eins, seien sie jüdisch, nichtjüdisch, christlich, orthodox oder heidnisch.«** (136)

Eine ungewöhnliche Symbolik beherrscht den nächsten Traum: »Ich war im Wald auf einem Botengang. Eine alte Dame bat mich, ihr den Weg zu zeigen, was ich gerne tat. Dann ging ich selbst irgendwo, zusammen mit drei Freunden und vielen anderen Leuten. Wir vier hatten ein Essen vorzubereiten und ich sagte: ›Gebt ihnen doch viel Wasser, das füllt sie, und sie werden weniger essen.‹

Dann ging jemand zu einem langen Schrank, auf dem ein Spiegel war, und öffnete ihn. Wir waren alle erschreckt, weil wir annahmen, sie holte ein Skelett aus dem Schrank. In panischer Angst liefen wir fort, aber als wir uns umdrehten und zurücksahen, entdeckten wir, daß das vermeintliche Skelett ein Laib Brot war.«

Cayce: »Hier handelt es sich um die Kräfte der Seele, mit denen der Träumer sich beschäftigt. Der Wald zeigt die geistige Verfassung; das Denken befindet sich in einem Labyrinth. Den Weg zeigen bedeutet, daß diese Beschäftigung den Träumer in die Lage setzen wird, vielen andern nützlich zu sein und auf dem Wege helfen zu können.

Der gemeinsame Weg mit den Freunden und die Beobachtung, wie das Skelett sich in einen Laib Brot oder in Essen verwandelt hat, stellt neue Ideen vor. Diese sind bis jetzt noch das Skelett dessen, was – wenn es richtig und ganz verstanden wird – ›Stecken und Stab‹ in deinem Leben sein wird. Diese Stütze sollte verstärkt und entwickelt werden: moralisch, im Denken und Geistigen, und finanziell. Nimm am besten deinen Weg an!« (136)

Jemand träumte, gelähmt zu sein. Die Träumerin rief voller Angst nach ihrer Mutter. Verschiedene Körperteile schienen zu brechen oder zu platzen, und sie konnte nicht herausfinden, was geschah, obwohl sie es nach Kräften versuchte. Schließlich hatte sie so starke Schmerzen, daß sie sterben wollte.

Cayce: »Auf symbolische Weise wird die Träumerin vor bestimmten Denkhaltungen gewarnt. Dein Denken muß zu den richtigen Vorstellungen erwachen, sonst wird das höhere Bewußtsein gelähmt oder verstümmelt. Die Mutter zu rufen ist ein Bild der Angst, die aufkommen wird, wenn die Stimmung sich nicht ändert. Du mußt dein geistiges Gewahrsein erweitern und nicht das innere Bewußtsein verleugnen, das sich schon in früheren Erlebnissen Ausdruck verschafft hat.« (136)

Im folgenden Traum erhält ein Mensch, der nach dem Sinn des Lebens und nach den richtigen Wertmaßstäben trachtet, einen guten Rat: »Ich bin Schülerin in einer alten Schule, wo die Bücher noch in den Schulbänken aufbewahrt werden. Wir haben die Aufgabe bekommen, einen Stapel Goldmünzen zu schlucken. Ich legte meinen Kopf auf die Bank. Ich wenigen Minuten hatte ich alles Gold in mich aufgenommen.«

Offensichtlich bedeutete die Schule, daß eine Notwendigkeit bestand, größeres geistiges Wissen zu gewinnen, das durch das Gold und die Schulbank (Lernen) symbolisiert war. Den Kopf auf die Bank zu legen ist ein Anzeichen dafür, daß die Träumerin sich in dieser Weise bemühen sollte. Cayce sagte schon: »Es ist der Geist, der alles schafft.«

»Im Traum sah ich die Erde als eine unregelmäßig geformte Kugel. Ich schien sie zu verlassen und in den Weltraum zu reisen, dann kehrte ich wieder auf die Erde zurück. Später segelte ich wieder hinaus in das All.«

Cayce: »**Dieser Traum ist eine bildliche Darstellung der Fähigkeit eines Menschen, die Beschränkungen des Bewußtseins zu überwinden und in das Überbewußte oder in die höheren Kräfte des Unterbewußtseins einzudringen. Der Traum ist eine Aufforderung, in einer solchen – geistig ausgerichteten – Verfassung zu bleiben, wie es nötig ist, um den Bedürfnissen des Physischen, Mentalen, Emotionellen und Spirituellen gerecht zu werden.« (900-64)**

Derselbe Mann träumte, nur Kopf und Hals seiner toten Großmutter zu sehen (die er sehr verehrt hatte), der auf einem Stamm lag und schrie »Keiner will, daß ich lebe!«

Cayce: »**Dies will dich erinnern, daran zu denken, was Großmutter verkörperte, damit du dahin kommst, die kleine sanfte Stimme im Innern zu hören, die da sagt: ›Alles ist gut‹.« (900-233)**

Die Großmutter stellte sein höheres Selbst dar. Weil sie um den rechten Weg wußte und davon sprach, waren Kopf und Hals sichtbar.

Der fehlende Rest von Großmutters Körper deutete darauf hin, daß er die Prinzipien und Wahrheiten, für die er einst stand, im Physischen nicht verwirklicht hatte.

Träume – das hat der Leser schon erkannt – kommen auch zu uns, um uns an Dinge zu erinnern, die wir vergessen oder ignoriert haben. Dies sehen wir auch an dem Beispiel einer Frau, die sich sehr viel Sorgen um die Familie ihrer Tochter machte, weil diese in großen finanziellen Schwierigkeiten war. Sie träumte:

»Ich war mit meiner Familie auf dem Hof, als plötzlich ein überirdisch weißes Licht alles bestrahlte und erleuchtete. Ich hörte eine Stimme sagen: ›Komm zu mir‹. Verwundert wachte ich auf.«

Es war verhältnismäßig leicht, die Beziehung zwischen dem weißen Licht und den Worten Jesu herzustellen, der sagte: »Kommet her zu mir alle, die ihr mühselig und beladen seid; ich will euch erquicken.« (Mt 11,28)

Der Traum wollte die Frau erinnern, daß sie beten sollte und nicht vergessen dürfte, daß Gott nur das zuläßt, was für unser

Wachstum und unsere Vervollkommnung in jeder Beziehung nötig ist.

Binnen relativ kurzer Zeit waren die Sorgen dieser Frau vergessen; der Traum hatte ihr eine Lektion in »Vertrauen« gegeben.

Ein Mann, der ungeduldig nach geistiger Erleuchtung strebte, hatte diesen Traum: »Die Bibel sagte voraus, daß das Kerzenlicht erfunden würde. Eine Kerze erscheint. Dann sehe ich Gaskugeln, Gaslampen. Dann erscheint das Licht der Glühbirnen und schließlich das der Leuchtstofflampen. Dann sagt eine Stimme: ›Und jetzt haben wir noch ein Licht.‹ Die Stimme fährt fort. ›Wärst du letzte Woche in Paris gewesen und hättest den Eiffelturm angeschaut, hättest du das ...-Licht gesehen.‹ Dann sah ich den Eiffelturm vor meinen Augen erscheinen, der hell aus sich heraus strahlte, ohne daß dazu die Hilfe irgendwelcher Beleuchtungskörper nötig war.«

Bibel	Geschichte der Entwicklung des Menschen und seiner Beziehung zu Gott
Entwicklungsgeschichte der Beleuchtung	Entwicklung des geistigen Lichtes oder Bewußtseins
Paris	Stadt des Lichts
Eiffelturm	höchste Errungenschaft des Menschen

Der Träumer assoziierte den Eiffelturm auch mit dem Finger Gottes, der gen Himmel wies. Mit diesen Verknüpfungen war leicht zu erkennen, daß dieser Traum daran erinnerte, daß selbst das elektrische Licht – Symbol der geistigen Erleuchtung – Ergebnis einer schrittweisen Entwicklung ist; das geistige Wachstum des Menschen kommt in der gleichen, langsam aufbauenden Weise.

Die Stadt Paris stellte sein Ziel dar: Er wollte auch ein Licht in der Welt und für die Welt sein. Der leuchtende Eiffelturm ergänzte die Botschaft des Traumes nur, indem er anzeigte, daß wir nur dann, wenn ein überirdisches, nicht künstliches Licht durch uns leuchtet, wie Finger Gottes den Weg zum Himmel weisen können. Denn – wie Cayce sagte – »dies ist die höchste Errungenschaft des Menschen«.

Etwas praktischer ist die Botschaft des folgenden Traumes eines Geschäftsmannes, der sich um seine Arbeit Sorgen machte: »Ich traf einen Mann, der mich händeschüttelnd begrüßte und sich vorstellte ›Ich bin Jeoffry Bibby‹.«

Der Name hatte für den Träumer keine Bedeutung, aber bald danach entdeckte er, daß Jeoffry Bibby ein Archäologe war. Was wollte der Traum ihm sagen? Daß er in sich selbst nach den Antworten auf seine Fragen und Probleme graben sollte, so wie der Archäologe, der in der Erde gräbt, danach strebt, die Geschichte und Entwicklung des Menschen besser zu verstehen. Bibby war er selbst; das Händeschütteln zeigte, daß ein engerer, tieferer Kontakt mit sich selbst erforderlich war; die Archäologie teilte ihm mit, daß er, um Führung und Hilfe zu erlangen, nach innen gehen müßte.

In einem besonders kurzen Traum sieht eine Frau ein Glas sprudelnden Champagners. Fasziniert betrachtet sie die Tausende von Bläschen, die im Glase aufsteigen. Als sie näher hinsieht, entdeckt sie zu ihrem größten Erstaunen, daß das Glas ganz leer ist.

Ich erfuhr, daß der Alkoholismus ihres Mannes ein ernstes Problem war. Dringendes Flehen, Vorwürfe und Verurteilung halfen nicht, seine Gewohnheit zu beeinflussen. Daher forderte der Traum sie auf, die Situation einfach zu ignorieren und nicht mehr über das Thema zu sprechen. Wie Cayce sagte: »Verhalte dich so, als ob die Situation gar nicht existierte, aber bete, bete, bete!«

Die Blasen im Champagner standen für ihre kritischen Bemerkungen, die so nutzlos wie Luftblasen waren und keinerlei Veränderung bewirkten: Das leere Glas empfahl ihr, so zu tun, als gäbe es kein Alkohol-Problem. Sie stimmte zu, daß diese Deutung ihres Traumes vernünftig klänge, und nachdem alle anderen Mittel versagt hatten, würde sie sich bemühen, mehr zu beten.

Vier Elemente:
Wasser, Feuer, Luft, Erde

Wasser: Der Begriff »Mutter Erde« ist weit verbreitet und bekannt, und doch sollten wir eigentlich ebenso dem Wasser den Rang als »Mutter der Schöpfung« nicht aberkennen. Wie Taufrituale den Beginn eines neuen Lebens oder eines Lebens im Geistigen, eine Hingabe an das Geistige symbolisieren, so ist das Wasser auch in Träumen häufig ein spirituelles Symbol. Es ist nicht nur ein Sinnbild der Wiedergeburt, sondern auch anderer Aspekte auf unserem Lebensweg. Redewendungen wie »auf schwankendem Boden«, »dahintreiben«, »Schiffbruch erleiden«, »durch eine Prüfung segeln«, »stranden« usw. zeigen, welche Bedeutung das Wasser und die Seefahrt noch heute in unserem – übertragenen – Wortschatz einnehmen. Das Wasser kann auch als ein Symbol für das Unbewußte, die Gefühlskonflikte in unserem Leben stehen, wie es schon bei den Menschen der Antike war. Heißes Wasser kann im Traum eine recht negative, unangenehme Bedeutung haben, wie das folgende Beispiel zeigt (»to get into hot water« heißt, wörtlich übersetzt, »in heißes Wasser geraten«, in der übertragenen Bedeutung entspricht es ungefähr dem deutschen »in Teufels Küche kommen«; Anm. d. Ü.):

»Ich schien bei einem Opfer-Ritual der alten Griechen zugegen zu sein. Ich sah einen großen Behälter kochenden Wassers, indem das Opfer meines Amtsvorgängers stattgefunden hatte. Auf der anderen Seite sah ich einen Altar, der für ein Opfer vorbereitet wurde, und erkannte plötzlich, daß ich, wenn ich nicht sehr vorsichtig wäre, das nächste Opfer würde.«

Der Träumer erwachte und erkannte, daß der Traum ihn vor seiner Arbeitsstelle warnte, an der sein Vorgänger der krankhaften Selbstsucht seines Vorgesetzten zum Opfer gefallen war.

In der Bibel finden wir Hinweise auf das »Wasser des Lebens«: »Wer an mich glaubt, wie die Schrift sagt, aus dessen Leibe werden Ströme des lebendigen Wassers fließen« (Jh 7,38). Das, sagt Cayce, ist eine Aussage über die geistigen Kräfte, die durch das endokrine Drüsensystem fließen.

In der Offenbarung des Johannes lesen wir (Offb 21,6): »Ich bin das A und das O, der Anfang und das Ende. Ich will dem Durstigen geben von dem Brunnen des lebendigen Wassers umsonst.« Hier bezieht sich das Symbol des Wassers ganz deutlich auf geistiges Wasser, geistige Nahrung, die für die Reinheit der Seele ebenso notwendig ist, wie das Wasser für Reinheit und Leben des Körpers.

Träume, in denen man sich schwimmen sieht, geben oft eine Aussage über den spirituellen Fortschritt. Die Schwierigkeit oder Leichtigkeit, mit der man schwimmt, weist auf Vorwärtskommen oder Rückschritt hin.

Eine 21jährige verlobte Studentin sah sich im Traum eine lange Rutschbahn ins Wasser hinunter gleiten. Unten verbreitete sich die Bahn und teilte sich in zwei Richtungen. Jemand sagte: »Es ist über vier Meter tief, wo du landen wirst! Was willst du dort?« Er meinte also, daß es dort unten zu tief für sie würde.

Die geistige Suche war hier durch das Rutschen ins Wasser symbolisiert. Die Rutschbahn wies darauf hin, daß die Reise zu schnell ging: Die Träumerin würde in – für sie – zu tiefes Wasser eintauchen, das heißt also, es würde für ihr Begriffsvermögen und Verstehen zu tief werden. Die Tiefe zeigt auch, welche Gefahr entstehen kann, wenn der Wille eines Menschen über ein vernünftiges Maß hinausschießt. Mit anderen Worten: Die Träumerin versuchte zu laufen, bevor sie gelernt hatte zu gehen.

Im nächsten Traum einer anderen Studentin wird ein deutlicher Fortschritt festgestellt: »Eine Quelle, die das Zeichen des Kreuzes trägt, begann vor meinen Augen zu fließen. Da ich sehr durstig war, trank ich daraus; ich wusch auch mein Gesicht und kühlte die heiße Stirn. Edward G. Robinson schien gestorben zu sein und nun wohl im Himmel. Er und Archie Leach waren beide in Frauenkleider gehüllt, sie hatten große Füße aus Honig, darüber trugen sie gläserne Schuhe. Sie halfen sieben jungen Schauspielern auf dem geistigen Weg.«

Die Träumerin hatte sich zuerst Edward G. Robinson angeschlossen, dem Film-Gangster, der rücksichtslos über Leichen ging, wohingegen Archie Leach oder Cary Grant reifer und kultivierter wirkte, Qualitäten, für die er symbolisch im Traum stand. Während die Robinson-Aspekte in der Träumerin gestorben waren, sagt das Auftreten beider Männer in Frauenkleidern, daß sie eine gewisse Ausgeglichenheit zwischen den männlichen und weiblichen Eigenschaften erreicht hatte. Diese Veränderung zeigten auch die Honig-Füße: Honig ist ein Nahrungsmittel, das schon vorverdaut wurde (von den Bienen), was sich auch auf die geistige Nahrung, das geistige Gesetz bezog.

Die gläsernen Schuhe stellten eine romantische Rückblende zu Cinderella dar, wo ein unermüdlicher Arbeiter Hilfe von der guten Fee bekam.

Die Schilderung des Einzugs von Edward G. Robinson in den Himmel war Symbol für die Verwandlung, die stattfindet, wenn das Wasser getrunken wird aus der geistigen Quelle im Innern, die die Nachfolge auf dem Weg des Kreuzes möglich macht. So waren die sieben jungen Schauspieler die sieben Bewußtseinszentren der Träumerin, die sich in einem Läuterungsprozeß befanden.

Der Tod wird manchmal durch einen breiten Fluß dargestellt, wie zum Beispiel in dem präkognitiven Traum Lincolns, den er dreimal vor seinem Tode hatte: »Ich fahre mit einem Schiff auf einem breiten, reißenden Strom, und ich falle hinein! Ich falle hinein!«

Aufgrund dieses Traumes sagte Lincoln einen Tag vor seiner Ermordung im Ford's Theater: »Meine Herren, etwas Außerordentliches wird passieren, und zwar sehr bald!«

Es gibt Flüsse, die ihre Ufer überfluten, Hochwasser und Taifune, die ganze Städte zerstören. Und es gibt die Tränen einer Frau! So kann das Wasser auch negative Auswirkungen und damit Assoziationen haben, was nicht nur vom Zusammenhang des Traumes abhängig ist, sondern auch vom persönlichen Erlebnis-Hintergrund des Träumers.

Ein Mann träumte in fünf aufeinanderfolgenden Nächten, daß Wasser von der Flut in seinen Hof eindrang, bis es unter der Hintertür in das Haus hereinkam, wo es schließlich knöcheltief stand. Es stieg noch weiter an und stand auch in seinem Schlafzimmer dreißig Zentimeter hoch, da wurde er wach.

Der Hinterhof deutete eine unangenehme Beschäftigung an, die Flut ließ auf Gefühlsbeteiligung schließen. Das Schlafzimmer brachte die Beschäftigung mit Sex in Verbindung, und das langsam ansteigende Wasser erschreckte ihn, machte ihn auf die bestehende Gefahr aufmerksam.

Im Traum zu ertrinken, könnte eine wörtlich zu verstehende Warnung sein, besonders wenn der Träumer gewohnt ist, alleine schwimmen zu gehen. Auf der anderen Seite kann sich das Ertrinken als Symbol auch auf Krankheitszustände im Körper beziehen, wie zum Beispiel auf eine Lungenentzündung, ein Emphysem oder sogar auf eine Nephritis – was wiederum abhängig ist von dem Zusammenhang und den anderen Details des Traumes.

Den folgenden präkognitiven Traum hatte ein junger Bankangestellter; der Traum bezog sich auf seine Arbeit: »Ich war zusammen mit J. J. in einem Boot (J. J. ist ein junger Mann, den der Träumer gerade für einen höheren Posten in der Bank einarbeitet). Ich trug eine Badehose; J. J. hatte einen guten Anzug und trug einen schwarzen Hut auf dem Kopf. Als ich das Boot am Landungssteg vertäuen wollte, sagte J. J.: ›Binde mich los und laß mich gehen!‹ Als ich mich umwandte, sah ich, wie er über den Bootsrand stieg. Ich beobachtete noch, wie er im Wasser verschwand, als ich erwachte, und mich selbst schreien hörte: ›Ich verliere ihn! Ich verliere ihn!‹«

So war es keine allzu große Überraschung für den Träumer, als J. J. ungefähr einen Monat nach dem Traum die Bank wieder verließ. Boot und Wasser waren eine bildliche Darstellung seiner Arbeits-Reise durchs Leben. Der gute Anzug J. J.s war ein Hinweis darauf, daß er »ausgehen« würde.

»X und ich befanden uns auf einem Schiff; da schien ein Donnern von Schüssen und Kämpfen zu sein. Schließlich wurde das Schiff vom Blitz getroffen. Der Dampfkessel explodierte, und wir wurden getötet.«

Cayce: **»Das Schiff ist die Lebensreise. Schiffahrt und Tumult sind Veränderungen, die mit zukünftigen Schwierigkeiten verbunden sind. Explosion und Tod stehen für eine Veränderung im Bewußtsein, vom explosiven Zustand in einen – nach der Beruhigung – friedvolleren. Laßt diesen Traum als eine Aufforderung an beide Partner gelten, den Weg füreinander zu ebnen, um so gemeinsam und untereinander mehr Harmonie zu schaffen.«** (136)

Ein Teenager träumte, durch ein Bullauge zu schauen. Er sah zwei grüne Ungeheuer aus dem Meer kommen und sich auf ihn stürzen. Er konnte gerade noch im letzten Augenblick das Fensterchen zuwerfen, um sich vor den Monstern zu retten.

Dieser junge Mann warnte sich selbst vor zwei negativen Eigenschaften in seiner Persönlichkeit. Das Unbewußte wurde durch das Meer dargestellt. Somit erhoben sich beide Ungeheuer aus den Tiefen seiner selbst. Das größere der beiden Geschöpfe war Egoismus, das kleinere Eifersucht. Das Bullauge forderte den

Träumer auf, einmal einen Blick auf sich selbst zu werfen, um die beiden Ungeheuer »hinauszusperren«.

Wie sehr wir manchmal in der Lage sind, unsere negativen Emotionen zu genießen, zeigt die Bemerkung dieser Frau: »Ich habe viele schreckliche Träume, wo riesige Flutwellen vorkommen. Obwohl ich immer sehr erschreckt und geängstigt bin, versuche ich nie zu entkommen.«

Cayce sagte oft: **»Bevor ein Mensch nicht selbst gesund oder anders werden will, kann man ihm kaum helfen.«**

Im nächsten Traum kommt die Antwort auf ein Gebet: »Ich träumte von einem schwarzen See mit sehr hohen Wellen. Der Himmel darüber war dunkel und stürmisch. Als ich dieses Bild vor mir sah, begannen die Wolken sich zu entleeren. Der Himmel wurde blau, und der See spiegelte die heitere Farbe des Himmels wider. Als ich erwachte, war ich von Frieden erfüllt.«

Diesen Traum hatte eine Frau, die von ihrem Mann wegen einer anderen Frau verlassen worden war. Der Traum teilte ihr in einem wunderschönen Bild mit, daß der Sturm zwischen ihnen sich legen und ihr Mann zurückkehren würde – und das geschah auch tatsächlich!

Feuer: Feuer finden wir nicht nur im Innern unserer Erde und in den Gestirnen des Himmels, sondern auch in den Herzen der Menschen. Alle großen Kräfte sind zweifachen Wesens, und so reinigt und läutert das Feuer ebenso wie es verbrennt und zerstört.

Gott sprach zu Moses aus einem brennenden Dornbusch, aber der Busch verbrannte nicht.

Saulus wurde auf der Straße nach Damaskus von einem intensiven Licht geblendet. Dasselbe Licht »vernichtete« seine innere Blindheit.

Feuer und Schwefel zerstörten Sodom und Gomorrah und reinigten das Land vor dem moralischen Zerfall.

Weil das Feuer eine Urkraft ist, ist es nötig, daß es kontrolliert und gelenkt wird. In seinen schlimmsten Formen steht es symbolisch für unkontrollierte Temperamentsausbrüche, Eifersucht, Rachegelüste, Haß und zügellose Sinnlichkeit.

Die Gegenkräfte sind die Feuer der Liebe, des geistigen Strebens, der nationalen Leidenschaft, der Geduld und der Begeisterung.

Die konstruktive Bedeutung des Feuers zeigt beispielsweise dieser Traum:

»Ich war bei einem Feiertagspicknick mit einer größeren Zahl anderer. Da sahen alle eine große Feuerwand und gerieten in Panik. Jedermann rannte, um dem Feuer zu entkommen. Ich war in meinem Wagen, entschied mich aber dafür, auszusteigen und zu laufen. Ich war allein auf der Straße, und das Feuer holte mich ein. Plötzlich hielt ich an und fragte mich: ›Warum laufe ich eigentlich?‹ Ich wandte mich um und erwartete die Flammen. Zwei Feuerarme streckten sich mir entgegen und umfaßten mich wie in einer Umarmung. Das Feuer war sanft, warm, und ich fühlte mich darin geborgen.«

Dieser Traum mit seiner feurigen Dramatik zeigte der Träumerin, daß sie »feuergefährlichen« Begegnungen mit Angehörigen ihrer Familie mit der reinigenden und läuternden Kraft der Liebe entgegengehen sollte, die immer sanft und warm ist und Geborgenheit vermittelt. Liebe ist auch das Feuer, das uns heilt und läutert, wenn es durch uns zu anderen überfließt. Der Traum sagte auch, daß der Versuch, aus »feurigen« Situationen davonzulaufen, in Wirklichkeit unmöglich ist, denn das Feuer ist in uns.

Eine Frau, die heiraten wollte, träumte folgendes von ihrem Verlobten: »Paul, der fünf Kinder hat, zog seine und meine Kinder auf einem Rodelschlitten. Die Kinder zankten und stritten. In der nächsten Szene war ich allein. Weiter oben an der Straße brach ein Feuer aus, das sich ausbreitete und alle Häuser in der Umgebung zerstörte. Ich wollte nicht vom Feuer eingeholt werden, so wich ich zurück. Dann sah ich eine andere Straße vor mir, die nach rechts führte. Schwarze Wolken hatten sich zusammengeballt, wie bei einem Hurrikan. Ich ging in meine Wohnung, wo ich die Kinder fand, die seekrank waren. Die Zimmerlampe, ein floureszierendes Licht, war kurz vor dem Explodieren.«

Dieser Traum warnte sie davor, Paul zu heiraten. Klarer kann eine Botschaft, deutlicher können Symbole kaum sein!

Träume von Feuer, das durch Achtlosigkeit verursacht wird, müssen als Warnungen buchstäblich und ernst genommen werden.

Luft ist meist ein Symbol geistiger Aktivität. Daher kann ein Traum von Luft-Turbulenzen ein Hinweis auf geistige Überarbeitung sein.

Ein Mann sah im Traum einen Tornado auf sein Haus zukommen und fürchtete um die Sicherheit seiner Frau. Dieser Traum war präkognitiv, denn zwei Tage danach hatte die Frau des

Träumers einen Nervenzusammenbruch und mußte ins Krankenhaus, wo ihr Schockzustand behandelt wurde. Interessant an
diesem Traum ist die Tatsache, daß der Mann mit seiner Frau
mehrere Kinder hatte, bei dem herannahenden Tornado jedoch
nur um die Sicherheit seiner Frau bangte. Das zeigt, daß sein
Unterbewußtsein nur auf die Frau gerichtet war, die sich ja
tatsächlich in Gefahr befand, und nicht auf die Kinder.

Eine Frau aus Wichita Falls, Texas, erzählte mir, daß sie
geträumt habe, sie stünde auf der Veranda ihres Hauses und sähe
zu, wie ein Tornado auf das Haus zukam, hatte aber das feste
Wissen, daß er ihr und dem Haus keinen Schaden zufüge. Dann
aber sah sie, daß der Tornado auf das Haus des Nachbarn zu-
stürmte, das er völlig zerstörte.

Eine Woche nach dem Traum beging der Mann, der im
Nachbarhaus allein gelebt hatte, Selbstmord, indem er sich eine
Kugel in den Kopf schoß.

In diesen beiden letzten Traumbeispielen wurde das drohende
Unglück durch einen Wirbelsturm symbolisiert.

Luft kann auch Symbol des Atems und des Lebensodems sein,
ohne die wir nicht leben könnten. Deshalb kann ein Traum, in
dem wir neues Leben in etwas oder jemanden hineinblasen, einen
Aspekt der Vervollkommnung, des Hineinwachsens in ein höheres Bewußtsein darstellen. Die Basis, auf der solche Deutungen
möglich sind, hat Jesus selbst gegeben, als er sagte: »Friede sei mit
euch! Gleichwie mich der Vater gesandt hat, so sende ich euch. –
Und da er das sagte, blies er sie an und spricht zu ihnen: Nehmet
hin den Heiligen Geist.« (Jh 20,21-22)

Auch Wolken können viel erzählen. Feine Federwölkchen
können den Träumer mit den Worten aus dem Judasbrief aufrüt-
teln: »Sie sind Wolken ohne Wasser, von dem Winde umgetrieben...« (Judas 12)

Ein Mensch, der der von solchen Wolken träumt, könnte so
sein, wie das Bibelwort charakterisiert: ohne höhere Ideale oder
Ziele, leicht von anderen »umgetrieben«.

Viereckige Wolken als Traumsymbol haben wieder eine andere
Bedeutung. Wolken verändern ihre Gestalt, abhängig von Wind-
strömungen und Luftdrücken. Viereckige Wolken zeigen daher
Widerstand und eine gewisse Abwehrhaltung gegenüber den
äußeren Umständen an, wie es eine sehr eigenwillige oder sture
Persönlichkeit oft tut. Dieser Traumtyp zeigt an, daß eine mehr
nachgiebige, sanfte, kooperative Einstellung vonnöten ist.

Erde: Der Ausdruck »auf dem Boden der Wirklichkeit« bezeichnet einen praktisch eingestellten Menschen; dieselbe Aussage kann im Traum durch das Symbol des festen Erdbodens gemacht werden. Im Dreck zu wühlen kann auf der anderen Seite Anzeichen für einen schmutzigen, schlechten Charakter sein.

Auf einem Berg allein und verängstigt zu stehen, ist gewöhnlich ein Hinweis auf Trennung oder Isolation, wie auch in diesem wiederkehrenden Traumerlebnis: »Ich bin ein kleines Kind, verängstigt und allein. Ich stehe auf einem Berg, getrennt von meiner Mutter, und kann sie nicht finden.«

Weil dieser Mann sich von den geistigen Prinzipien und Werten, die seine Mutter ihn gelehrt hatte, getrennt hatte, warnte ihn der Traum vor der Trennung jener geistigen Ideale, die seine Mutter für ihn verkörperte. Daß er auf einem Berg steht und verängstigt ist, zeigt weiterhin an, daß er tatsächlich seinen Weg verloren hat. Eine Rückkehr und Umkehr zu den geistigen Wahrheiten seiner Kindheit verspricht dem Träumer die gleiche Geborgenheit, den gleichen inneren Frieden, wie er ihn als Kind bei seiner Mutter kannte.

Aus diesem Traum lernen wir, daß Berge, wie auch Klippen und Felsen, Hindernisse im Leben des Träumers symbolisieren. Schlammige, sumpfige Gebiete – die keinen festen Grund geben – beziehen sich manchmal auf eine gefährliche Situation für die körperliche Gesundheit. Der Traum, auf einem Felsvorsprung schwankend zu stehen, weist im allgemeinen auf eine Gefahr für den Körper und seine Gesundheit hin, denn ein wirklicher Sturz von einem solchen hohen Felsvorsprung wirkte sich natürlich sehr schädlich für den Körper aus. Dieses Bild kann sich jedoch auch auf den ersten Sturz des Menschen, den sogenannten Sündenfall beziehen, also auf einen Sturz im Geistigen.

Träume von engen Schluchten, engen Straßen, Matsch, großen Felsblöcken und Müllhalden können alle ein Verlassen oder Abweichen des sittlichen Lebensweges anzeigen, sagte Cayce. Oft beziehen sie sich auf körperliche Mißbräuche, die die Sinne befriedigen, wie zum Beispiel Alkoholismus, Sinnlichkeit oder übertriebener Egoismus.

Folgender Traum wurde Cayce zur Deutung vorgelegt: »Zwei Männer jäten Unkraut auf einem Stück Land, das man sich selbst überlassen hatte.«

Cayce: **»In diesem Traum ist zu sehen, daß Unkräuter und Gras die Herrschaft übernehmen, wenn das Land ver-**

nachlässigt wird. **Deshalb ist es für diese Person wichtig und notwendig, ihr Leben zu säubern und vom Unkraut zu befreien, um zu einem besseren Verständnis der Umstände und Bedingungen des Lebens zu gelangen.« (299)**

Ein ähnlicher Traum, ebenso mehr im negativen Bereich, ist dieser: »Ich wollte die Platten im Hof neu befestigen und fand heraus, daß Abfall unter ihnen lag und Wasser eingesickert war.«

Cayce: **»Hier sind in symbolischer Weise Dinge und Umstände geschildert, die in verschiedener Hinsicht auf diese Person und ihr Wesen zutreffend sind. Da sind Menschen, die versuchen, jene geistigen und seelischen Quellen mit Schande zu überhäufen, durch die so viele Menschen zu Verständnis und Erleuchtung kommen können.«** Weil der Träumer berichtete, daß er selbst den Hof neu befestigen wollte, können wir feststellen, daß der Fehler bei anderen, nicht bei ihm selbst lag.

Dem gleichen Mann, der bei einer anderen Gelegenheit von einem Traum berichtete, in dem er einen Haufen alten Laubes gesehen hatte, wurde folgende Deutung gegeben: »Es besteht die Notwendigkeit, solche Dinge und Elemente aus dem Organismus fortzuräumen, die wertlos sind wie die vom Baume abgestoßenen Blätter.« Diese beiden Träume zeigen an, wie die zuerst gezeigte Tätigkeit der Schlüssel zur Bedeutung sein kann, denn im zweiten Traum sah der Mann nur noch die toten Blätter.

Ein Student träumte in sehr klarer Symbolik, daß er auf einer schlammigen Landstraße ging. Er trat auf etwas, was er für Bretter hielt, die dort hingelegt waren, um zu verhindern, daß die Passanten ihre Schuhe beschmutzten oder einsänken. Als er die Bretter genauer anschaute, entdeckte er, daß es Bibeln waren, die von Zeitungen überdeckt waren.

Dieser Mann hatte ein großes Interesse an der Religion, und so zeigte ihm der Traum, daß es nötig ist, geistige Wahrheiten (Bibeln) im täglichen Leben (Zeitungen) anzuwenden. Das allein könnte ihn davor bewahren, in den Materialismus (Matsch) abzurutschen. Die Bretter bzw. die Bibel waren die feste Grundlage, deren er bedurfte.

Ein Ingenieur träumte: »Ich sehe einen hohen Berg. Sein Gipfel ist nur durch einen Tunnel zu erreichen, der mitten durch den Berg führt. Durch den Schacht zu steigen, ist ein religiöses Ritual. Ich kann nur innen hochsteigen; ab und zu brechen Felsbrocken herunter, die weitere Steine mit sich reißen, bis regelrechte Steinlawinen herniedergehen. Das Vieh, das unten in der Vorebene weidet, wird davon überrollt und getötet. Primitive Eingeborene schleppen die toten Kälber ab, um sie zu essen. Während ich immer höher steige, stelle ich fest, daß der Schacht nach oben enger wird, so daß man, je höher man kommt, immer weniger sieht. Ich weiß, daß man, wenn der Gipfel erreicht ist, nicht mehr versuchen darf, wieder hinabzusteigen. Wieder und wieder versuche ich, in dem Schacht hinaufzuklettern.«

Dieser Traum ist eine bildliche Darstellung des menschlichen Problems, das materielle Denken zu überwinden, das hier durch den Berg (Erde – irdisch – materiell) symbolisiert ist.

Der Schacht im Innern des Berges zeigt den Aufstieg unseres inneren Selbst, das sich mühen muß, um in die Höhen der Wahrnehmungsfähigkeit unseres Bewußtseins zu gelangen. Der Schacht ist aber auch ein Bild des Unterbewußtseins, durch das wir uns dem Überbewußten nähern können. Die großen Felsbrocken sind unsere Schwächen, die wir abschütteln müssen, um uns von unserer Tiernatur (Kälber) zu lösen.

Die Kälber zu verzehren heißt negative Impulse in konstruktive Wege leiten. Das Bild kann aber auch sagen, daß Trägheit (Kälber) das niedere Selbst befriedigt und füttert. Das niedere Selbst ist durch die primitiven Menschen dargestellt.

Der Traum lehrt uns auch, daß sich der Träumer, je höher er geistig steigt, desto weniger der physischen Einflüsse bewußt ist. Wie in der Geschichte von Lot und seiner Frau, darf sich auch der Träumer nicht umblicken, nachdem er seine Reise nach vorne und oben angetreten hat.

Erde oder Sand erinnern in folgendem interessanten Erlebnis den Träumer an das erste Gebot »Du sollt keine anderen Götter neben mir haben« (2 Mo 20,3).

»Ich träumte, daß eine Schar Ameisen aus Sand ein Standbild errichteten. Es wurde ungefähr einen Meter hoch und blieb unvollendet. Die Gestalt war schwierig zu erkennen, aber sie war recht labil gebaut und hing an einer Seite über. Ich dachte noch, wenn die Ameisen ihre Statue fest auf den Boden gebaut hätten, würde sie nicht umkippen und zusammenstürzen.«

Dieser Mann assoziierte Ameisen mit Arbeit, mit seiner Arbeit. Das Standbild bezog er auf religiöse Anbetung, Sand war für ihn eine schlechte Grundlage (auf Sand bauen) oder ein schlechtes Baumaterial, das schiefe Götterbild gab ein verzerrtes Bild seiner Arbeit wieder. Somit enthüllte der Traum die falsche Einstellung des Träumers zu seiner Arbeit. Er stellte sie über alles andere (Götterbild). Sein Gott hieß Arbeit. Spirituelle Tugenden und Eigenschaften wie Freundlichkeit, Geduld, Vergebung und Sanftmut gerieten in Vergessenheit, sobald er sein Büro betreten hatte. Sein Kommentar im Traum, daß die Ameisen ihr Götterbild auf festen Boden bauen sollten, war eine Aufforderung an sich selbst, seine Arbeit an die Stelle zu setzen, an die sie gehörte.

Um noch einiges Grundsätzliches über das Verhältnis des Menschen zu seiner Arbeit und zum Geschäft zu sagen, möchte ich aus Edgar Cayces Readings zitieren: **»Laß auf keinen Fall zu, daß die geschäftlichen Sorgen die geistige Entwicklung, die geistigen Werte in den Schatten stellen. Glaube nicht, daß diese abgetrennt oder vernachlässigt werden könnten – nein! Alles, ein jedes soll an seinem richtigen Platz sein, voneinander unterschieden und getrennt, aber die Wertmaßstäbe, die geistigen Maßstäbe gelten für alle und alles! Denn durch die Beziehung zur Arbeit lernt man ein Verständnis für sie zu entwickeln. Auch geistiges Wissen kommt durch das praktische Tun. Denke daran, daß du in deinem eigenen Selbst Gott bist, womit Du – aus freier Entscheidung – deinen Geist dazu bringen oder davon abbringen kannst, das zur Vollkommnung zu führen, was vor dir liegt. Wenn dann geistige Zielsetzungen bestehen, dann gilt immer: ›Ich bin mit dir, und werde dich nicht verlassen, selbst wenn du durch Schatten und Zweifel irrst‹. Dein Herz soll auf das Göttliche eingestimmt bleiben, und alles wird sich zur rechten Zeit klären, am rechten Ort und auf die rechte Weise. Bleibe selbst in Ordnung, und alles wird gut werden!«** (39-4 Q6)

Ähnlich ist der folgende Traum eines Marineinfanteristen: Er sah meilenweit prächtige, fruchtbare Erde meterhoch bedeckt mit Sand, Müll und Unkraut. Eine schöne Frau sagt zu ihm: »Wir wollen all den Sand, Müll und das Unkraut fortschaffen und den hervorragenden Boden darunter zum Anbau nutzen.«

Die Frau, sein geistiges Selbst, fordert ihn auf, an die Arbeit zu gehen und sein eigenes reiches Potential – den fruchtbaren Boden – freizulegen, der bisher verborgen brachlag.

Wie Cayce sagte, zeigen Abfall und Unkraut die Vernachlässigung höherer Grundsätze an. Deshalb empfiehlt der Traum, daß der junge Mann zuerst sein Leben säubern und in Ordnung bringen sollte, bevor er wirklich fruchtbar und produktiv sein könnte.

Mineral- und Pflanzenreich

Steine: Zu allen Zeiten hatten Steine auch eine religiöse und kultische Bedeutung. Christus sprach von sich selbst als dem »Eckstein« (Mt 21,42 u. a.) und zitierte damit einen alten Satz aus den Psalmen (Ps 118,22). Im Lukas-Evangelium (Lk 20,18) lesen wir: »Welcher auf diesen Stein fällt, der wird zerschellen, auf welchen aber er fällt, den wird er zermalmen.«

Im Alten Testament finden wir viele Stellen, die von Gott als dem »Fels des Heils« sprechen (5 Mo 32,4/15 u. a.). Im Buch Josua wird das Bild des Steines verwendet, als wenn dieser einen unvergänglichen Geist hätte: »Siehe, dieser Stein soll Zeuge sein über uns, denn er hat gehört alle Rede des Herrn, die er mit uns geredet hat; und soll ein Zeuge über euch sein, daß ihr euren Gott nicht verleugnet« (Jos 24,27). Steine sind hier also verläßliche Zeugen; im Altertum wurden sie bei Abstimmungen als Stimmsteine verwendet, die man in die Urne warf.

In der Offenbarung des Johannes finden wir schließlich den Beweis dafür, daß das alte Symbol des Steines einen Wert darstellte, auf den Verlaß war: »Wer überwindet, dem will ich zu essen geben von dem verborgenen Manna und will ihm geben einen weißen Stein, und auf dem Stein einen neuen Namen geschrieben, welchen niemand kennet, denn der ihn empfänget« (Offb 2, 17). (Interessant ist in unserem Zusammenhang, daß Luther diese Stelle übersetzte »... und will ihm geben ein gutes Zeugnis, und mit dem Zeugnis einen neuen Namen geschrieben, ...«. Er übernahm hier also die alte, übertragene Bedeutung! – Anm. d. Ü.)

Laut Cayce bezogen sich der weiße Stein und der neue Name auf einen neuen geistigen Bewußtseinszustand bei Johannes.

Die Samen bestimmter Pflanzenarten (Steinobst) nennt man Steine. Die Steine üben allgemein eine besondere Faszination auf uns Menschen aus, nicht allein durch ihre Schönheit, sondern auch wegen ihrer langen Geschichte.

Der durchbohrte Stein als uraltes Symbol stellt etwas gänzlich anderes dar als ein Phallus-Symbol: Wie er die Geburt im Körperlichen symbolisiert, so mag er zugleich auch ein Bild für die geistige Geburt sein.

Ein »stone« (Stein) ist in Großbritannien schon seit langer Zeit eine gebräuchliche Maßeinheit für Gewichte (1 stone = 14 lbs. [brit. Pfund] = 6,35 kg).

Bei der Analyse eines Traumes, in dem ein Stein eine Rolle gespielt hat, sind die begleitenden Umstände und Details von besonderer Wichtigkeit, beachtet man sie nicht, entgeht einem der eigentliche Sinn. Ein dunkler, matter Stein kann sich auf »des Pudels Kern«, auf den Kern des Träumers beziehen, der mehr Licht braucht. Ein geschliffener, polierter Stein zeigt einen geistigen Fortschritt oder eine Aufhellung des Unbewußten.

Den folgenden Traum hatte eine Frau, die Mitglied einer Studiengruppe der A. R. E. war und gerade das Buch *Suche nach Gott* studierte:

»Ich träumte, mit meiner Familie auf einem Schiff am Grund des Meeres zu leben. Irgend etwas ging schief, und das Schiff füllte sich mit Meerwasser. Doch obgleich wir völlig untergetaucht waren, hatten wir keine Schwierigkeiten zu essen oder zu atmen. Unser einziges Problem waren die Wasser-Stechmücken, die uns derartig zu schaffen machten, daß wir nicht mehr zum Schlafen kamen.

Dann merkte ich, daß ich ein Bad nötig hatte. Ich entdeckte, daß ich durch das Öffnen einer Tür einen Motor anschalten konnte, der den Dampf destillierten Wassers durch ein Gitter hereinströmen ließ, was mir gestattete, ein Bad zu nehmen.

Als wir bemerkten, daß wir gerettet werden sollten, begannen wir zu packen.

Ungefähr zur gleichen Zeit entdeckte ich eine auffällige Anordnung von Steinen in einem Garten. Sie bildeten ein Quadrat mit einem Kreuz in der Mitte. Ich dachte, ich könnte einige der Steine als Andenken mitnehmen. Da begannen sie sich zu bewegen, und zwei von ihnen verwandelten sich in Muscheln mit Hühnerfedern. Während ich noch hinschaute, verwandelten sie sich in Stachelschweine. Dann ähnelten zwei andere Steine auf einmal Muscheln, die sich wiederum in Eichhörnchen verwandelten. Ich wandte mich zu meinem Mann und forderte ihn auf: ›Schau dir das einmal an!‹

Wir fuhren fort, unsere Sachen zu packen, und ich legte alle schmutzigen Wäschestücke auf eine Haufen. Ich kümmerte mich um trockene Windeln für meine kleine Tochter, da ich wußte, daß sie solche an Land brauchen würde. Es schien, daß jedes Familienmitglied ein eigenes kleines Zimmer hatte. Ich wollte mich kurz schlafen legen und bat sie, alle Lichter auszuschalten; die in allen Räumen glimmenden Feuer gaben genug Helligkeit. Bevor ich erwachte, überlegte ich mir, daß ich dafür sorgen müßte, daß die Tür richtig abgeschlossen wird, wenn wir unser Heim verlassen.«

Das Meer stand in diesem Traum symbolisch für die unermeßlichen Weiten des Unter- und Überbewußtseins der Träumerin. Das Schiff wies auf die Reise, den Weg des geistigen Lebens hin. Wegen einer gewissen Unzufriedenheit mit dem Leben (»etwas ging schief«) wendet sich die Träumerin an das Überbewußte um Hilfe, die sie erhält (sie kann weiterhin atmen).

Die lästigen Stechmücken waren emotionelle Störungen in ihrem Leben, die aus ihrem Unterbewußtsein hervorkommen. Sie lassen die Träumerin nicht mehr ruhig leben und schlafen.

»Ich hatte ein Bad nötig« erklärt sich von selbst, denn wir alle haben geistig eine Reinigung, eine Läuterung nötig. Die Entdeckung des Motors, der Dampf hereinblies, deutet auf die innewohnende Kraft zur Reinigung hin; destilliertes Wasser, durch die Feuershitze gereinigtes Wasser ist ein Symbol für das geistige Wasser des Lebens. Nach dem Bade erkannte die Erzählerin, daß sie und ihre Familie gerettet werden sollten. Das ist eine Rettung vor ihrem niederen Selbst.

Das Sammeln aller schmutzigen Kleidungsstücke bedeutet die Notwendigkeit, alle schmutzigen Elemente im Denken und Empfinden an die Oberfläche zu bringen.

Der Steingarten, das Quadrat und das Kreuz symbolisierten das Bedürfnis nach Ausgeglichenheit oder die Befreiung des Selbst vom Gewicht des Materiellen und Materialistischen über den Weg des Kreuzes.

Die Steine selbst deuten hin auf den geistigen Urzustand, noch vor der Entfaltung des Bewußtseins. Die Bewegung zweier Steine und ihre Verwandlung in Venusmuscheln mit Hühnerfedern und dann in Stachelschweine ist ein Symbol des evolutionären Wesens der Veränderung.

Das Stachelschwein mit seiner massiven Panzerung und dem Schutz seiner Stacheln weist auf einen defensiven Zustand, eine Abwehrhaltung der Träumenden hin.

Die zweite Verwandlung der Steine in Eichhörnchen bedeutet weiteres Wachstum, weitere Höherentwicklung. Der etymologi-

sche Ursprung des englischen Wortes für Eichhörnchen (squirrel)
liegt weiterhin im altgriechischen Wort für Schatten (skiā); mit
diesem, mit dem niederen Selbst hatte es die Träumerin nämlich
zu tun.

Dieser Traum teilte der Träumerin also – kurz zusammenge-
faßt – mit, sie sollte die geistigen Gesetze im praktischen Leben
verwirklichen. Mit anderen Worten: Sie sollte einen Teil ihrer
Voreingenommeneit opfern und zurück auf den Boden der Tatsachen kommen.

Pflanzen (Bäume – Früchte – Blumen): Oft erscheinen sie als
Symbole unseres geistig-spirituellen Zustandes in unseren Träumen. Sehen die Pflanzen gesund aus, erfreuen wir uns inneren
Wachstums. Sterben sie, weil sie vernachlässigt wurden oder
zuwenig Wasser bekommen haben, müssen wir in uns selbst nach
einem geistigen Mangel forschen. Von Früchten überladene Bäume sind oft ein Symbol für ein fruchtbares Leben. Meditierenden
Menschen können aus Wassermangel welkende Pflanzen anzeigen, daß sie ihre Meditation nicht regelmäßig ausgeführt haben.
Laut Cayce steigert die Meditation den Strom geistiger Kräfte,
des Lebenswassers in uns.

Für einen Baumgärtner kann ein Traum von Bäumen auch eine
buchstäbliche Bedeutung haben, wenn ihm hierdurch für das
Gedeihen der Bäume wertvolle Informationen gegeben werden.

Ein negativer Aspekt der Bäume zeigt sich in Träumen vom
Dschungel. Sie weisen gewöhnlich auf einen Verwirrungs- und/
oder unzivilisierten Seinszustand hin, wie der folgende Traum
eines Ingenieurs bestätigt: »Ich fuhr stromaufwärts durch den
Regenwald, um wichtige fotografische Aufnahmen zu machen.
General MacArthur und ein Führer waren bei mir im Boot. Ein
Löwe kam auf mich zu und stellte sich mit den Vorderpfoten auf
den Lauf des Gewehres, das ich nicht rechtzeitig gebrauchen
konnte. Zwei eingeborene Frauen kamen hervor und sagten uns,
der Löwe hätte ihr Baby weggenommen. Es war derselbe Löwe,
der zu uns gekommen war, und so ging ich zu ihm, zog das Kind
aus seinem Maul und gab es den Frauen zurück.«

Dieser Traum bedeutete dem Ingenieur, daß er sich seinen
Mitarbeitern gegenüber unzivilisiert verhielte. General MacAr-
thur stand für jenen Aspekt im Träumenden, der, wenn er als
Manager »dienstlich« war, zu militant wurde.

Der Löwe, ein wildes Tier, das brüllt und sich benimmt, als
wäre es der König seines Lebensbereiches, verdeutlichte die Rolle,

die der Träumer in seinem Amt einnimmt, wo er seinem Temperament freien Lauf ließ und oft brüllte. Daß er versagte, den
Löwen rechtzeitig zu töten, deutet auf seine Weigerung hin, jenen
negativen Aspekt in sich selbst auszurotten.

Das Baby stand für die neue Idee, das neue Ideal, das in dem
Träumer schon zu keimen begonnen hatte, jedoch in Gefahr war,
vom Löwen vernichtet zu werden. Der Träumer allein kann es
vor den Zähnen, dem Maul des Löwen retten (seinen eigenen
heftigen Worten).

In der Bibel können wir lesen: »Meine Frucht ist besser denn
Gold« (Spr 8,19), »Die Frucht des Gerechten ist ein Baum des
Lebens« (Spr 11,30), »Schlaget die Sichel an, denn die Ernte ist
reif« (Joel 3,18 bzw. 4,13).

Als eine Frau, die Mitglied der Gebetsgruppe der A. R. E. war,
Edgar Cayce von ihrem Traum eines golden wogenden Weizen-
feldes erzählte, antwortete er: »Die Ernte ist groß, aber wenige
sind der Arbeiter!« (Mt 9,37), mit anderen Worten: Mach dich an
die Arbeit!

Eine Frau träumte, sie und ihr Mann hätten eine Erlaubnis
bekommen, schwarze Kirschen in einem Obstgarten zu pflücken.
Dort stellten sie fest, daß die unteren Zweige der Bäume schon
abgeerntet waren. Um die weiter oben hängenden Früchte zu
erreichen, mußten sie sich an dem Baum hochziehen. Das Gras an
dem steilen Hang, der zu den Kirschbäumen anstieg, sah aus wie
ein reifes, goldgelbes Weizenfeld.

Wir interpretieren den Traum dahingehend, daß er nicht nur
eine Anerkennung für das bedeutete, was die Träumerin und ihr
Mann schon getan hatten, sondern auch ein Hinweis darauf, daß
größere Anstrengungen unternommen werden müßten.

Die Vernichtung des reifen Obstes hat eine negative Bedeutung: »Ich sah eine Wehrburg. Der Feind versuchte, die Befesti-
gung einzunehmen. Ich trat ein und war überrascht, nur einen
Menschen vorzufinden. Draußen war ein großer Obstgarten voll
reifer Früchte. Wir versuchten, Mittel zu finden, ihn zu zerstören.«

Die Festung steht symbolisch für den Kriegs- oder Abwehrzu-
stand des Träumers. Burg ist ein anderer Begriff für das, was auch
das Wort Tempel ausdrückt, und in der Bibel finden wir folgende
Stelle: ». . . wisset ihr nicht, daß euer Leib ein Tempel des heiligen
Geistes ist, der in euch ist, welchen ihr habt von Gott. . . .« (1 Ko
6,19).

Der Feind, den der Träumer entdeckte, war in ihm selbst, denn im Traum beschlossen sowohl sein Bewußtes wie auch sein Unterbewußtes, den Obstgarten zu zerstören.

Diese Zerstörung ist eine Warnung vor dem Verlust seiner geistigen Eigenschaften, dessen also, was das wirkliche Leben ausmacht und erhält.

Die Früchte des Geistes, die vernichtet werden, sind Liebe, Freundlichkeit, Sanftmut und Geduld.

Der Traum wollte den Mann wachrütteln, daß er seine zerstörerischen emotionalen Neigungen entdeckt, um sie auszuschalten.

Laut Cayce weist die Bibelstelle »der Baum des Lebens mitten im Garten« (1 Mo 2,9) auf die Bewußtseinszentren im Menschen hin.

Dies findet sich symbolisch im folgenden Traume wieder: »Ein langer Zweig wuchs aus meinem Rücken. Er wuchs im Kreise herum und kam unter meinem linken Arm hervor. Ich fragte meinen Mann danach. Er sagte: ›Das ist der Baum des Lebens‹, worauf ich erwiderte ›Ich glaube, der wächst auch auf meiner rechten Seite‹. Wir beschlossen, es von unserem Hausarzt operieren zu lassen; er war schon gestorben. Er glich einem pausbäckigen Barock-Engelchen, und ich grüßte ihn liebevoll. Er gab mir eine Narkose, operierte, und ich war erstaunt, wie schnell die Sache vorbei ging. Er warnte mich noch, schwere Gegenstände zu heben; das galt für die nächsten neun Monate.«

In diesem Traum zeigte der Baum des Lebens, der äußerlich sichtbar wurde, eine gewisse Entstellung oder Zurschaustellung an, eine Neigung der Träumerin, mit ihrer medialen Begabung zu prahlen; erforderlich und erwünscht war Demut und Bescheidenheit. Das zeigte der engelsgleiche Arzt aus dem geistigen Reich. Die Mahnung, neun Monate lang nichts Schweres zu heben, bedeutete, daß unvernünftiges Tun zu geistiger wie physischer Fehlgeburt führen könnte.

Unter einem etwas anderen Gesichtspunkt drücken auch Blumen die Früchte des Geistes aus. Sieht man im Traum Blumen, die nicht beachtet oder gar bewußt ignoriert werden, so deutet dies gewöhnlich auf vernachlässigte Talente oder verborgene innere Fähigkeiten hin, die brachliegen.

Einem Rosenkreutzer ist die rote Rose Symbol für Christus, vielen anderen Menschen sind rote Rosen der Inbegriff für Schönheit und ein Symbol der Liebe.

Auch im folgenden Traum stehen Rosen für Harmonie und Liebe: »Ich sah in den Hinterhof einer Freundin und war betrübt, ihre schönen rosa Rosen im Staub liegen zu sehen.«

Der Traum war eine Aufforderung zum Gebet. Die Freundin fühlte sich unglücklich, und das hatten die im Staub liegenden Rosen angezeigt. Der Traum deutete auf Eheschwierigkeiten hin, die später durch einen Brief bestätigt wurden. Zeit, beiderseitige Bemühungen und Gebet heilten den Sprung in ihrer Beziehung.

Eine begeisterte junge Polizistin hatte folgenden Warntraum: »Ich war mit Freundinnen vom College zusammen in einem Haus. Es begann zu regnen, und weil ich Regen gern habe, setzten wir uns hinaus auf die Veranda, um ihm zuzuschauen. Der Regen fiel wie drei Wände herab, die spiegelten; wir konnten darin die Rosen sehen, wie sie vor der Veranda wuchsen. Eines der Mädchen streckte seinen Finger durch das Spiegelbild, da verschwand das großartige Schauspiel vor unseren Augen. Ich wurde ärgerlich.«

Dieser Ärger wurde von den jungen Leuten, mit denen sie arbeitete (Mädchen vom College) ausgelöst, die sich über die metaphysischen Interessen der Träumerin lustig machten, und der Traum warnte sie, ihre Energie nicht durch nutzlosen Groll zu verschwenden.

Der Regen stand symbolisch für die Reinigungsprozesse in ihrem spirituellen Leben, denn der Regen wäscht nicht nur sauber, sondern regt das Leben in und auf der Erde zu vermehrtem Wachstum an.

Manchen Menschen ist die Lotos-Blüte ein universelles Symbol für das hohe Selbst, wie der folgende Traum überzeugend darstellt: »Meine Aufmerksamkeit wurde auf ein hell strahlendes, weißes Licht gelenkt, das auf eine Lotosblüte gerichtet war, die auf dem Wasser trieb. Als die Kelchblätter sich langsam öffneten, konnte ich deutlich auf der Blüte Tautropfen sehen.«

Dieser Traum spiegelte das innere Wachstum wider, weil der sich öffnende Lotos für die Träumerin die Erweiterung des geistigen Bewußtseins symbolisierte. Dies wurde noch betont durch das weiße Licht, die Tautropfen und das Wasser.

Eine Mutter träumte über den Freund ihrer Tochter: »Jimmie, ein Teenager, der mir mißfällt, brachte mir eine gerade knospende Hortensie und entschuldigte sich, daß die Blume sich noch nicht weiter entwickelt hätte. Als ich sie entgegennahm, verwan-

delte sie sich in ein einziges Palmblatt. Ein kleines Fläschchen Öl
war daran gebunden mit einer Anweisung, die empfahl, den Stiel
des Blattes mit Öl einzureiben, damit es schneller wüchse.«

Zu biblischen Zeiten diente das Öl, um andere damit zu
segnen. In diesem Traum wurde die Mutter angehalten, die guten
Eigenschaften des jungen Mannes zu fördern, nicht ihn aus dem
Leben ihrer Tochter fort zu wünschen. Die Verwandlung in ein
Palmblatt ist ein Zeichen geistigen Wachstums.

Eine Woche nach diesem Traum schrieb Jimmie an Sue, die
Tochter der Träumerin. Er entschuldigte sich für sein egoistisches
Benehmen und versprach, sich zu bessern, wenn sie ihm noch
einmal eine Chance gewährte. Aufgrund des Traumes entschloß
sich die Familie zur Geduld, um zu versuchen, ihm zu helfen.

Eine andere Frau träumte von einem wunderschönen, vier-
eckigen Flecken blauer Blumen, umgeben von einer Baumgrup-
pe. Die Blumen erinnerten sie an afrikanische Veilchen, die sie
sehr liebte und erfolgreich im Garten zog. Weil sich der Garten so
gut entwickelte, beschloß sie, sich einen kleinen Urlaub zu gön-
nen. Als sie zurückkehrte, war der ganze Garten umgegraben,
und Veilchen und Bäume waren nicht mehr zu sehen. Sie war
jedoch damit getröstet, daß sie genügend Stecklinge besaß, um
einen neuen Garten anzulegen.

Hier wurde die Träumerin von ihrem höheren Selbst davor
gewarnt, ihrem spirituellen Fortschreiten gegenüber zu gleichgül-
tig zu sein. Während die blauen Blumen und Bäume ihren Bewußtseinsstand darstellten, zeigte der umgepflügte Garten die
Folgen geistiger Vernachlässigung. Wie ein physischer, so
braucht ein spiritueller Garten dauernd Aufmerksamkeit und
Arbeit.

In ähnlicher Weise wurde die Träumerin des nächsten Bei-
spiels getadelt: Sie träumte, Brennesseln durchsetzten ihren schönen Blumengarten. Dieses Bild galt ihrer spitzen Zunge (ihre
Worte brennen wie Nesseln), die die Harmonie ihres Haushaltes
beeinträchtigte (Garten).

In diesem Traum haben die Blumen eine andere Bedeutung:
»Ich pflanzte Blumen in meinen Garten. Dabei pflanzte ich auch
ein Bündel Schreibfedern.«

Blumen verkörpern Schönheit, sie bringen allen Freude ins
Herz. Die Federn stehen mit dem Schreiben in Verbindung, und
so wurde diese Frau aufgefordert, das Schöne in der Welt zu
vermehren, indem sie einpflanzte und über all das schrieb, was

Harmonie, Freude und Frieden in das Leben der Mitmenschen bringt. Die Träumerin hatte sich zu sehr auf die negativen Aspekte ihrer Welt konzentriert.

Der Baum des Lebens kann auch als Bestätigung im Traum erscheinen: »Ich war im Wald und sah um mich sieben niedliche Elfen ohne Flügel. Ich fragte sie, ob sie Elfen wären, und sie antworteten ›Ja‹. Eine sagte: ›Wir wollen dir einen Baum geben, der dir ganz allein gehören soll.‹ Da fragte ich ›Wann?‹ Sie erwiderten: ›Wenn du aufs Land ziehst.‹ – ›Wie komme ich dort hin?‹ fragte ich darauf. Sie entgegeneten: ›Du weißt den Weg schon!‹«

Weil die Träumerin die sieben Elfen mit den sieben Bewußtseinszentren oder Chakras assoziierte, bedeutete ihr dieser Traum eine große Verheißung. Der Baum ist der »Baum des Lebens«, und das Land, zu dem sie strebte, ist das geistige Bewußtsein. Wie die Elfen sagten, wußte sie den Weg dorthin schon, denn die sittlichen und geistigen Gesetze waren ihr schon vertraut.

Vögel

Die drei Hauptantriebe im Tierreich gelten der Erhaltung des Individuums oder der Selbsterhaltung, der Erhaltung der Art und der Ernährung. Auch der Mensch hat grundsätzlich diese Antriebe, in ihm müssen sie aber »vergeistigt« werden. Es ist wohl nicht falsch, sein Leben erhalten zu wollen, sich fortzupflanzen und zu essen; falsch wird es erst durch die Ausbeutung anderer, durch Ehebruch und Völlerei, denn diese Auswüchse haben ihren Ursprung in Habgier und Sinnlichkeit. Sie schädigen den Menschen nicht nur körperlich, sondern – was weitaus tragischer ist – auch in seinem geistigen Wesen.

Vögel werden oft in Verbindung gebracht mit Schönheit, Freude und Liebe, sowie mit jener transzendenten Eigenschaft, die den Menschen aus der Sklaverei unter sein niederes Selbst in die Freiheit erhebt und seinem höheren Selbst Ausdruck gibt. So erscheint das Symbol des Vogels häufig in der Geschichte, in der Bibel und in vielen Träumen von Männern und Frauen, die durch kritische Phasen ihres Lebens gehen. Selbst die Medizinmänner primitiver Stämme geben dem Vogel-Symbol Ausdruck in ihrem Leben; mit seiner Hilfe erklären sie ihre Fähigkeit, den Körper zu verlassen und frei umherzufliegen.

Da der Vogel das einzige Geschöpf ist, das den Dauerflug in großen Höhen beherrscht, können wir uns wohl vorstellen, warum er – von den frühesten Zeiten bis zum heutigen Tage – mit der Eigenschaft identifiziert wurde, die den Menschen über die materielle und egoistische Welt (Erdgebundenheit!) erhebt in die höhere, geistige Welt (Himmel!).

Beim Traumsymbol »Vogel« sind freilich die Art des Vogels, seine Tätigkeit und die eigene Assoziation der Schlüssel zur persönlichen Be-Deutung des Traumes.

Laut Cayce symbolisieren Vögel – insbesondere der Adler – das vierte Bewußtseinszentrum oder Thymus-Chakra (Herz-Chakra) unseres Körpers, das wiederum mit der Liebe verbunden ist. Ein umherhüpfendes Vögelchen im Traum, das darauf wartet, gefüttert zu werden, könnte demzufolge dem Träumenden empfehlen, jenem Aspekt seiner selbst – der Liebe nämlich – mehr Nahrung zu geben. Das Wappentier der Vereinigten Staaten von Amerika, der weißköpfige Adler, steht für Freiheit und Verantwortung. Laut Cayce steht dieses Tier auch für jene echte, wahre Liebe, die gibt, ohne etwas zurückzufordern.

Viele Teenager träumen in einem kritischen Lebensabschnitt von einem Adler, der an ihrem Herzen (oder Thymus-Gegend) pickt oder reißt. Dies ist oft eine Veranschaulichung der emotionellen Verwirrungen, denen die jungen Leute ausgesetzt sind, weil sie sie noch nicht verstehen können. Solche Probleme stehen gewöhnlich in Verbindung mit dem Erwachen ihres Körpers in der Pubertät, dem gleichzeitig aufkommenden Verlangen, zu lieben und geliebt zu werden, (meist) ohne dabei die Verantwortung zu verstehen, die die reife Liebe mit sich bringt.

Eine Frau hatte kurz vor ihrer geplanten Scheidung folgenden Traum, der sie auf eine Möglichkeit hinweist, die verlorene Liebe wiederherzustellen: »Mein Mann und ich beobachten einen großen, häßlichen Vogel, der sich in einen zähnefletschenden, schwarz-braun gefleckten Hund verwandelt. Der Hund bellt wütend und verschwindet dann nach Süden. Ich gehe fort, fühle mich aber plötzlich gezwungen, zurückzublicken, wo ich anstelle des gefleckten Hundes einen schönen Vogel sehe, in dessen Gefieder glänzendes Licht funkelt, in schillernden Farben wie Edelsteine. «

Der häßliche Vogel präsentierte hier die Liebe der Frau, die von Negativem zerstört worden war, wie nicht nur das Aussehen des Hundes, sondern ebenso seine Eigenschaften zeigen: Ein Hund bellt, fletscht die Zähne, kläfft und beißt sogar. Der Traum forderte die Träumerin auf zurückzublicken, sich die idyllischen Tage des Kennenlernens und der frühen Liebe ins Gedächtnis zurückzurufen, als ihr die Liebe und Ehe das Wichtigste im Leben war, ein wunderschöner Schatz (der schöne Vogel im Traum). Durch Konzentration auf die guten Eigenschaften ihres Mannes und durch die Überwindung der harten Gefühle in ihr selbst (der böse Hund verschwindet) könnte sie also ihre Ehe wieder in etwas sehr Schönes zurückverwandeln.

Cayce träumte von fliegenden Federn und Truthähnen in einer Werkzeugkiste. Er sagte über diesen Traum: »**Der Traum zeigt bestimmte Umstände, die zunächst zu Verwirrung führen werden (fliegende Federn). Die Werkzeuge und Truthähne sind jedoch eine Verheißung der nötigen Nahrung und**

Kleidung, um den Mitmenschen besser helfen zu können. Das sind gute Symbole, denn das Ziel, oder die treibende Kraft ist konstruktiv.«

Nach einem Temperamentsausbruch träumte nachts ein Mann, daß ein Vogel sich in ein brüllendes Löwenkind verwandelte, das er streichelte. Diese Verwandlung war eine Darstellung des Stimmungsumschwunges, der stattgefunden hatte: Der Vogel stand für die Liebe, der brüllende kleine Löwe zeigte die negativen Emotionen Zorn und Wut an. Daß der Träumende den Löwen streichelte, deutete die Genugtuung an, die seinem Ego durch den Temperamentsausbruch geschah; natürlich warnte der ganze Traum den Mann vor einer Veränderung in seinem Wesen.

Im Traum eines anderen Mannes erschien ein Geschöpf, das denen in den prophetischen Visionen ähnelte: »Ich sah einen großen grauen Vogel; er hatte Flügel an allen Seiten. Der Vogel landete auf meinem Kopf und schlug seine Krallen in die Kopfhaut. Noch einige Augenblicke nach dem Erwachen hatte ich Schmerzen an dieser Stelle.«

Dieser Traum und der Schmerz, den der Träumer empfand, deutete auf einen Bewußtseinserweiterung in Richtung Liebe hin. Die Krallen des Vogels in der Kopfhaut des Mannes wiesen auf den Schmerz hin, der in das Leben all derer kommt, die danach trachten, Liebe zu geben. In gleicher Weise wird betont, wie wichtig es ist, die Liebe zuoberst im Sinne zu behalten. Auch Cayce sagte »Wer mehr lieben will, wird mehr leiden«. Die vielen Flügel des Traumvogels zeigten an, welchen Auftrieb das Geistige durch diesen Durchbruch zur Liebe erleben wird. Die Farbe Grau stand symbolisch für die graue Substanz, das Gehirn also, und erinnerte zugleich an Cayces Aussage »Es ist der Geist, der alles schafft.«

Es folgen nun häufige Assoziationen, die mit bestimmten Vogelarten verbunden werden. Denken Sie hierbei, bitte, daran, daß persönliche Erlebnisse und Assoziationen auf jeden Fall Vorrang vor den hier gegebenen haben müssen.

Der amerikanische *Hüttensänger* (eine unserem Rotkehlchen verwandte Drosselart; Anm. d. Ü.) wird allgemein mit Glück und Freude in Verbindung gebracht. So kann sein Erscheinen im Traum glückliche Umstände im Zusammenhang mit den anderen Traumsymbolen anzeigen. Erscheint der Hüttensänger im Haus, Büro oder in der Wohnung eines Verwandten, so wird er vermutlich Glück in der Umgebung ankündigen, in der er gezeigt ist.

Der *Wellensittich*, der »Liebesvogel«, könnte andeuten, daß Liebe im Käfig eingesperrt ist und freigelassen werden sollte.

Die *Taube* in ihrer Eigenschaft als Friedenstaube ist allgemein bekannt. Sie kann sich als Symbol auch auf eine innere Einweihung beziehen; so wird das Herabsteigen des Heiligen Geistes im Matthäusevangelium (Mt 3,16-17) folgendermaßen geschildert: »Und da Jesus getauft war, stieg er alsbald herauf aus dem Wasser; und siehe, da tat sich der Himmel auf über ihm, und Johannes sah den Geist Gottes gleich einer Taube herabfahren und über ihn kommen. Und siehe, eine Stimme vom Himmel herab sprach: Dies ist mein lieber Sohn, an dem ich Wohlgefallen habe.«

Das Gurren einer Taube im Traum mag dem Träumer nahelegen, das Gurren dem Murren vorzuziehen; wir sollten lieber sanft sein wie ein Täubchen, als uns dauernd zu beschweren und harte Worte auszusprechen.

Das *Rotkehlchen* als Vorbote des Frühlings könnte einen neuen Anfang andeuten, eine neue Gelegenheit, selbst eine innere Wiedergeburt. Die Ausdauer des Rotkehlchens bei der Jagd auf einen Wurm mag manchem auch Geduld symbolisieren.

Der *Pfau* wird – trotz seines exotischen Gefieders – gewöhnlich mit Eigenliebe und Eitelkeit assoziiert; somit ist er eine bildhafte Darstellung der Warnung »Hochmut kommt vor dem Fall« (Spr 16,18).

Der *Rabe* kann eine Erinnerung an Gottes Liebe sein, die dem Menschen aus jeder Not helfen kann (Elia wurde von Raben gefüttert; 1. Kö 17,4ff.).

Ein Brite mag beim Traum von einem Raben an das persönliche Überleben oder an das Fortbestehen des britischen Empire denken, nachdem Raben jahrhundertelang den Fortbestand des Vereinigten Königreiches symbolisierten. Aus diesem Grund werden die Raben im Tower von London mit rohem Fleisch verwöhnt und mit gestutzten Flügeln dort gehalten, denn ihr Fortflug würde als ein sehr unheilvolles Vorzeichen betrachtet.

Ist der Träumer mit *Der Rabe* von Edgar Allan Poe vertraut, mag ihm ein Rabe im Traum Fatalismus und Verzweiflung bedeuten.

Der *Geier* wird gewöhnlich mit wahlloser Fresserei assoziiert. Folgender Traum warnte eine Frau vor diesbezüglichen Tendenzen: »Ich liege in einem offenen Grab. Drei Geier schweben über mir. Sie sehen drei Verwandten ähnlich. Voller Angst wache ich auf.«

Die drei Verwandten konnte die Träumerin mit einer Bemerkung vom Vortag verbinden, als sie gesagt hatte »Diese drei werden mir noch den Tod bringen«, und sich dabei auf deren Ansprüche an ihre Zeit bezog. Der Traum rief ihr diesen Ausspruch ins Bewußtsein zurück; das Symbol »Geier« erklärt den Rest des Traumes: Er teilte ihr – in nicht gerade vager Ausdrucksweise – mit, daß sie, wenn sie nicht abnähme und ihre Ernährungsgewohnheiten änderte, sich selbst ins Grab brächte.

Glücklicherweise kann ich heute schreiben, daß dieser Traum und die Warnungen ihres Arztes der Träumerin die nötige Willenskraft finden ließ, die ihr schließlich die erwünschten Resultate zu erreichen half.

Die *Eule* als Sinnbild der Weisheit ist bekannt. Im Traum erscheint die Eule oft als Aufforderung, in einer Angelegenheit des Herzens mehr Unterscheidungskraft walten zu lassen.

Der *Falke* wird zum Jagdfalken dressiert. So kann er als Symbol gelten für das Jagd-Machen auf andere, für die Ausnützung eines Liebesverhältnisses oder das Gejagt-Sein – je nach dem Zusammenhang mit den anderen Symbolen im Traum.

Die *Spottdrossel* hat offensichtlich etwas mit dem Spott zu tun. Einem ehebrechenden verheirateten Mann zeigt die Spottdrossel im Traum, daß er sein Ehegelöbnis zum Gespött werden läßt. Andere, die es nicht lassen können, bei jeder Gelegenheit zu verhöhnen und zu verspotten, was ihren Mitmenschen wert und heilig ist, können gleichfalls im Traum eine Rüge durch die Spottdrossel erhalten.

Wer gerne dem Gesang der Drossel lauscht, dem mag dieser Vogel im Traum nahelegen, dem Leben allgemein mehr Verständnis entgegenzubringen und seine Talente mehr zu gebrauchen.

Der *Phönix*, ein Vogel aus der altägyptischen Mythen- und Sagenwelt, hatte eine Lebenszeit von 500 Jahren. Weil er sich von den Flammen verzehren ließ, um sich danach verjüngt aus der Asche zu erheben, wurde er auch im christlichen Bereich zu einem Symbol der Auferstehung und Unsterblichkeit. So mag der Phönix in Träumen als der Vorbote einer spirituellen Wiedergeburt gelten. In dieser Funktion erscheint er auch im folgenden Traum einer Frau, die ein bronzenes Räuchergefäß besaß, auf dem unter anderem auch der Vogel Phönix abgebildet war.

214

»Ich war zusammen mit einer Bekannten, die eine goldene Kugel in die Luft schoß. Sie fiel hernieder, und in dem Augenblick, als sie die Erde berührte, verwandelte sie sich in ein Reh. Das Reh traf einen schönen, großen, goldenen Phönix, und sie tanzten miteinander.«

Hier sehen wir, wie die Ausschaltung des Negativen durch positive Zielsetzung – die goldene Kugel – Harmonie und geistiges Erhobensein verspricht.

Der Friedenszustand zwischen niederem und höherem Wesen findet symbolisch seinen Ausdruck im Tanz von Reh und Vogel Phönix.

Die *Gans*, als »dumme Gans« hinreichend bekannt, steht als Traumsymbol gewöhnlich vor uns, um uns auf unser törichtes Verhalten oder Tun hinzuweisen.

Das *Huhn* mit abgeschnittenem Kopf zeigt uns hysterisches, unsinniges Verhalten an; der Träumende – so wirft es ihm vor – gebraucht nicht seinen Kopf, oder er hat »den Kopf verloren«. Außerdem ist das Huhn oft Symbol für Ängstlichkeit oder Mangel an Mut, wie zum Beispiel im folgenden Traum eines überängstlichen Studenten: »Mein Pfarrer hieß mich, die Eier aufzubrechen, um die kleinen Küken herauszulassen. Die Küken waren gelb.«

Die Bildersprache des Traumes enthüllt uns, wie sehr sich das Unterbewußtsein des Studenten darum bemüht, den jungen Mann aus der Reserve zu locken. Die Botschaft seines Traumes lautete, salopp ausgedrück: »Schlüpf endlich aus deiner Schale heraus!«

Der weiße *Schwan* ist ein Geschöpf von großer Schönheit und Anmut. Den folgenden Traum brachte die Träumerin selbst in Verbindung mit dem Tod des Schwans im Ballett *Der Schwanensee* von Peter Tschaikowsky: »Ich befand mich in einer völlig grünen Welt: der Himmel, das Wasser, der See, aus dessen Tiefen Pflanzen emporwuchsen, alles war grün. Plötzlich verwandelte sich der See in einen aufgewühlten Ozean, und ich sah mit Schrecken, wie ein häßliches, grünes Ungeheuer aus den dunklen Tiefen stieg und einen lieblichen, weißen Schwan verschlang.«

Das Problem der Träumerin war ihr extremer Neid; der Traum warnte sie vor dem Tode ihrer anmutigen, zarten Eigenschaften und Gefühle, wenn sie es zuließe, daß der Neid sie verzehrte.

Die Verwandlung des stillen Sees in die aufgewühlten Wasser des Meeres und das Ungeheuer symbolisierten die wachsende Erregung ihres Unterbewußtseins.

Die Wasserpflanzen betonten ebenfalls die drohenden Gefahren, denn sie wachsen – unsichtbar – vom Grunde des Sees oder Meeres herauf und können dem Menschen so zur Falle werden.

Das grüne Ungeheuer stand symbolisch für Neid und Eifersucht auf Menschen, die materiell größeren Überfluß genießen konnten als die Träumerin.

Der *Hahn* ist frech und steht im Traum daher oft als Symbol für Aggressivität und Angriffslust.

Landtiere

Tiere – sagt Cayce – **stellen im Traum gewöhnlich negative Aspekte unseres physischen Wesens dar, wenngleich es auch Ausnahmen gibt, denn auch Tiere haben gute Eigenschaften. Je wilder ein Tier jedoch ist, desto bedeutungsvoller wird der Traum, der uns auf unsere wilden, primitiven Emotionen hinweisen will. Aufgedeckt werden verborgene Feindseligkeiten, Wut, Aggressivität, Trägheit und Rachegelüste durch die Art der Tiere, die sich in unseren Träumen zeigen.**

Ein häufiger Traum ist der, in dem der Träumende von einem wilden Tier verfolgt wird. Er zeigt außer Kontrolle geratene Emotionen an, die den Träumenden verfolgen, oder gerade dabei sind, ihn zu übermannen.

Der *Elefant*, bekannt durch seine große Kraft, steht vielen Menschen als Inbegriff von Macht und Kraft; die *Schildkröte*, die Hunderte von Jahren alt werden kann, verkörpert ein langes Leben.

Pferde erscheinen in den Träumen aller Völker. Das Pferd ist ein gutes Beispiel für einen Archetypen-Traum, wie Mythologie, Märchen und Überlieferung belegen können. Im alten Sagengut treffen wir auf Pferde, die Visionen haben, Stimmen hören und sprechen können. Das Pferd ist sehr kräftig und kann sehr schnell fortgaloppieren, scheut aber auch leicht.

Aus diesen Gründen wird es meist mit stürmischen Emotionen assoziiert. Wie bei jedem anderen Symbol sind jedoch auch hier persönliche Assoziationen und Erlebnisse wichtiger für die Deutung des Traumes.

Mehrere Propheten hatten Träume, in denen Pferde vorkamen. In der Offenbarung des Johannes lesen wir: »Und ich sah, daß das Lamm der Siegel eines auftat. Und ich hörte der vier Tiere eines sagen, als mit einer Donnerstimme: Komm und siehe zu. Und ich sah, und siehe, ein weißes Pferd, und der darauf saß, hatte einen Bogen, und ihm ward gegeben eine Krone, und er zog aus zu überwinden und daß er siegete.

Und da es das andere Siegel auftat, hörte ich das andere Tier sagen: Komm und siehe zu.

Und es ging heraus ein anderes Pferd, das war rot, und dem, der darauf saß, ward gegeben den Frieden zu nehmen von der Erde, und daß sie sich untereinander erwürgeten, und ihm ward ein großes Schwert gegeben.

Und da es das dritte Siegel auftat, hörte ich das dritte Tier sagen: Komm und siehe zu.

Und ich sah, und siehe, ein schwarzes Pferd, und der darauf saß, hatte eine Waage in seiner Hand. Und ich hörte eine Stimme unter den vier Tieren sagen: Ein Maß Weizen um einen Groschen, und drei Maß Gerste um einen Groschen, und dem Öl und Wein tue ich kein Leid.

Und da es das vierte Siegel auftat, hörte ich die Stimme des vierten Tieres sagen: Komm und siehe zu.

Und ich sah, und siehe, ein fahles Pferd, und der darauf saß, des Name hieß Tod, und die Hölle folgete ihm nach. Und ihnen ward Macht gegeben zu töten das vierte Teil auf der Erde, mit dem Schwert und Hunger, und durch die Tiere auf Erden.« (Offb 6,1-8)

Nach Cayces Interpretation ist das weiße Pferd eine Darstellung jener Botschaften, die betonen, wie notwendig es für den Menschen ist, seinen Geschlechtstrieb zu meistern, im Gleichgewicht und unter Kontrolle zu halten. Wenn hier ein Gleichgewichtszustand besteht, wird die schöpferische Energie, das Feuer der Keimdrüsen, die Kraft, die Genialität, Liebe und außersinnliche Wahrnehmung entzündet. Diese sind die Krone des Lebens, die den Menschen einen vollkommeneren Diener seines Nächsten werden läßt.

Das rote Pferd bezieht sich auf das Nebennieren-Chakra, das große Bewußtseinszentrum der Emotion. In rechter Weise gebraucht, schenkt es uns Mut, Ausdauer, Schwung, Energie und Geduld. Im Negativen symbolisiert das rote Pferd eine gefährliche, negative Emotion, denn das Rot steht hier an Stelle eines Stoppschildes.

Das schwarze Pferd der Apokalypse bezieht sich auf die Notwendigkeit eines ausgeglichenen Verhältnisses männlicher und weiblicher Seelen-Qualitäten.

Das fahle Pferd bezieht sich auf das Thymus- oder Herz-Chakra, das vierte Bewußtseinszentrum. Fahl ist es deshalb, weil unser Vermögen, der Liebe Ausdruck zu geben, blaß und fahl ist, verglichen mit der Kraft, die hinter der physischen Emotion steht. Daher bezieht sich sein Erscheinen in einem Traum gewöhnlich auf unsere Zuneigungen.

Das Buch der Offenbarung ist eine Zusammenfassung der Träume und Visionen des Johannes. Diese beziehen sich – wie unsere auch – auf innere Konflikte und die Notwendigkeit, zu höherer Erkenntnis und Erfüllung zu gelangen.

Mit Hilfe der Interpretationen Cayces können wir die Bedeutung von Tieren im Traum erkennen.

Im folgenden Traum spielen Pferde eine Rolle: »Ich bin zu Fuß unterwegs und habe ein Ziel vor mir. Eine große Zahl von Kühen hält mich auf. Dann stoßen sie mich sehr. Im nächsten Augenblick befinde ich mich in einem Auto und sehe eine Gruppe Pferde. Wir stoßen zusammen, und ein Tier wird getötet. Ich steige auf ein Pferd und falle wieder herunter. Dann entdecke ich ein schönes, großes, weißes Pferd, auf dem ich reiten möchte, aber ich fürchte mich und habe nicht den Mut dazu. Mein Mann spricht mir aber zu, so daß ich Mut fasse, mich auf das Pferd setze und ohne Sattel reite; ich habe es vollkommen unter Kontrolle. Dann reite ich zu einem Pfadfinderinnentreffen, wo jedermann das weiße Pferd bewundert.«

Hier finden wir ein Bild des Widerstreits zwischen hohem und niederem Selbst. Die Träumerin weiß, daß ihr Lebensziel geistiger Natur ist. In der ersten Szene geht sie zu Fuß, das deutet auf ein recht langsames Fortschreiten hin.

Die langsamen Kühe, die ihr in den Weg kommen und sie stoßen, zeigen, daß die Träumerin nur widerstrebend auf ihrem Weg bleibt und weitergeht.

Das Auto, ein modernes Mittel zur schnelleren Fortbewegung, deutet an, daß ein gewisser Fortschritt zwar schon erzielt ist, doch diesesmal wird sie von Pferden angehalten, die ihr mitteilen, daß sie einige ihrer Emotionen unter Kontrolle bringen und neu ausrichten müsse. Daß sie vom Pferd wieder herunterfällt, zeigt an, daß sie sich weigert, einige dieser Warnungen und Aufforderungen im Traum anzunehmen.

Ihre Angst, auf dem weißen Pferd zu reiten, das sie doch so bewundert, zeigt die Zwiespältigkeit ihrer Gefühle. Ihr Mann, von dem sie sehr viel hält, der ihr Führer und Berater im täglichen Leben ist, stellt hier ihre »bessere Hälfte« dar. Er ermutigt sie, den Versuch zu wagen. Da besteigt sie das Pferd und stellt fest, daß sie es leicht – sogar ohne Sattel – reiten kann. Dieser Teil des

Traumes ermutigt sie, weiterhin ohne Angst ihr eigenes Versagen zu überwinden.

Der letzte Teil verspricht ihr, daß sie – wenn sie ihr »Pensum« schafft, eines Tages die Gaben haben wird, anderen zu helfen, die noch nicht ihre Reife erreicht haben (Pfadfinderinnen). Da sie ihr eigenes Leben unter Kontrolle gebracht und ihm eine geistige Ausrichtung gegeben hat, werden andere zu ihr aufsehen und ihrem Beispiel folgen wollen.

Auch im folgenden Traum haben die Symbole eine Aussage, die sich auf eine sehr hohe geistige Ebene erstreckt: Edgar Cayce selbst träumte »von einem alten Pferd, das vor zwanzig Jahren gestorben ist. Wir nahmen ihm sein Zaumzeug ab, damit es sich frei, aus eigener Kraft noch einen Hügel hinauf schleppen konnte. Das Pferd hinterließ deutliche Spuren, denen wir folgten. Ich sagte, wir hätten Glück, daß das Pferd vor kurzem erst beschlagen worden war, so ließ es deutliche Spuren zurück, denen wir leicht folgen konnten.«

Er interpretierte den Traum selbst folgendermaßen: **»Das Pferd und seine Hufspuren stehen symbolisch für Jesus Christus und den Weg, der den Spuren des Friedensfürsten folgt. Er wurde allen Umständen gerecht und unternahm die notwendigen Schritte, um im Physischen, Mentalen und Geistigen vorwärts zu kommen.**

So muß auch dieser Mensch, Schritt für Schritt, den Umständen, die sich – in welchem Bereiche auch immer – bieten werden, gerecht werden. ER sagte einst: ›Es ist genug, daß ein jeder Tag seine eigene Plage habe‹ (Mt 6,34). Stelle dich jeder Erfahrung, wie ER es tat. Gehe sicheren Schrittes, und strebe immer, dahin zu kommen, wo du alle nötigen Information erlangst, um den Suchenden helfen zu können.« (292-60D)

Eine Studentin träumte: »Ich stand in einer Menschengruppe. Eine dringende Botschaft mußte in eine nahegelegene Ortschaft gebracht werden. Keiner wollte es tun, denn man mußte dazu ohne Sattel und Zaumzeug auf einem feurigen, schwarzen Hengst reiten. Obwohl ich mich ebenso fürchtete, bot ich mich an, die Botschaft zu überbringen, denn sie war sehr wichtig. Ich raste auf dem Pferd auf einer kaum sichtbaren, schlammigen Straße durch die Nacht. Wir waren so schnell, daß die Mähne des Pferdes und meine Haare im Winde wehten. Ich hielt mich an dem Tier fest. Ich war voll Freude und Bewunderung über die Kraft, Ausdauer und Schönheit des Hengstes. Ich sah, wie er mit dem rechten Auge geradeaus blickte, und verlor alle Angst. Wir überbrachten die Botschaft und kehrten sicher zurück. Die Leute im Ort schienen überrascht.«

Dieser Traum teilte der geschiedenen Frau mit, daß ihr Geschlechtstrieb unter Kontrolle kommen müßte, damit sie weiter fortschreiten könnte zur Stärkung anderer Aspekte ihres Wesens, um so ihren Mitmenschen besser dienen zu können.

Der schwarze Hengst signalisierte eine Botschaft von einem Drüsengebiet der Träumerin, die auf die Notwendigkeit der Ausgewogenheit der weiblichen, schöpferischen Kräfte hinwies. Der Traum vermittelte Zuspruch und geistige Weisung; er deutete die Eignung der Träumerin an, Christi Botschaft in die Welt zu bringen, die vielen helfen und manche verwundern wird. Das rechte Auge bezog sich auf den rechten Weg, und auf dem rechten Weg gibt es keine Angst.

»Bob und ich gingen draußen spazieren. Ich sah zum Himmel auf und erblickte wunderhübsche, rosa Wolken. Ich zeigte sie meinem Mann und bemerkte: ›Schau, diese Wolken sehen doch genauso aus wie die Sonnenaufgänge auf meinen Bildern!‹ Der Himmel um die Wolken war schon leicht grau, weiter hinten war er noch blau. Wir gingen in der Dämmerung dem schwindenden Licht nach. Plötzlich kamen weiße Pferde aus den rosa Wolken galoppiert: Es waren vier Gruppen, eine über der anderen. Ich war ganz aufgeregt.«

Hier haben wir es mit einer Verheißung geistigen Wachstums zu tun, vorausgesetzt, die Träumerin achtet weiterhin darauf, den Weg Gottes zu wandeln. Die Botschaft des Traumes lautete: »Durch die Macht der Liebe, gelenkt durch rechtes Denken, wirst du siegen.«

Die vier weißen Pferde standen symbolisch für die Läuterung der vier unteren Bewußtseinszentren. Daß die Träumerin auf das Licht zuging, betont ebenfalls, daß ein geistiges Erwachen vor der Türe steht.

Auch die Himmelsfarben haben eine Bedeutung: Rosa bedeutet Liebe, Grau weist auf die graue Gehirnsubstanz hin, und Blau ist die Farbe der Treue. Man könnte die Botschaft des Traumes auch so formulieren: »Mit der Liebe als Ideal und richtig eingesetztem Denken wirst du zur Wahrheit gelangen.«

Eine Frau träumte, zur Zeit der Kreuzfahrer zu leben. Vor einem lebhaften Hintergrund sah sie ein schönes, weißes

Schlachtroß, auf dem ein Ritter saß, der eine Lanze hielt. Beide waren prachtvoll mit einer bunten Rüstung ausgestattet. Sie grüßte den Ritter mit einem Knicks.

Dieser Traum ist eine Darstellung der geistigen Herausforderung, vor der die Träumerin stand. Die Zeit der Kreuzfahrer bezieht sich auf ihren persönlichen Kreuzzug gegen Feinde in ihr selbst. Der Knicks vor dem prächtigen Ritter auf seinem weißen Schlachtroß stand symbolisch für ihre Unterwerfung unter eine höhere Macht. Die Schönheit und Farbigkeit des Hintergrundes wie auch der Rüstungen weist auf die beglückende Freude derer hin, die Gottes Gesetzen zu gehorchen trachten. Der Speer deutet darauf hin, daß eine »Operation« nötig ist, um die niederen Eigenschaften aus ihr zu entfernen.

Im nämlichen Sinne war ein Traum, in dem der Träumende an einem herrlichen Strand stand und sah, wie sieben weiße Pferde auf ihn zuschwammen, eine Verheißung, daß aus seinem Streben nach Geistigem Kraft und Schönheit in seinem Leben erwüchsen.

Im folgenden soll die mögliche Bedeutung tierischer Traumsymbole kurz dargestellt werden:

Der *Löwe* kann oft eine unangenehme Situation darstellen, wie zum Beispiel in diesem Traum: »Ein großer, goldbrauner Löwe und ein kleinerer Löwe schnappten nacheinander und fletschten die Zähne. Sie verletzten sich sogar. Später leckten sie einander die Wunden.«

Cayce: **»Die Löwen sind Symbole für zwei Menschen, die nacheinander schnappen. Die goldene Farbe zeigt an, daß in beiden gute Eigenschaften sind, die entwickelt werden müssen, denn beide müssen eine bestimmte Arbeit verrichten. Das Lecken der Wunden zeigt an, wie man Schwierigkeiten überwinden kann: Helft einander!«** (294-66-D)

Ein 35jähriger Mann erzählte mir, er hätte, bevor er sich für Metaphysisches interessierte, immer wieder geträumt, von einem Löwen gefressen zu werden. Schon als Kind hätte er diesen Traum gehabt. Der Löwe symbolisierte seine schlechte Laune. Der Mann hatte nie auch nur den Versuch unternommen, sie unter Kontrolle zu bringen, bis er aus geistiger Sicht an sich arbeitete; von dieser Zeit an wiederholte sich der Traum nicht mehr.

Ein Fortschritt ist auch in diesem Traum zu beobachten: »Ich blickte auf die uralten Ruinen im Heiligen Land. Da war auch eine hohe Mauer, die nur zu erklimmen war, wenn man Vertrauen hatte. Es hieß außerdem, daß man, wenn man einmal begonnen hatte, sie zu ersteigen, nicht mehr zurückblicken durfte. Am Wege sah ich prähistorische Miniatur-Saurier in einem Käfig; es war eine ganze Saurier-Familie. Aus dem Boden dieses selben Käfigs kamen andere Tiere hervor, die dann mit den Sauriern kämpften. Dann sah ich eine Höhle, die die Römer angelegt hatten; ein ägyptischer Pharao versuchte, den Stein vom Eingang zu entfernen und kam dabei ums Leben. So konnten mehrere Löwen freikommen, die bis heute noch frei sind. Ich ging an einem Zaun entlang und sah, wie einer der Löwen ein kleines Mädchen angriff. Ich sprang auf den Löwen und zwang ihn zu Boden; ich hielt ihn fest, bis er ganz zahm war und sich niederlegte. Da ließ ich den Löwen los, der sich auf seine Füße erhob und sich vor meinen Augen in eine wunderschöne, hochgewachsene junge Dame verwandelte. Ich küßte sie und ging nach Hause zurück, um die Zeitungsreporter zu empfangen, denn ich wußte, ich war ein Held geworden, da ich das Mädchen gerettet hatte.«

Die Ruinen im Heiligen Land stellen den spirituellen Zustand des Träumers dar. Die hohe Mauer ist die Trennung vom Zustand der Heiligkeit durch falsches Tun. Die Dinosaurier sind ein Bild seines primitiven Verhaltens und Denkens. Die Mauer kann man nur erklimmen, wenn man sich dauernd bemüht voranzukommen, ohne sich umzublicken. Den Zugang zur Höhle – dem geheimen Ort des Höchsten, des Überbewußten – kann man sich nicht mit Gewalt erzwingen: Gewaltanwendung setzt immer die Tiernatur (Löwe) im Menschen frei. Gewalt wird auch zur trennenden Barriere (Zaun). Diese kann man nur überwinden, indem man die Tiernatur (Löwe) durch Liebe besänftigt (niederhalten, bis der Löwe besänftigt ist). Dadurch wird das Tier in eine große junge Frau (das andere Selbst des Träumers) verwandelt. Der Träumer wurde ein Held, weil er das Tier (in sich) überwunden hat. (Vgl. hierzu die Tarot-Karte Nr. 8, »Stärke«)

Ein Fortschritt bei der Kontrolle über ihr Temperament wird auch einer Frau in einem Traum gezeigt, in dem ein Löwe in Ketten gefesselt liegt. Sie eilt mit ihrem Mann Hand in Hand herbei, und der Löwe verwandelt sich vor ihren Augen in ein kleines Kätzchen. Der Traum gratulierte der Frau also für die Besserung ihrer Beziehung zu ihrem Mann (Hand in Hand) und ermutigte sie, daran festzuhalten (hinzueilen).

Obgleich sich fast alle Träume von Löwen auf das Temperament des Träumers und seine Zügelung beziehen, hat das Symbol »Löwe« doch gelegentlich auch eine positive Bedeutung – wie zum Beispiel in diesem Traum: »Ich kam zu spät ins Klassenzimmer. Ich versuchte, mich herauszureden, hatte aber keine echte Entschuldigung oder Rechtfertigung. Der Lehrer sagte nicht viel, aber ich merkte, daß seine Geduld im Schwinden war. Er war Professor für Theologie; ich war zu seinem Unterricht zu spät gekommen und hatte meine Hausaufgaben nur sehr nachlässig gemacht. Der Professor nahm die Hausaufgaben der ganzen Klasse mit und gab mir mein Heft wieder zurück. Ich wollte meine Zettel sortieren, stellte dann aber fest, daß ich keine Heftklammern hatte, um sie zusammenzustecken. Nachdem der Professor den Raum verlassen hatte, diskutierten wir, welchem Glauben er wohl angehörte, ob er Jude, Christ oder was immer war. Dann erschien ein Bild, zusammen mit der Empfehlung, ich sollte – was eine sehr schlaue Idee wäre – den Löwen von Juda als mein Schutzzeichen gegen Angriffe nehmen. Dann wachte ich auf.«

Offensichtlich ermahnt der Traum den Studenten, weil er seine Hausaufgaben vergessen hatte. Daß der Traum sich auch auf geistige Prinzipien bezieht, ist an dem Theologie-Professor zu sehen, der unwillig wird, weil seine Anweisungen ignoriert worden waren. Die Überlegungen hinsichtlich der Glaubenszugehörigkeit des Professors sind eine Widerspiegelung des Glaubens des Träumers selbst. Das wird noch betont durch die Empfehlung, das Zeichen des Löwen zu tragen, um den Angriffen anderer aus dem Wege zu gehen. Der junge Mann assoziierte bei dem Symbol Löwe »es hat überwunden der Löwe, der da ist vom Geschlecht Juda« (Offb 5,5). Das bezieht sich natürlich auf den Christus und seine Lehre. So wird der Träumer also aufgefordert, an die Lehren des Christus zu glauben, in sie Vertrauen zu haben und sich auf sie zu verlassen, andernfalls würden seine Probleme ihn besiegen.

Der *Elefant* kann im Traum ein beruhigendes, bestätigendes Symbol sein. Jemand erzählte Cayce, er sei im Traum von einem Elefanten von der Erde gehoben worden.

Cayce: **»Der Elefant symbolisiert die Kraft, Stärke, Geschicklichkeit und mentalen Neigungen, die durch die Beschäftigung mit der geistigen Natur des Menschen zu diesem Individuum gekommen sind. Laß dich durch diese Beschäftigung ›mitreißen‹ und erhebe! Dann lebe so, wie** es in SEINEM Sinne ist!« (141 D) Cayce konnte dem Träumer in Trance einen Teil seines Traumes wiedergeben, den er selbst vergessen hatte: Er war durch den Besitzer des Elefanten gerettet worden. Das sicherte ihm zu, daß, wenn er sich in höhere Ebenen erheben ließe, Christus ihm Sicherheit gäbe durch seine Erlösungstat.

Ein leitender Angestellter einer großen Firma träumte von Elefanten und Kamelen: »Ich sah, wie ungefähr vierzig Kamele sich mühten, eine sehr schwere Last zu ziehen, die ich nicht sehen konnte, weil Staub über dem Hügel lag, über den der Weg der Kamele führte. Ich wußte auch, daß Elefanten hinter den Kamelen waren, denn ich konnte ihren Kot auf dem Weg sehen.«

Als ich ihn fragte, welche persönliche Bedeutung Elefanten und Kamele für ihn hätten, antwortete er: »Kamele sind dumme, sture Lasttiere, während Elefanten kräftig und intelligent sind.« Die Last, die im Traum gezogen wurde, bezog sich auf die Umstände der Arbeit, die der Träumer ablehnte. Dies verursachte den »Staub über dem Hügel«, der es ihm erschwerte, nach vorne zu blicken. Die Tatsache, daß die Elefanten hinter den Kamelen gingen, wies darauf hin, daß die angeborenen Befähigungen des Träumers hinter seiner falschen (Kamele) Einstellung zu seiner Arbeit zurückgestellt wurden. Das führte sogar zu giftigen Abfallstoffen (Kot) im Organismus. Wie der stärkste und klügste Hund der Leithund wird, wenn ein Rudel Hunde vor eine Last oder einen Schlitten gespannt wird, so zeigte dieser Traum auch an, daß der Träumer sich von Schwäche statt durch Stärke leiten ließ, denn die Elefanten kamen ja erst hinter den Kamelen. Diese standen symbolisch für seine negativen Reaktionen.

Gorilla: Wie man allgemein vom Gorilla (der ein Wirklichkeit ein gelehriges und friedliches Tier ist) denkt, zeigt besonders gut der folgende Traum:

»Ich war zu Hause. Ich sprach über einen Brunnen, über die Christen und Juden. Irgendwie ging es auch um ein Buch und bestimmte Botschaften. Ich sah dann einen Gorilla, der etwas mit Mutter zu tun hatte, die erschossen wurde.«

Cayce: **»Dieser Traum ist das Resultat von gedanklichen Vorstellungen, die dieses Wesen schon bewegt haben. Die Mutter, auf die im Traum geschossen wird, hatte diese Person schon immer vor bestimmten Beschäftigungen gewarnt und vor den Handlungen, zu denen es kommen würde, wenn solche Gedanken weiter gehegt werden. Der**

Gorilla steht symbolisch für diese Handlungen und Gedanken, die zu schwierigen Umständen führen können. Denn (hier) stellt der Gorilla sowohl das niedere Denken dieser Person als auch die resultierende Gefahr dar.« (341D)

Der Affe steht meist für Unfug und Leichtsinn. Ein Traum, in dem ein Clown und mehrere Affen umhersprangen, war eine Warnung für einen Jungen, der sich – wie ihm der Traum vorwarf – wie »ein Clown oder Affe« benahm.

Die *Giraffe* ist – mit ihrem langen Hals – im Traum ein Symbol für eine Entstellung im Wesen des Träumenden. Eine höchst gefühlvolle Frau, die Schwierigkeiten mit ihren Nachbarn hatte, träumte von einer Giraffe, die um ihr Haus ging und zu den Fenstern hereinsah.

Der Traum wollte ihr sagen, daß der Abstand zwischen ihrem Kopf und ihrem Herzen zu groß war: Da gab es zuviel Gefühle und nicht genug vernünftige Überlegung in ihrer Haltung zu den Schwierigkeiten, die sie mit ihren Nachbarn hatte. Bei einer Giraffe sind Kopf und Herz weit auseinander, und dieses Bild wurde auf die Träumerin angewandt. Indem sie durch die Fenster hereinsah, zeigte die Giraffe genau, wo die Probleme und Meinungsverschiedenheiten mit den Nachbarn herrührten.

Ein *Tiger* hat im folgenden Traum einer Frau eine ziemlich harte Bedeutung, weil sie die Tendenz hatte, ihren Kindern gegenüber überstreng zu sein, wenn sie übermüdet war. »Ein Tiger schlich sich in unserer Wohnung an mich heran. Ich versteckte mich hinter dem Klavier. Der Tiger fand mich dort, und wir blickten einander in die Augen, bis er wieder ging.«

Dem Tiger – oder ihrem eigenen Fehler – in die Augen zu schauen, zeigte an, daß sie sich über gewisse Dinge Gedanken machen müßte. Das Klavier, das sie mit Harmonie assoziierte, deutete ihr an, daß mehr Harmonie und ein zarterer Umgangston im Hause nötig war.

Der *Bär*, dieses unbeholfene Tier, kann ebenso verspielt wie gefährlich sein. Mit seinen Krallen kann er einem Menschen den Leib aufreißen, mit den Bärenkräften in seinen Armen jeden zu Tode drücken.

Cayce bezog folgendes Traumerlebnis auf seine Arbeit: »Ein Schrei kam von den Tieren im Gehege. Sie warnten mich, der Bär würde gleich angreifen. Ich versuchte herauszufinden, wie es dem Wolf und der Gans gelungen war, aus dem Stall zu entkommen.«

226

Cayce: »**Wie in dem Charakter dieses Tiers zu sehen ist, stellt der Bär eher Eigenschaften in den Menschen dar als einen bestimmten Menschen. Es gibt Leute, die sich wie ein Bär über diese geistigen Lehren oder Wahrheiten hermachen. Wie ein Bär sind die einen zerstörerisch, andere verspielt, wieder andere schützend und hilfreich, manche sogar liebevoll. Sei also darauf vorbereitet.**« (294-43)

Die *Kuh* gehört zu den harmloseren Tieren, und doch verkörpert sie oft unerfreuliche Charakterzüge oder Gewohnheiten: »Ich war in einer Scheune. Sie war sauber und aufgeräumt, Heuballen lagen umher. Doch sie war auch voller Kühe, die mich angriffen. Ich wußte, daß es nur einen einzigen Ausweg für mich gab. Ich mußte mich mitten durch die Kühe kämpfen, um die Tür hinter ihnen zu erreichen.«

Diesen Traum hatte ein ordentlicher Junge, dessen Ordnungssinn sich in der Sauberkeit der Scheune widerspiegelt. Die Heuballen enthüllten seine Begeisterung für das Essen, obschon er noch kein Übergewicht hatte. Daß die Kühe ihn angriffen, zeigte, daß er zur Faulheit neigte, die ihm gute Chancen im Leben zerstören könnte, wenn er nichts dagegen unternahm. Daß die Szene in einer Scheune stattfand, weist ferner darauf hin, daß etwas getan, gearbeitet werden muß, denn wir assoziieren eine Scheune im allgemeinen mit einem Platz, wo gearbeitet wird.

Ich hatte eines Morgens ein ähnliches Erlebnis. Ich hatte noch keine Lust aufzustehen, und so beschloß ich, noch etwas länger im Bett zu bleiben. Ich döste etwas und wachte plötzlich auf, mit dem klaren Bild einer faul im Gras liegenden Kuh vor mir. Ich stand unverzüglich auf!

Schaf und *Lamm*: Ein Bibelleser wird hier zuerst an Stellen denken wie die Aufforderung Jesu an Petrus: »Weide meine Lämmer« (Jh 21,15) und »Weide meine Schafe« (Jh 21,16-17). Der »gute Hirte« und das »Lamm Gottes« sind bekannte Namen für Christus.

Diese Symbolik finden wir besonders deutlich in dem Erlebnis eines Mannes, der träumte, die Stufen hinunterzugehen, die zum Wohnzimmer in seinem Hause führten. Dort traf er auf einen Mann, der ihm ein Buch überreichte, das den Titel trug »*Das Weiden meiner Schafe*«. Dieser Traum forderte den Mann auf, in seinem eigenen Heim beispielhaft zu sein, indem er den rechten Geist verkörperte. Wir alle wissen, wie schwierig es immer ist, in der eigenen Familie vorbildlich zu sein.

Auch der folgende Traum bezieht sich auf das »Weide meine Schafe«. Ein Lehrer, der am vorangegangenen Abend einer neuen Gruppe die Philosophie der Edgar Cayce-Readings nahezubringen begonnen hatte, träumte: »Ich hatte ein reines, weißes Lamm. Ich hielt es auf dem Arm, und es aß Wolle von meinem Mantel, die es regelrecht abweidete. Doch statt zu wachsen, wurde das Lamm kleiner. Ich fürchtete, es überfüttert zu haben, deshalb öffnete ich sein Mäulchen und zog meterweise Garn heraus, so daß nur noch ein Viertel davon zurückblieb. Sogleich begann das Tier zu wachsen.«

Das weiße Lamm war hier die neue Gruppe, die nach geistiger Nahrung hungerte. Die weiße Wolle vom Mantel war die geistige Philosophie, die der Träumer lehrte. Daß das Lamm schrumpfte, zeigte an, daß es nicht imstande war, seine Nahrung in so großen Mengen zu verdauen, die ihm verabreicht worden war (denn er hatte zuviel gegeben). Die Lösung des Problemes erzählt der Traum.

Der negative Aspekt des Symboles »Schaf« verleitet einen zur Gleichförmigkeit. Manchmal geben wir den Maßstäben der Masse nach, statt unseren eigenen treu zu bleiben. Oft nehmen wir als endgültig, als letztes Wort an, was andere sagen, statt die Sache selbst durchzudenken. In unserem Verlangen nach Anerkennung sagen und tun wir oft etwas, das anderen schmeichelt, obgleich es dem höheren Selbst in unserem Innern nicht gefällt. Bei allen diesen Dingen spielen wir die Rolle des Schafes.

Stier: Cayce träumte von einem Stier mit merkwürdig geformtem Kopf. Ein Hammer und ein Teppich spielen in dem Traum ebenfalls eine Rolle.

Cayce: **»Dieser Traum zeigt die dickköpfige (Stier) Einstellung mancher Leute und ihre eigentliche Art vorzugehen (Hammer). Der Teppich spiegelt die Erfahrung wider, ›betreten‹ oder ›niedergetreten‹ zu sein aufgrund der Mißverständnisse, die die mediale Arbeit mit sich bringen kann. Der Traum will dich auffordern: ›Sei doch geduldig im Leiden.‹ Prüfungen werden kommen, doch der Hammer, der auch ein Werkzeug beim Aufbauen ist, wird am Ende vielen Kraft und die Wahrheit bringen.«** (294-36)

Ein Stier kann auch auf viele andere Dinge hinweisen, so zum Beispiel auf die Sexualität.

Einem Börsenmakler bedeutet der Stier im Traum ein rasches Ansteigen der Kurse. Ein sterbender Stier hingegen kann ihm eine

Rezession ankündigen. Ein Stier mit außergewöhnlicher Kopfform wurde von Cayce als Symbol für Dickköpfigkeit und Sturheit gedeutet. Dies kann für Männer und Frauen gelten.

Die Bedeutung des nächsten Traumes ist ziemlich offensichtlich: »Ich beobachtete ein Mädchen, Sie war Pikador, also jemand, der den Stier mit Lanzen sticht, bis er sehr gereizt ist. Das Mädchen war Heldin des Tages, denn sie ritt so mit ihrem Pferd um den Stier herum, daß sie den andern Stierkämpfer gar nicht herankommen ließ. Dann ritt sie durch und um die ganze Arena. Einer der Toreros saß hinter ihr auf dem Pferd; er starb.«

Hier wird dem Träumer gezeigt, was er unternehmen kann, um sexuell nicht noch mehr »in Flammen aufzugehen«. Daß er das Pikador-Mädchen beobachtet, wie es den Stier reizt, ist natürlich ein Hinweis darauf, daß der Träumer selbst sich gedanklich und in seinen Vorstellungen auf Mädchen und Sex konzentriert. Um sich selbst besser zu beherrschen und damit den Torero (sich selbst) zu retten, muß er das Pferd reiten. Eine Möglichkeit, das zu tun, ist, die Gedanken auf andere Ziele zu richten oder sie in Kontrolle zu bringen. Einem hübschen Mädchen nachzusehen, ist ein natürliches Verhalten, wenn die Gedanken aber darüber hinaus ins Sinnliche abschweifen, wird es Zeit, daß man seine Aufmerksamkeit auf andere Ziele richtet. Die große Nähe von Gefühlen und Gedanken zum Handeln (Stierkämpfer reitet hinter ihr) nimmt bald jede Fähigkeit, die Emotionen unter Kontrolle zu bringen (Stierkämpfer stirbt). Daß das Mädchen Heldin des Tages war, zeigt an, daß die sexuellen Wunschvorstellungen des Träumers über allem anderen triumphieren. Der Torero starb, weil das Mädchen, das den Stier gereizt hat (Sex!), das Pferd an jenem Tage ritt. Das Pferd verkörpert in diesem Falle nicht nur die Botschaft des Traumes, die sich auf die körperlichen Gefühle und Vorstellungen bezieht, sondern die Emotionen selbst.

Ein junges Mädchen mit starkem Geschlechtstrieb hatte folgenden, etwas beruhigenden Traum: »Ich führte einen Stier an einer Leine umher, die an einen Ring durch die Nase gebunden war.«

Wäre sie noch – wie in den Träumen, die sie vorher mehrmals hatte – vom Stier gejagt worden, so hätte das eine Mahnung bedeutet, vorsichtig zu sein.

Der *Büffel* kann einem zeigen, daß man dazu neigt andere durch seine Drohungen oder Stärke einzuschüchtern.

Schwein: Cayce sah im Traum ein Schwein, das in seinen Stall getrieben wurde. Dieser Traum bezog sich auf ähnliche, vorangegangene Erlebnisse im Schlafe.

Cayce: »**Dieses Schwein ist eine Darstellung jener Menschen, die alles an sich reißen, gierig wie ein Schwein vor seinem Trog. Das solltest du nicht zulassen.**« (294)

Das Schwein kann sich in dieser symbolischen Bedeutung auch auf anderes beziehen, etwa in Hinsicht auf Ehrerweise, Gespräche, Aufmerksamkeit anderer und sogar Nahrung. Grundsätzlich will das Symbol »Schwein« auf Egoismus und übermäßige Genußsucht hinweisen, wie auch der folgende Traum beweist: »Ich träumte, mich zusammen mit Schweinen am Boden zu wälzen.«

Der Träumer gab zu, daß er sich am vorangegangenen Wochenende im Übermaß sexuellen Vergnügungen hingegeben hatte. Es erübrigt sich zu sagen, daß der Traum dieses Verhalten verurteilte.

Stinktier: Ein Wissenschaftler träumte: »Ich sah ein großes Stinktier, es war so groß wie ein Hund. Wir besprachen, wie es am besten zu töten wäre. Ich sagte zu einem anderen Mann, der beste Weg wäre, es am Schwanz festzuhalten und in den Kopf zu schießen. Das tat er. Ich war beeindruckt von dem gewaltigen Kontrast der weißen und schwarzen Flecken seines Felles.«

Dieser Traum stellte die unharmonischen Bedingungen dar, unter denen der Träumer zu arbeiten hatte. Das Stinktier stand für seine natürliche Ablehnung gegenüber all den Ungerechtigkeiten, mit denen er überhäuft wurde. Die Betonung auf den weißen und schwarzen Flecken des Stinktier-Felles zeigte ihm, daß es einen richtigen und einen falschen Weg gab, mit seinen Problemen fertig zu werden. Das Stinktier am Schwanz niederzuhalten, bedeutete für ihn, er sollte seine eigenen negativen Emotionen überwinden. Das Tier in den Kopf zu schießen, hieß, seine Schwierigkeiten an ihrem Ursprung zu bekämpfen – in seinem Denken. Er sollte also das Negative an seiner Quelle, in sich selbst vernichten, denn er selbst war das Stinktier.

Zwei Tage danach mußte er unter einer noch größeren Ungerechtigkeit an seiner Arbeitsstelle leiden, weil der Traum ihn aber darauf vorbereitet hatte, reagierte er intelligent. Er hatte gelernt, daß er nur durch die Verwandlung seiner ablehnenden Haltung in eine positive und konstruktive Einstellung hoffen konnte, seine Frustration zu besiegen. Emotionen können nicht für alle Zeit unterdrückt werden, aber sie können in konstruktiver Weise in andere Bahnen gelenkt werden.

Krokodil und *Alligator*: Diese Tiere sind dafür bekannt, daß sie häßliche Mäuler, große Zähne und gefährliche Schwänze haben. Deshalb sollte man bei ihrem Erscheinen im Traum sein Verhalten in der letzten Zeit auf gemeine Reden (Zähne) hin untersuchen, deren Folgen (Schwanz des Krokodils) etwas zerstört oder verdorben haben könnten. Beim Krokodil können wir auch an die »Krokodilstränen« denken. Weil der Alligator zum Angriff oft unvermutet aus den schlammigen Wassern auftaucht, kann er auch auf eine destruktive emotionelle Strömung in den Tiefen des Unterbewußten hinweisen. Dies gilt für jeden Traum, in dem ein Alligator auf der Lauer im dunklen oder trüben Wasser liegt.

Die *Schildkröte* verheißt laut Cayce »Kraft, neues Leben, langes Leben«. Warum? Weil die häufigste Assoziation bei dem Bild einer Seeschildkröte ihre lange Lebensdauer und ihre Widerstandskraft gegenüber Erkrankungen ist.

Die *Schlange* kann Versuchung oder das Böse darstellen, weil sie in der Geschichte von Adam und Eva stellvertretend für die Sünde, das Böse ist. Cayce sagte auch: »Wir stehen jeden Tag im Garten Eden und werden jeden Tag von der Schlange angesprochen.« Die Schlange kann aber auch Symbol für die Weisheit sein, wie sie es für die Menschen in Indien ist. Sie kann auch symbolisch für Heimtücke und böse Überraschung stehen, wie die Schlange, die im Grase lauert. Weil manche Schlangen auch Menschen beißen und ihre Giftzähne in sie schlagen, können sie auch auf gefährliche Situationen hindeuten, in denen man »giftige« Gedanken oder Gefühle hat.

Folgendes Erlebnis wurde Cayce berichtet: »Ich sah einen kleinen Hügel trockener Blätter. Als ich genau hinsah, begann er sich fortzubewegen. Ich dachte, da müßte eine Schlange darunterstecken, so nahm ich einen Stock, und ging auf die Blätter zu. Da war der kleine Hügel schon an einer Böschung. Die Schlange streckte ihren Kopf hervor und bat mich: ›Schlage mich nicht, und ich lasse dich auch in Ruhe.‹«

Cayce: »**Mit der Ausschwemmung der Giftstoffe aus dem Körper und der Besserung der persönlichen Beziehungen (Blätterhügel bewegt sich fort) wird das kommen, was Weisheit und Allwissen darstellt (die Schlange). Obgleich es Versuchungen geben wird (die Schlange ist Symbol sowohl für die falsche wie für die richtige Nutzung des Wissens),** können diese doch überwunden werden durch den Stecken (Willenskraft) und Stab des Lebens (geistige Ideale).

Das wurde von den Führern der Alten vorgelebt. Das Wissen soll in Liebe und Wahrhaftigkeit gebraucht werden, bis es schließlich Leben schafft durch die vielen Hände vieler Menschen. So kann es helfen, jene Schwächen zu überwinden, die hinderlich, störend oder schädigend sein könnten. Das bringt allen Beteiligten Frieden.« (294-D)

Hund: Es wurde schon gesagt, daß der Hund der beste Freund des Menschen ist. Das ist an sich ein niederschmetternder Gedanke! Es liegt zwar in der Natur des Hundes, freundschaftlich zu sein, aber er kann auch sehr wild werden. So kann ein Hund im Traum sowohl Freundschaft als auch Wildheit darstellen. Wenn also ein Hund als Traumsymbol erscheint, sollte man sich zuerst Gedanken darüber machen, ob vielleicht eine »unfreundschaftliche« Beziehung zu einem anderen Menschen besteht.

Eine Frau »sah eine Freundin und ihren Mann falsch um das Haus herumgehen; so kamen sie zur Hintertür. Ich ging hinaus, um sie zu begrüßen, als ich sah, daß sie einen zähnefletschenden, wilden, kleinen Hund mit sich hatten, der es auf mich abgesehen zu haben schien. Die Frau, die nie rote Sachen trägt, hatte eine unpassende rote Bluse an. Sowohl der Mann als auch die Frau waren sehr ärgerlich. Ich wachte besorgt auf.«

In diesem Traum finden wir vier verschiedene Symbole, die auf Schwierigkeiten hinweisen: 1. Die Besucher kommen auf der falschen Seite um das Haus, zur Hintertür; 2. der zähnefletschende Hund; 3. die rote Bluse; 4. der Ärger der Besucher. Um die negative Qualität dieser Traumelemente noch zu verstärken, erwachte die Träumerin besorgt. Dieser Traum warnte vor der feindseligen Einstellung des gezeigten Ehepaares dem Träumenden gegenüber. Diese reagierte damit, daß sie betete. Die Feindseligkeit jener Leute bestätigte sich später, weil jedoch die Träumerin mit der rechten Einstellung an die Sache herangegangen war, endete dieses Erlebnis schließlich harmonisch. Daß die beiden Leute zum Haus der Träumerin kamen, und nicht sie auf jene zuging, zeigte an, daß die Feindseligkeit von jenem Paar ausging.

Eine andere Frau träumte, auf einem Hund zu reiten. Sie warnte sich damit selbst davor, weiterhin nach den anderen Mitgliedern ihrer Familie wie ein Hund zu schnappen, sie anzubellen und ihnen zähnefletschend zu begegnen.

Eine Stenographin erzählte Cayce: »Ich träumte von einem Hund und Feuer.«

Cayce: »**Dieser Traum zeigt die vertrauenswürdigen, wie auch die nicht vertrauenswürdigen Aspekte dieser Person in bezug auf das Vertrauen auf, das man ihr entgegenbringt. Das Feuer ist das Feuer deiner Persönlichkeit und zugleich eine Warnung: Wenn es nicht in Kontrolle gehalten wird, wird es dich vernichten und verbrennen. Der Traum fordert dazu auf, auf bestimmte Aktivitäten, die sich auf das entgegengebrachte Vertrauen beziehen, zu verzichten, um sich nicht selbst zu einer Null zu reduzieren. Sei also gewarnt!« (2888)**

Eine ähnliche Warnung finden wir im Traum eines leitenden Angestellten, doch hier wird die Bedeutung noch bekräftigt durch die größere Zahl der Symbole: Er träumte, auf einer sehr engen, holprigen Straße bergab zu fahren. Er wußte, es war die falsche Straße. Plötzlich erschien ein großer Dalmatiner und streckte seinen Kopf in den Wagen. Eilig und voller Angst schloß der Mann das Autofenster. Dalmatiner sind oft Maskottchen von Feuerwehrleuten, deshalb wurde er hier auch mit der Feuerwehrwache assoziiert. Weil Dalmatiner-Hunde auch schwarz-weiß gefleckt sind, deutet der Hund in diesem Traum auf die guten und bösen, die positiven und negativen, die freundlichen und unfreundlichen Aspekte hin. Feuerwehrwache und Dalmatiner zusammen weisen auf »Feuer im Innern« hin. In diesem Falle war das Feuer ein Ärger, der sehr schnell aufgekommen, ebenso schnell aber auch wieder unter Kontrolle gebracht worden war. Das zeigte auch, daß der Mann das Autofenster vor dem Hund schloß. Nicht zuletzt brachte der Traum dieses Erlebnis, um dem Träumer noch einmal Gelegenheit zu geben, die Gründe für seine Reaktionsweise zu überdenken und dadurch ähnlichen Ärger in der Zukunft zu vermeiden.

Ein Zeitungsverleger träumte, seinen weißen Hund zu waschen, der sich unterdessen in einen entzückenden, kleinen weißen Pudel verwandelte. Die Kinder des Träumers sprangen begeistert um den Pudel herum, voller Freude über diese Verwandlung.

Dieser Traum stellte das kritische Wesen des Mannes heraus, weil auch er seine Kinder oft »anbellte und -kläffte«. Der Traum zeigte, wie nötig es war, daß der Träumer sich von dieser Gewohnheit »sauberwüsche« (Hundewäsche). Das Ausschalten seiner überkritischen Einstellung würde den Kindern die Möglichkeit geben, ihn wirklich zu lieben. Das brächte allen Freude und Glück.

Über diese Kritiklust sagte Cayce: **»Leicht ist es, Fehler zu finden; das Becken tönt lauter als das Gurren einer Taube. Wie wir es aus dem Leben manches Propheten der Alten wissen: Die Kraft zeigt sich im Sturm, im Donner und Blitz, doch Gottes Wirken erfährt man eher in der kleinen sanften Stimme, die im Innern, im Herzen spricht.«**

Katze: Obwohl Katzen beliebte Haustiere sind, sind sie auch sehr unabhängige Tiere. Dieser Charakterzug hat beim Menschen einen konstruktiven Aspekt, bringt aber – wenn ins Extrem gesteigert – mangelnde Bereitschaft zur Zusammenarbeit und Isolation mit sich. Eine Katze heult und faucht auch, sie zerkratzt Möbelstücke in unserer Wohnung.

Eine Katze zu streicheln, ist im Traum oft Symbol für die Freude an negativen Emotionen. Die Sorge über die Gesundheit einer Katze zeigt eine innere Besorgtheit über eine destruktive Gewohnheit an. Je dicker die Katze oder ein anderes Tier im Traume ist, desto größer ist das dargestellte Problem. Umgekehrt zeigt der Tod des Tieres geistiges Vorankommen des Träumers an.

Manchen Menschen kommen jedoch bei bestimmten Tieren immer gute Assoziationen, weil sie schützende Fürsorge symbolisieren. Dies gilt besonders dann, wenn das Leben einmal von einer Katze oder einem Hund gerettet wurde.

Der nächste Traum handelt von Katzen: »Mein Mann und ich fahren des Nachts auf einer Landstraße, als das Licht der Autoscheinwerfer auf schwarze und weiße Katzen trifft, die auf der Straße kämpfen. Wir halten an, um zu warten, bis sie nicht mehr auf der Straße sind. Ein schöner Collie-Hund bewacht sie. Weil einige der Katzen wohl um keinen Preis von der Stelle wollen, gehe ich zu Fuß zurück, um den Besitzer zu finden. Ich weiß, es ist eine italienische Adlige.

Als ich sie sehe, bin ich überwältigt von ihrer Schönheit und inneren Würde. Wir gehen gemeinsam zur Straße zurück, die jetzt frei ist. Mein Mann und ich fahren weiter unseres Weges.«

Der Traum dieser Frau ist recht ungewöhnlich, denn er scheint ihre Suche und ihre Bemühung um ein geistig ausgerichtetes Leben vollständig wiederzugeben. Sie erzählte mir, daß sie und ihr Mann gerne bei Nacht Auto führen, besonders auf

Landstraßen. So bedeutet das nächtliche Fahren im Traum einen Fortschritt auf dem Lebensweg.

Die schwarzen und weißen Katzen symbolisierten das Gute und Böse in uns. Weil die Träumerin Katzen mit ihrer Neigung zur Unabhängigkeit assoziierte, deutete ihr der Traum die Notwendigkeit einer größeren Zusammenarbeit mit ihrem Gemahle an. Die schwarzen und weißen Katzen zeigten ihr auch die konstruktiven, aufbauenden, und die destruktiven, zerstörerischen Aspekte der Unabhängigkeit an. Es gibt Zeiten, wo wir unseren Prinzipien absolut treu bleiben müssen, zu anderen Gelegenheiten wiederum wäre es besser, wenn wir nachgäben. Der Collie symbolisierte einen Teil ihres Unterbewußtseins, das ihrem Bewußtsein (Autoscheinwerfer) vor Augen stellte, daß tierische Wesenszüge den geraden Weg zum geistigen Ziele versperrten. Die italienische Adlige stand symbolisch für das hohe Selbst der Träumerin, das sie manifestieren mußte, um die Hindernisse in ihr selbst auf die Seite räumen zu können; die Träumerin assoziierte Italien mit der Frühchristenheit.

Das Verschwinden der Katzen von der Straße zeigt, welche Macht gute Absichten haben.

Die Anwesenheit ihres Mannes im Traum wies auf Schutz, Kameradschaft, Freude und Glück hin, die ihr verheißen sind, solange sie auf dem geistigen Wege weiterkommt.

Kaninchen und *Hase:* Der Hase läßt an Ostern, an das Erwachen des Frühlings denken (Osterhase). Dank seiner großen Fähigkeit, seine Art fortzupflanzen, kann er im Traum auch als ein sexuelles Symbol erscheinen.

Maus: Mäuse stehen oft für die Störungen im Leben. Eine Frau sah zwei oder drei Mungos unter einem großen Stuhl in ihrer Wohnung. »Als ich genauer hinsah, entdeckte ich die Mäuse, die sie getötet hatten. Ich sagte zu meinem Mann: ›Das Mädchen macht offensichtlich doch nicht so sauber, wie sie es immer behauptet. Schau einmal unter diesen Stuhl!‹«

Dieser Traum war durch ihre negative Reaktion auf unfreundliche Bemerkungen hervorgerufen worden. Statt darüber hinwegzugehen, nährte sie ihre Verstörung und Ablehnung; das symbolisierten die toten Mäuse unter dem Stuhl. Der Mungo, ein Frettchen-ähnliches Tier aus Indien, stand symbolisch für ihre Ablehnung, eine lebenstötende Emotion. Der Traum sagte ihr also: »Besiege das Böse mit Gutem. Es kommt nicht darauf an, was du sagst, sondern auf das, was du tust!«

Ratte: Dieses Tier ist nicht nur ein destruktives Symbol (Ratten sind Nagetiere), sondern auch gefährlich als Überträger von Krankheiten. Aus diesem Grund zeigt die Ratte einem im Traum oft an, daß man Disharmonie und Krankmachendes zu anderen bringt und sie ansteckt. So träumte eine Frau, die sich am Vortag üblem Klatsch hingegeben und diesen verbreitet hatte, Ratten liefen um ihr Haus, und litt sehr unter der Angst, die Tiere könnten hereinkommen.

Insekten und Meerestiere

Biene und *Hornisse*: Diese Insekten stehen symbolisch für all die »Stiche« und unangenehmen Erfahrungen, die man im Leben erleidet, wie es auch der folgende Traum eines Teenagers zeigt:

»Ich träumte, mit meinem Bruder zu einem Weiher zu gehen. Dort sah ich eine große Zahl Fische umherschwimmen. Am Grund des Teiches war das Wasser schlammig, oben jedoch ganz klar. Mehrere schleimige Tiere begannen, das Ufer heraufzukriechen, und wir bewarfen sie mit Erdklumpen. Als ich eine Gruppe Hornissen am Ufer versammelt sah, hieß ich meinen Bruder, davonzulaufen, und warf einen Erdklumpen nach den Tieren. Wir rannten zurück zum Haus, wo ich auf einen Freund traf, den ich bat, mir zu helfen, Schnüre und Haken zu finden, damit wir zurückgehen und ein paar Fische fangen könnten.«

Cayce: »**Dieser Traum ist eine symbolische Darstellung bestimmter Aspekte dieses Wesens, die eine Lehre übermitteln will. Der Teich ist das Leben; all seine Schönheit und Helligkeit zeigt das klare Wasser. Die Fische stehen symbolisch für Errungenschaften im Geistigen, wohin diese Person gelangen mag. Schleimige Tiere und Hornissen sind die unangenehmen Elemente ihres Lebens, die jedoch überwunden werden können.**

Erdklumpen sind Symbol für den grundlegenden Weg der Wahrheit, durch die und auf dem diese Wesenheit mit Leichtigkeit alle Hindernisse überwinden kann. Schnur und Haken von zu Hause heißt, daß Kraft von den höheren Kräften nötig ist, die geistige Hilfe (Fische) zu empfangen, um das Erwünschte auf dem Lebensweg zu erlangen. Beachte diese Worte!« (341 D)

Ein Mann träumte, in seinem Büro zu sein. Hornissen, deren Leib rot-gelb gestreift war, summten um ihn herum. »Keine griff mich an, obwohl ich das Gefühl hatte, ich müßte ihre weitere Vermehrung verhindern. Ich nahm ein Gefäß, fing sie ein und schloß es.« Dieser Traum bezog sich auf die Arbeitssituation des Träumers. Die rot-gelben Hornissenbäuche sind ein Bild der

Nebennieren, einem emotionalen Chakra. Das Einschließen der Hornissen in ein Gefäß ist eine Aufforderung an den Träumer, allen negativen, »stechenden« Bemerkungen, die an seiner Arbeitsstelle umherfliegen, Einhalt zu gebieten und sich selbst nicht mehr daran zu beteiligen.

Käfer: Der folgende Traum einer Frau ist höchst ungewöhnlich: »Ich war mit vier Menschen zusammen, die alle tot sind, aber das wußte ich in dem Traum nicht. Drei von ihnen waren Verwandte, der vierte eine Freundin. Rita, meine Freundin, hatte einige Käfer, die sehr klein waren und bläulich-purpurne Flügel hatten. Sie besaß auch einige weiße Skarabäen; ihre Köpfe sahen aus wie die Gesichtchen kleiner Mädchen mit langem, hübschem, blondem Haar. Und wie diese Tierchen um Rita her schwärmten!

Ich schüttete etwas Wasser auf ihren Weg. Rita dachte, ihre kleinen Lieblinge wären ertrunken, aber sie erholten sich bald wieder und folgten ihr. Dann begann Rita zu laufen, und ich bangte um sie, da ich mich erinnerte, daß sie schwache Beine hatte. Onkel John hatte mir einen Brief geschickt, indem er erzählte, wieviel Spaß er in Las Vegas hätte. Er schrieb auch, er hätte seiner Mutter Geschenke geschickt. Mein Vater war sehr erpicht darauf, Geld zu machen und erfolgreich zu sein.«

Diese vier Menschen stellen offensichtlich verschiedene Aspekte der Träumerin vor. Rita hatte gegen andere Menschen Bedenken. Onkel John, ein lieber und gefühlsvoller Mann, war fast sein ganzes Leben lang Alkoholiker. Seine Mutter, die Großmutter der Träumerin, war eine sanfte Frau, die sich in ihrem – recht langen – Leben immer in den Hintergrund gestellt hatte. Der Vater schließlich war ein ziemlich egoistischer Einzelgänger.

Die Botschaft des Traumes ergab sich folgendermaßen: »Vier« steht für das niedere Selbst. Von dem »Rita«-Aspekt in ihr selbst erging an die Träumerin die Aufforderung zu lieben statt zu kritisieren. Dies brächte eine Verwandlung der störenden Einflüsse in ihr selbst (Käfer) in Schönes (reizende Gesichtchen mit hübschem Haar).

Ritas schwache Beine stellten im Traum symbolisch ihre eigene schwache geistliche Grundlage dar. Onkel John, der sich in Las Vegas gut amüsierte, warnte sie, um den Preis ihrer Gesundheit zu spielen. Der Alkoholismus Onkel Johns bezog sich auf ihr suchtartiges Verlangen nach Süßigkeiten, das ebenfalls destruktive Folgen zeitigen würde.

Die Großmutter, die die Geschenke Onkel Johns empfangen sollte, teilte ihr mit, daß die Tugend sich selbst genügt und belohnt.

Eine weitere Botschaft dieses Traumes bezog sich auf die Lebenszeit der Träumerin, was ihr klar war. Wenn sie nicht die geistigen Gesetze befolgte, verkürzte sich auch ihr Leben, wie es bei all den Menschen im Traum der Fall war, abgesehen von der einen Ausnahme, ihrer Großmutter.

Raupe und *Wurm* sind im Traum gewöhnlich Symbole für Zerstörung und Zerfall. Raupen ernähren sich von den Blättern der Bäume und Sträucher und können sich – als Traumsymbole – auf einen Aspekt des Denkens oder Tuns des Träumenden beziehen, der seinem geistigen Leben destruktiv entgegenwirkt, und somit – psychosomatisch – seine Gesundheit schädigt.

Wenn in einem Traum Würmer im Essen erscheinen, so handelt es sich um eine Warnung vor dem betreffenden Nahrungsmittel oder vor der derzeitigen Ernährungsweise im allgemeinen. Fragen nach der Ernährung des Träumers geben dem Traumdeuter meist die Antwort auf die Symbolik. Der Träumer sollte solche Hinweise immer auf das am Vortag Gegessene beziehen.

Läuse und anderes *Ungeziefer* sind laut Cayce Fingerzeige, die der Sauberkeit von Leib, Seele und Geist gelten.

Die *Spinne*, die sich durch ihr Netz auszeichnet, mit dessen Hilfe sie andere Insekten wie in einer Falle fängt, ist im allgemeinen ein Hinweis auf eine Falle oder Verstrickung, in die der Träumende zu geraten droht. Das mag ein Vertrauensbruch sein, eine kommende Versuchung, eine schlechte Gewohnheit oder eine Aufforderung zu einem geschäftlichen Wagnis. Der Rest des Traumes wird helfen, den genauen Inhalt der Warnung zu finden.

Ein Geschäftsmann erzählte von einer Vision, die er kurz vor dem Erwachen gehabt hatte. Er sah zwei Symbole: ein Spinnennetz und ein Flugzeug in einem Kreis. Diese Symbole zeigten ihm ganz klar, welche Entscheidung er im Geschäft zu treffen hätte: Das Spinnennetz zeigte ihm den Fallstrick, der ihn erwartete, wenn er in die eine Richtung ginge, während das Flugzeug im Kreis den Weg zu Gott, zu hohen Idealen andeutete. Ich fragte den Geschäftsmann, ob die Wahl zwischen diesen beiden Möglichkeiten sich auf eine gegenwärtige Situation in seinem Leben beziehen könnte, und er antwortete: »O ja, in der Tat!« Um ihm noch einmal zu betonen, wie wichtig es war, daß er seinen hohen Maßstäben treu bliebe, bekam er in der folgenden Nacht einen Traum, in dem er sich selbst ein blau-weißes Hemd tragen sah. Blau galt hier als Farbe der Treue (Auf Blau vertrau!), das Weiß, die Farbe der Reinheit, wiederholte die Warnung vor einer Versuchung.

Auch im folgenden Traum eines jungen Mannes finden wir ein Spinnennetz: »Ich stand unter einem kahlen, sterbenden Baum. Auf der einen Seite wand sich eine dicke Schlange um einen Ast, auf einem anderen Zweig baute eine große Spinne ihr Netz. Auf dem Boden war eine Blutlache, zu Füßen eines Mädchens, das anklagend auf mich deutete. Ich schauderte entsetzt zurück.«

Die geschaute Szene sagte deutlich: »Du beraubst dich durch sexuelle Exzesse deiner Lebenskraft. Sie bauen dir ein Netz, aus dem du dich schwerlich befreien wirst.« Die Symbole bedeuteten im einzelnen:

sterbender Baum	Verlust geistigen Lebens
Blutlache	Verlust von Lebensenergie
Schlange	Sexualität, Versuchung
Spinne und Spinnennetz	Falle, Selbsttäuschung
anklagender Finger	Anklage des Selbst
entsetzt zurückschaudern	Höheres Selbst schaudert zurück

Fliege: Die Bedeutung des Traumsymbols »Fliege« zeigt sich besonders klar im Traum einer Frau, die sich selbst sah, wie sie Fliegen tötete und erschlug. Die toten Fliegen verwandelten sich in Menschen. Der Traum wies sie also an, die Begierden in sich selbst zu töten, die sie in bezug auf andere Menschen empfand, denn Fliegen stehen hier symbolisch für Dinge, die einen reizen.

Etwas abgewandelt finden wir diese Bedeutung auch im folgenden Traum: »Ich beobachte gespannt eine Fliege oder einen Fleck, der sich auf einer Leinwand umher bewegt, auf der Bilder aus dem Heiligen Land gezeigt werden. Bevor ich es merke, ist die Vorführung schon zu Ende, und ich hatte die Bilder bzw. Dias gar nicht gesehen.«

Die Träumerin hatte am Vorabend des Traumes tatsächlich eine Diavorführung mit Bildern aus dem Heiligen Lande gesehen, während der sich auch einmal eine Fliege auf der Leinwand niedergelassen hatte. Der Traum hatte dieses Erlebnis einfach noch einmal wiederholt, um ihr – in Begriffen, die keine Unklarheiten übrigließen – mitzuteilen, daß wir, wenn wir uns auf die winzigen Störungen konzentrieren, den Blick für das Schöne und Wichtige im Leben verlieren.

Küchenschabe: Ein Mann, der Küchenschaben nicht ausstehen konnte und sich sehr über sie aufregt, träumte, seine Frau schüttelte sie langsam aus einer weißen Decke.

Er hatte einen besonders aufreibenden Tag im Geschäft hinter sich, an dem er sich sehr aufgeregt hatte. So hieß ihn der Traum, sich in Geduld zu üben, um zu Frieden und Ruhe zu kommen. Er selbst gab den Traumsymbolen folgende Assoziationen:

Ehefrau	Geduld
weiße Decke	Ruhe, Bequemlichkeit
Schaben	Störendes

Der *Skorpion* steht im Traum oft für die »stechenden« Nachwirkungen eines unglücklichen Erlebnisses. Ein feiner Hinweis mag auch der Umstand sein, daß ein ungeschickter Skorpion leicht in der Lage ist, sich selbst zu stechen!

Schalentiere: Cayce wurde in Trance einmal gebeten, eine Reihe von Träumen zu deuten, in denen Schalentiere aus dem Meer gesammelt wurden und verschiedene Fischarten zu sehen waren. Im Reading sagte Cayce: **»Land, Meer und Himmel sind die Elemente, aus denen körperhafte Geschöpfe gebildet sind. Statt ›Mutter Erde‹ sollte es eigentlich, den Tatsachen entsprechend, ›Mutter Meer‹ heißen. Aus dem Meer des Lebens kamen viele Lebensabschnitte, die in dem Traum durch die Schalen dargestellt waren. Einige von ihnen sind schön, andere zerbrochen, manche stehen auch für eine andere Art des Lebens und Erlebten. Wie diese mannigfachen Erfahrungen ins Leben kommen, so nutze sie, um auf und aus ihnen die Sicherheit zu bauen, die eine Insel im Meer verkörpert. Gebrauche, was du in der Hand hast, um das Leben schön zu machen, zu Hause und in den Herzen anderer.«** (538D)

Frosch: Wie der Bibelleser weiß, kamen mit der zweiten Plage über das Land Ägypten die Frösche in die Häuser der Menschen. Diese und die anderen Plagen suchten das Land des Pharao heim, damit er das Volk Israel freiließe.

In der Offenbarung des Johannes (Offb 16,13) sind Frösche ein Symbol der Unreinheit: »Und ich sahe aus dem Munde des Drachen, und aus dem Munde des Tiers, und aus dem Munde des falschen Propheten, drei unreine Geister gehen gleich den Fröschen. Denn sie sind Geister der Teufel...«

Nach Cayces Aussage stellen Frösche gewöhnlich alle Arten und Aspekte von Unreinem in einem selbst dar. Da ein Frosch quakt, kann er im Traum auch auf dummes, häßliches Reden hinweisen. Einem Jungen, der gerne mit Fröschen spielt, mag der Frosch im Traum einfach ein Hinweis auf des Träumers Beschäftigung mit der Natur sein, die ihm hilft, das Leben besser zu verstehen.

Nach ihrem Versuch, Botschaften von Verstorbenen zu bekommen, hatte eine Frau folgenden Traum:

»Ich sah den König der Frösche. Er war königlich mit kostbaren Gewändern gekleidet, viel Gold war dabei. An den Hörnern, die er trug, waren goldene Fransen, und so sah es aus, als trüge er eine Maske vor dem Gesicht. Er versuchte, auf mein Bett zu gelangen. Schließlich fing ihn meine Mutter und schob ihn unter der Türe durch. Er schien seine Insignien verloren zu haben, denn sie lagen mitten auf dem Fußboden. Ich bat Mutter, sie aufzuheben, denn es sah doch zu ungewöhnlich aus. Sie begann, das königliche Gewand zusammenzunähen, aber der Frosch schien noch darin zu stecken, denn die Hosenbeine begannen zu strampeln. Dann merkten wir, daß das Klopfen und Trommeln der kleinen Beinchen den Fröschen draußen galt, denn bald kamen Hunderte von ihnen auf unser Zimmer zu. Überall kamen Wasser und Frösche herein. Ich schien zu versuchen, den Froschkönig aus seinem Kostüm zu befreien, dann rannte ich in mein Zimmer, um meine Kleider zu retten.«

Als wir diesen Traum zu besprechen begannen, gestand die Träumerin, daß sie das Quaken der Frösche gerne hörte, sich aber scheute, die Tiere zu berühren, denn sie sähen so glitschig aus. Sie kannte die Bibelstelle in der Offenbarung des Johannes, in der Frösche vorkamen.

Es bedurfte aber einiger Zeit, bis sie zugab, daß sie sich mit dem Spiritismus eingelassen hatte. Die Faszination, die er für sie besaß, war an den goldenen, königlichen Kleidern des Froschkönigs zu sehen.

Daß der Frosch Hörner, Maske und Verkleidung trug, war ein deutlicher Hinweis darauf, daß sich hinter diesen Masken Böses verstecken kann.

Das Getrommel des Frosches (Trommeln ist das Kommunikationsmittel primitiver Stämme) sagte, daß die Botschaften von »unterentwickelten«, primitiven, und damit unerwünschten Geistern kämen. Diese »niederen« Geister zogen unangenehme Elemente in das Leben der Träumerin, die eine Gefahr für ihren Verstand darstellten. Die Rettung ihrer Kleider war ein Hinweis darauf, daß die Träumerin die Notwendigkeit einer Veränderung in ihrem Bewußtsein spürte.

Eine interessante Verbindung könnte man zwischen dem Traum und einem Abschnitt aus dem Anfang des achten Kapitels im zweiten Buch Moses (Exodus; auch Ende 2 Mo 7!) zeigen: »...siehe, so will ich all dein Gebiet mit Fröschen plagen, daß der Strom soll von Fröschen wimmeln; die sollen heraufkriechen und kommen in dein Haus, in deine Schlafkammer, in dein Bett...«

Wir kamen beide zu dem Schluß, daß dieser Traum verwandt war mit dem ausdrücklichen Befehl in der Bibel: »So aber jemand unter euch Weisheit mangelt, der bitte von Gott, ...so wird sie ihm gegeben werden« (Jak 1,5). Die Träumerin wußte, daß in der Bibel das Befragen Toter verboten war. Wir erinnern uns, daß König Saul durch die Hexe von Endor mit dem gestorbenen Propheten Samuel Kontakt aufnehmen wollte. Samuel meldete sich zwar, tadelte Saul jedoch, daß er ihn gestört hätte und erinnerte ihn daran, daß Gott sich von ihm abgewandt hatte, weil er Böses tat (1 Sam 28).

Im folgenden Traum einer jungen Mutter bekommt der Frosch eine etwas andere Bedeutung: »Janet, eine Freundin vom College, predigte vor einem Haus voller Leute. Während des Gottesdienstes fragte mein Freund, wer in die neue Kirche ginge. Ein anderer Freund meldete sich. Ich wollte nicht gehen, denn ich fand es bequemer, in dieser Kirche zu bleiben. Das Gebäude war alt und heruntergekommen. Später saßen wir auf der Veranda auf Stühlen mit geflochtener Rückenlehne, und ich bemerkte, daß keine Gitter an der Veranda waren. Plötzlich hatte ich das Gefühl, daß ich gehen müßte; es war halb fünf. Ich erinnere mich, daß das Wasser irgend etwas mit meinem plötzlichen Aufbruch zu tun hatte. Dann sah ich das Haustier jener Leute, einen durchscheinenden Frosch mit Krallen. Ich fürchtete mich vor ihm und konnte mich nicht rühren, bis ihn jemand weggenommen hatte. Im nächsten Augenblick befand ich mich in der Waschmaschine, wo ich Schutz suchte, bis der Frosch entfernt und in ein Glas gesperrt war. Irgendwie gelang es dem Frosch, in die Waschmaschine zu hüpfen, in der ich saß, und Janet setzte ihn auf meine Hand und schloß die andere darüber. Ich spürte seine Krallen und erwachte mit einem Schrei.«

Das Schlüsselsymbol in diesem Traum ist der Frosch, denn die junge Träumerin kann Frösche nicht ausstehen, nicht nur wegen ihres Quakens, sondern auch, weil sie so glitschig sind.

Der Traum hebt also die Notwendigkeit für die junge Frau hervor, sich mit sich selbst zu konfrontieren. Der durchsichtige Frosch zeigt, daß sie um einen bestimmten, unangenehmen Aspekt ihres Wesens sehr wohl wußte; die spitzen Krallen waren ihr eigenes Vermögen, andere zu verletzen. Die Waschmaschine und das Wasser bezogen sich auf die Notwendigkeit einer Reinigung, einer Reinwaschung. Ihre Abneigung gegenüber dem Vorschlag, in die neue Kirche zu gehen, weil sie unbequem weit entfernt war, läßt einen an die Haltung des heiligen Augustinus denken, der in seinem Buch *Bekenntnisse* schrieb, er pflegte zu beten »Herr mach mich rein, aber noch nicht jetzt!« Die neue Kirche stand symbolisch für ihre Beschäftigung mit der Philosophie der Cayce-Readings in dem Buch *Suche nach Gott*. Die Zeitangabe, 4.30 Uhr, ist eine maskierte Sieben (4 + 3 = 7), die sich auf die sieben Bewußtseinszentren des Körpers bezieht, die auf sich aufmerksam machen wollen. Daß dieser Hinweis in Form einer Uhrzeit gegeben wird, ist eine Aufforderung an die Träumerin: »Bringe deinen Haushalt in Ordnung, solange du noch Zeit hast!«

Fische und *Fischen,* so sagte Cayce, beziehen sich oft auf die geistige Seite des Lebens, denn ein Fisch war früher das Geheimzeichen der Christen und das Symbol für Jesus Christus. Fischen ist daher ein Bild für das Streben des Menschen nach dem Höheren, dem Geistigen im Leben, dem höheren Bewußtsein.

Der Traum vom Fang eines großen, schönen Fisches weist auf das Wachstum des göttlichen Selbst hin.

Ein häßlicher Fisch – z. B. ein Wels –, dessen Fleisch nichts wert ist, deutet auf spirituelle Schwäche hin. Einem Angler oder Fischer jedoch können Fische im Traum konkrete Hinweise auf sein Geschäft geben.

Eine liebe Frau träumt: »Ich stehe am Rande eines großen Wasserbeckens. Darin schwammen große, freundlich aussehende Fische; sie schwammen im Wasser umher. Als ich einen großen Fisch sehe, sage ich zu meiner Tochter ›Schau, da ist ein Karpfen!‹ Sie erwidert ›Nein, das ist keiner!‹ Dann springt der größte und munterste Fisch auf einen Felsen. Er hat Hörner und ich fürchte mich vor ihm, aber meine Tochter sagt, die Hörner wären weich. Ich entdecke, daß sie es wirklich sind.«

Das Streben dieser christlichen Frau nach Besserung ist durch das große Becken voll schöner Fische dargestellt. Das Auftreten des Karpfens mit Hörnern, gefolgt von der Meinungsverschiedenheit mit der Tochter, deutet auf Unangenehmes hin. Hörner (die aus dem Kopf wachsen) bedeuten gewöhnlich einen negativen Aspekt des Denkens. Einen Teil der Interpretation dieses Traumes finden wir auch im Wörterbuch: (In der englischen Sprache gibt es ein Verb – to carp – gleicher Schreibweise wie das Wort für Karpfen [carp]; Anm. d. Ü.) Hier steht nämlich »nörgeln, kritteln«.

Daß die Hörner des Tieres weich waren, heißt, daß sein Mangel nicht so schwer wog. So tadelt der Traum die Frau, daß sie eher auf die Fehler als auf die guten Eigenschaften ihrer Tochter sah.

Eine Ermahnung enthält der Traum einer Nachbarin, die wiederholte Male geträumt hatte, sie öffne ihren weißen Kühlschrank. Darinnen sah sie einen schönen, weißen gefrorenen Fisch. Sie läßt ihn dort, schaut ihn aber genau an, schließt die Tür wieder und fühlt sich traurig.

Die Botschaft ist einfach: Die Träumerin sollte in ihrem täglichen Leben mehr die Prinzipien verwirklichen und anwenden, für die Er steht, dessen Symbol der Fisch ist. Daß der Fisch im Traum gefroren war und in einem Kühlschrank lag, zeigt an, daß ein großer Teil ihres geistigen Selbst aufgetaut, ans Tageslicht gebracht werden mußte. Sie sollte die geistigen Gesetze, die sie schon kannte, auftauen und sich einverleiben oder sie anwenden. Daß sie um die geistige Ethik und von der Notwendigkeit wußte, anderen zu dienen, beweist der Umstand, daß der Kühlschrank in ihrer Küche zu Hause stand und sie den weißen Fisch darin erkannte.

Verheißungsvoll ist dieser Traum einer Sekretärin: »Ich war in einem Restaurant in der Nähe eines römischen Bades. Ich war voll Freude und konnte mich ausruhen. Ich beobachtete wunder-

245

schöne, vielfarbige Fische mit regenschirmähnlichen Schwänzen, mit deren Hilfe sie sich sehr schnell vorwärtsbewegten.«

Das römische Schwimmbecken wurde mit der frühchristlichen Zeit assoziiert und wies hierdurch auf ihr gegenwärtiges Streben nach der Wahrheit hin.

Die vielfarbigen Fische mit regenschirmähnlichem Schwanz zeigten an, daß die Folgen, das Zurückbleibende (Schwanzflosse) ihrer Bemühungen auf das schöpferische, geistige Leben hin nicht nur größeren Schutz (Regenschirm), sondern auch eine Beschleunigung ihrer Entwicklung nach vorne bedeuteten. Dies brächte ihr Freude und Ruhe.

Ein recht ungeduldiger Mann, der Frieden und Freiheit von seiner Angst suchte, träumte, zusammen mit einem Freund (ebenfalls ein sehr ungeduldiger Mann) zu angeln. Er entdeckte einen herrlichen Barsch, hatte aber nicht die richtige Ausrüstung, um ihn aus dem Wasser zu holen. Er versuchte zu improvisieren.

Der Traum versuchte dem Manne mitzuteilen, daß seine Ungeduld die falsche Ausrüstung war, wenn er Frieden finden (angeln) wollte. Die Notwendigkeit zu improvisieren zeigte ihm, daß er im Leben geduldig das beste tun sollte, das er vermochte, und die Folgen in die Hände Gottes oder der Höheren Mächte legen möge.

Eine Frau träumte, einen schönen großen Fisch durch die Luft fliegen zu sehen. Plötzlich wendet der Fisch in der Luft und segelt in den Mund ihres kleinen Sohnes. Sie zieht ihn wieder heraus und sucht ihren Mann, um ihm den schönen Fisch zu zeigen. Sie kann ihn jedoch nicht finden und setzt den Fisch, weil er inzwischen nach Luft zu schnappen beginnt, schnell wieder in den See, wo er sanft davongleitet.

Die Träumerin assoziierte den Fisch mit christlichen Prinzipien, ihren Sohn mit Zärtlichkeit. Daß sie den Fisch aus dem Mund ihres Sohnes nahm, um ihn ihrem Manne zu zeigen, deutete an, daß sie – besonders ihrem Mann gegenüber – mehr Freundlichkeit durch ihre Worte zeigen sollte. Ihre Unfähigkeit, den Mann zu finden, um ihm den schönen Fisch zu zeigen, enthüllt diesen Fehler. Das Leben des Fisches zu retten hieß, daß sie jene zärtliche Beziehung, die sie einst mit ihrem Manne verband, wiederbeleben sollte.

Todesträume

Einen Traum, in dem Sie selbst oder ein Freund sterben, sollten Sie selten wörtlich nehmen. Ein solcher Traum bezieht sich nur in Ausnahmefällen auf den physischen Tod, sondern symbolisiert im allgemeinen den Tod alter Einstellungen und Denkweisen. Cayce sagte hierzu: »**Der Tod ist die Geburt einer neuen Denkweise im Menschen. Oder er ist das Erwachen des Unterbewußten, das sich beim leiblichen Tode manifestiert und eine Geburt auf einen höheren Plan darstellt.**«

Um den Zusammenhang des Traumsymbols *Tod* mit einer Veränderung im Bewußtsein oder Denken besser zu illustrieren, sagte Cayce: »**Es gibt kein Leben ohne den Tod. Es gibt keine Erneuerung des Lebens, ohne daß nicht zuerst das Alte stirbt. Sterben ist nicht ein Verlöschen des Lebens, sondern es ist ein Übergang von einem Bewußtseinszustand oder Leben in einen anderen.**« (1158-9)

In manchen Träumen will das Symbol »Tod« jedoch als Warnung verstanden sein – wie im folgenden Traum eines Teenagers, der sich häufig wiederholte: »Ich bin auf dem Weg nach Hause, als ich von einem Trauerzug aufgehalten werde.«

Als sie diesen Traum zuletzt hatte, wurde sie vom Trauerzug eines jungen Freundes aufgehalten. Der fragliche junge Mann – einer ihrer letzten Liebhaber – war betrunken bei einem Autounfall ums Leben gekommen.

Der Traum war eine Warnung an das Mädchen, nicht selbst dem Alkohol zu verfallen und nicht mit jemandem im Auto zu fahren, der vorher getrunken hatte. Die Tatsache, daß sie von Trauerzügen aufgehalten wurde, wenn sie auf dem Weg nach Hause war, weist darauf hin, daß ihr eigenes Leben abgeschnitten werden könnte.

Symbole für den leiblichen Tod sind individuell verschieden. Manchen zeigt sich der Tod im Traume durch die Farbe Schwarz, durch schwarze Vorhänge, einen schwarzen Leichenwagen, schwarze Kleidung, Spatenstiche, einen Sarg, ein Grab, ein Blumengebinde oder einen Kranz, einen Brief oder eine Karte mit

Trauerrand oder durch ein Taschentuch mit schwarzem Rand. Es kommen auch Symbole vor wie ein heruntergefallener Spiegel, eine stehengebliebene Uhr, eine Schere, das Überqueren eines breiten Flusses, ein gezogener Zahn, trübes, schlammiges Wasser oder eine Beerdigung.

Denen, die den Tod als einen Hinübergang auf eine andere Seinsebene, eine höhere Bewußtseinsebene annehmen, können auch weiße, geraffte Vorhänge den Tod im Traum andeuten.

Das Todessymbol im folgenden Traum einer Frau weist auf eine Veränderung hin: »Ich sah einen Mann, zwei oder zweieinhalb Meter groß, der zu mir sagte: ›Du bist nun soweit, zum heiligen Berg zu kommen.‹ Ich dachte, ich würde sterben. Als läse er meine Gedanken, lächelte der Mann tröstend. Da bemerkte ich, daß er halb Mann, halb Frau war.«

Der große Halb-Mann-halb-Frau kennzeichnete eine Stufe, auf der ein gewisses Gleichgewicht erreicht ist. Das bedeutet, daß die besten Eigenschaften des Männlichen und des Weiblichen sich in der Träumerin auszudrücken begannen. Der Tod des bisherigen Zustandes ist dabei mit eingeschlossen. Die Träumerin assoziierte den heiligen Berg mit der Bibelstelle: »Wer wird auf des Herrn Berg gehen, und wer wird stehen an seiner heiligen Stätte? Der unschuldige Hände hat und reinen Herzens ist.« (Ps 24,3-4)

Im folgenden, von Edgar Cayce interpretierten Traum galt die Todessymbolik der materiellen Ebene: »Ich träumte, Edgar Cayce stürbe. Wir waren sehr beunruhigt.«

Cayce: »**Dieser Traum kommt, um wenig attraktive Denkweisen und Einstellungen des Träumenden zu korrigieren, die im Widerspruch zu den Lehren dessen stehen, von dem geträumt wurde. Handle forthin, wie dein Gewissen dich zu handeln heißt in bezug auf die Lehren dessen, den du im Traume gesehen hast!**«

Der Traum sagte also – mit anderen Worten oder Bildern –, daß die Verwirklichung der Lehren und Prinzipien, für die Edgar Cayce stand, im Träumer gestorben war, was ihm Probleme einbrachte.

Ein anderer Traum wurde Cayce zur Deutung vorgelegt: »Jemand sollte getötet werden. Ich versuchte, ihm den Tod zu erklären und ihm zu zeigen, warum er keine Angst zu haben brauchte. Ich hatte das Gefühl, daß das, was ich sprach, wahr war, besonders der Hinweis auf Christus.«

248

Cayce: »**Der Hinweis auf Christus war ein Hinweis auf die Verheißungen, die Er uns gegeben hat. Es ist auch ein Hinweis auf die Notwendigkeit, an die Wahrheiten zu glauben, die Er ausgesprochen hat. Mit dem Glauben kommt die Erfahrung der Versöhnung, des Einsseins mit dem Göttlichen. Dieses Gewahrsein ermöglicht es ihm, denen zu Hilfe zu kommen, die Ihm vertrauen.**

Zur Interpretation deines Traumes: Auf vielerlei Wegen werden unerwartete Prüfungen in dein Leben kommen. Einige Erlebnisse werden so unvernünftig erscheinen, wie wenn du mit jemandem zu tauschen hättest, der sterben muß. Wenn so etwas auf dich zukommt, dann laß dir vom Unterbewußtsein die Erklärung für die Notwendigkeit solcher Härten geben.« (341 D) Hier sehen wir wieder, daß der Tod im Traume sich auf ein altes Denkmuster bezieht, das sterben muß.

Der folgende Traum einer Frau war ungewöhnlich phantasievoll: »Ich sah ein großes Schiff und zwei andere große Dinge auf mich zukommen, wie wenn sie mich zerstören wollten. In der nächsten Szene sah ich fern an der Zimmerdecke. Da erschien ein Sarg mit einem Toten darin. Ich erhob mich zur Decke, um die Inschrift auf dem Sarg zu lesen. Sie lautete ›Der König von Spanien‹. Da standen noch mehr Worte, die sich auf die Königin bezogen. Ich hatte das Gefühl, daß dies Prüfungen für mich verhieß.«

Die drei Zerstörung drohenden Gegenstände verkündeten der Träumerin den drohenden »Tod« alter Bewußtseinshaltungen. Dieser »Tod« muß in Geist und Sinn eintreten, um das höhere Selbst freizusetzen. Der Schlafzustand im Geistigen wurde durch König und Königin dargestellt. Das Aufsteigen zur Zimmerdecke zeigte ein Aufsteigen des Bewußtseins vom Materiellen ins Spirituelle.

Diese Traumwarnung vor Prüfungen ließ die Träumerin bereit werden, sich durch Gebet und Meditation im rechten Geist darauf vorzubereiten.

Präsident Abraham Lincoln träumte wiederholt, in einen Spiegel gegenüber seines Bettes zu blicken. Dort sah er zwei Abbilder seiner selbst: sein Spiegelbild bei bester Gesundheit, das andere als Gespenst.

Die Geschichte bestätigte die Richtigkeit seines Traumes: Lincoln wurde in seiner zweiten Amtsperiode ermordet, dargestellt durch das zweite Spiegelbild – als Geist!

Die Cayce-Readings behaupten, daß Freunde und geliebte Menschen uns bei unserer Ankunft auf der anderen Seite erwarten. Träume und die Erlebnisse Sterbender scheinen dies zu bestätigen. Das zeigt sich auch im nächsten Traum, von dem zwei Frauen je einen Teil träumten.

Ida träumte, ohne zu wissen, was es bedeutete, zwei Monate vor ihrem Tode, daß sie ihre (schon verstorbenen) Eltern sähe, die am anderen Ufer eines breiten Flusses standen. Im Traum wußte Ida, daß sie diesen Fluß bald überqueren würde. In der Nacht, in der sie starb, träumte – viele Meilen entfernt – ihre Schwester: »Ich beobachtete, wie Ida und andere die Golden Gate Bridge überquerten, die unter Wasser stand. Unsere Eltern erwarteten Ida auf der anderen Seite.«

In einem recht ungewöhnlichen Todestraum empfing eine Frau eine schwarze Karte mit Goldrand. Am nächsten Tage wurde sie telefonisch vom völlig unerwarteten Selbstmord ihres Bruders benachrichtigt.

Die schwarze Karte ist ein häufiges Symbol für die Ankündigung des Todes, der goldene Rand zeigte jedoch an, daß etwas Ungewöhnliches mit diesem Tode verbunden sein würde.

Eine Frau erwachte voller Schrecken, nachdem sie träumt hatte, ihr Mann wäre tot. Sie hatte seinen Ätherleib gesehen und ihn sagen hören: »Ich bin soviel glücklicher, soviel glücklicher!«

Der Traum war so lebendig, daß sie sich zuerst scheute, im Büro ihres Mannes anzurufen, aus Angst, der Traum wäre Wirklichkeit geworden. Als sie ihrem Mann von dem Traum erzählte, gestand er, daß er zu derselben Zeit mit dem Gedanken gespielt hatte, sich das Leben zu nehmen, weil seine augenblicklichen Probleme ihn zu überwältigen drohten. Mit Hilfe des Traumes gelang es, den Mann wieder zur Vernunft zu bringen.

Fast zwanzig Jahre vor seinem Tode träumte Cayce, er ertränke in einer Badewanne voll siedenden Wassers. Obgleich der Traum sich auf andere Faktoren bezog, die damals seine Gesundheit beeinträchtigten, war doch die ärztlich festgestellte Todesursache ein Lungenödem – Wasser in den Lungen.

Ein Vater, dessen Sohn in Vietnam war, hatte einen lebhaften Traum, daß er im Kampf fiele. In der folgenden Woche kam ein Telegramm an, das der Familie mitteilte, daß der Sohn tatsächlich seinen Splitterverletzungen erlegen war – am selben Tag, an dem sein Vater jenen Traum hatte.

Ich weiß nur wenige Träume, die mir so lebhaft und selbst im Detail so überzeugend schienen wie der folgende eines 22jährigen jungen Mannes: »Ich war im Dschungel von Vietnam und stand in der Nähe einer Eisenbahnlinie, als ich einen scharfen Schmerz im Nacken spürte. Ich fühlte, wie ich mich aus meinem Körper erhob, einen großen Raum betrat und mich dort neben einen jungen Mann setzte. Ich fragte ihn, was geschehen wäre. Er antwortete mir: ›Wir sind beide tot. Ich kam bei einem Autounfall um.‹ Ich glaubte ihm nicht. Da waren zwei Türen, durch die Leute aus- und eingingen. Einige schienen glücklich, andere unglücklich. Dann wurde mein Name gerufen, und der junge Mann sagte, ich sollte durch eine der beiden Türen gehen. Ich fand mich in einem großen Raum wieder. Vor mir saß eine Gruppe von Leuten hinter einem langen Tisch. Der Mann, der den Vorsitz hatte, hatte ein aufgeschlagenes Buch vor sich liegen, in das er von Zeit zu Zeit sah. Er sprach mich an und sagte: ›John Walter McGregor, du bist körperlich tot; hier soll über dich zu Gericht gesessen werden. Du wirst für nachlässig befunden, weil du versagt hast, die Lehren der Frau Nancy McGregor zu befolgen, die deine Mutter war in diesem Leben.‹ Ich bestand darauf, noch am Leben zu sein. Der Mann nahm mich mit in den Dschungel von Vietnam und zeigte mir meinen Körper, der dort tot am Boden lag. Wieder sagte er: ›Du bist physisch tot. Doch du wirst noch eine Chance haben. Du sollst auf die Erde zurückkehren, in den Körper eines Neugeborenen, um wieder die Möglichkeit zu haben, diese spirituelle Lehre zu lernen.‹«

Einen Monat später, im September 1965, wurde der junge Mann einberufen und in den Dschungel von Vietnam geschickt.

Ich glaube, dieser Traum kam als eine symbolische Aufforderung an den jungen Mann, seine destruktive Einstellung dem Leben gegenüber zu ändern, damit dieses nicht bald ein Ende fände. Der Traum hatte auch eine durchgreifende Wirkung auf den Träumer. Er begann, die Religion ernstzunehmen, und ich bin dankbar, schreiben zu können, daß er nach zwei Jahren Dienst im Dschungel bei Danang in Vietnam nun wieder entlassen ist und Psychologe werden will. Durch dieses Traumerlebnis konnte ihm sein höheres Selbst die gewünschte Botschaft erfolgreich vermitteln; die dringend nötige Veränderung konnte herbeigeführt werden.

Farben, Zahlen, Zeiten, Mandalas

Farben: Viele Menschen träumen in Farben. In manchen Träumen dient die Farbe nur dazu, die Botschaft und Eindringlichkeit zu unterstützen, um das Bewußtsein des Träumers zu größerer Aufmerksamkeit zu wecken. Dann wieder stehen Farben in Verbindung mit bestimmten Emotionen.

Bei der Analyse von Träumen, insbesondere bei der Analyse der Farben in den Träumen, muß man sich vor Augen halten, daß der Bedeutungszusammenhang um so klarer ist, je klarer die Farbe erscheint. In einem Traum von spirituellem Aussagewert sind die Farben gewöhnlich hell, strahlend und schön.

Verschwommene, düstere Farben haben eine negative, herabziehende Bedeutung. Erlebnisse aus früheren Leben zeigen sich gewöhnlich in Farben und Art der Kleidung jener Zeit. Eine friedliche Kombination von zum Beispiel Blau und Grün kann Heilung anzeigen – vorausgesetzt natürlich, der Träumende bleibt seinen Idealen treu. Diese in den Träumen gezeigten Ideale können sich auf die Lebensweise, auf Gefühls-, Geistes- und Seelenleben beziehen.

Den negativen Aspekt düsterer Farben veranschaulicht der folgende Traum: »Ich war zusammen mit einem Freund, der einen dunkelbraunen Anzug trug, in einem schlechtbeleuchteten Hausflur.«

Einige Wochen nach diesem Traum zerbrach die Freundschaft. Der dunkelbraune Anzug wies auf die negative Qualität und eine zukünftige Veränderung der Freundesbeziehung hin. Der Hausflur, der uns gewöhnlich von einem Raum oder Bewußtseinszustand in einen anderen führt, deutete den Übergangszustand an.

Im folgenden sollen den einzelnen Farben allgemeine Bedeutungen zugesellt werden, denen jedoch persönliche Assoziationen und Bedeutungen in jedem Falle übergeordnet sind. Diese folgenden Angaben mögen also nur als Ausgangsbasis für eine Deutung dienen.

grau	graue Substanz (Gehirn), Blässe, Krankheit
weiß	Reinheit
schwarz/weiß	richtig/falsch, gut/böse
schwarz	Geheimnis, Tod, Böses, Dunkelheit, Finsternis
rot	Lebenskraft, neues Leben; Wut, Sex, Stoppschild
rosarot	Liebe, Freude, Glück
kirschrot	Leidenschaft
blaßrosa	Schwäche
blau, leuchtend	klar, echt, wahr, Wahrheit, Harmonie
trüb	unklar, Unheilvolles, Bedrohung, Verwirrung
wie elektr. Funken	Licht des Geistes, spiritueller Einfluß, Erleuchtung
grün	Heilung, Wachstum; Neid, Eifersucht
gelb	Sonnenschein, Denken, Feigheit
orange	Gesundheit, Energie
braun	irdisch, praktisch, Depression, negativ
kastanienbraun	schwache Gesundheit, negativ
gefleckt	befleckt, unrein

Im folgenden Traum ist Orange symbolisch für Energie: »Ich beobachtete, wie eine verheiratete Freundin sich zum Golfspielen fertigmachte. Alles, was sie anhatte, war orange, selbst Golfbälle und -schläger. Ich war unglücklich, als ich erfuhr, daß sie sich mit vielen Geschäftspartnern meines Mannes verabredete.«

Die Frau im Traum war eine gute Freundin der Träumenden. Die jungen Frauen und ihre Männer verbrachten oft fröhliche

Abende miteinander. Eine ihrer jüngsten und anregendsten Entdeckungen war der Volkstanz.

Die Frau, die »zuviel Orange« trug, stellte eine Warnung an die Träumerin dar, die selbst zuviel Energie in das Tanzen investierte. Die »Verabredungen mit den Geschäftspartnern« bezogen sich ebenfalls auf den Volkstanz, denn bei dieser bestimmten Art zu tanzen wechselt man sehr häufig den Partner. So warnte das Unterbewußtsein die Träumerin vor Übertreibungen. Ihr Unglück im Traum galt in Wirklichkeit ihrem Körper und dessen Gesundheit. Die Träumerin gab zu, daß sie an den Tagen nach den Tanzabenden immer sehr erschöpft war. Sie litt seinerzeit auch an hohem Blutdruck, was die auffallende Dringlichkeit der Warnung durch den Traum erklärte.

Vergangenheit – Gegenwart – Zukunft: Oft erlangt man ein besseres Verständnis der Traumsymbolik, wenn man sich nähernde Gegenstände in die Zukunft, sich entfernende Objekte in die Vergangenheit projiziert. Manche Psychologen vertreten auch die Ansicht, daß die rechte Seite einer Traumszene dazu neigt, sich auf Zukünftiges zu beziehen, die linke hingegen auf die Vergangenheit. Dann wiederum kann die Vergangenheit und das Vergangene durch eine alte Kulisse, etwa eine alte Wohnung, oder durch alte Kleidung, alte Gegenstände, einen alten Menschen, ein historisches Ereignis oder eine Szene aus der eigenen Kindheit angedeutet werden.

Die rechte Seite kann auch auf den rechten, den richtigen Weg hinweisen, die linke auf den falschen Weg. Den Ausweg aus Problemen signalisiert häufig eine Tür, eine aufwärts führende Rolltreppe oder eine Weggabelung.

Edgar Cayces Deutung der Zahlen: Seit Menschengedenken wurden Zahlen magische oder emotionale Eigenschaften zugeschrieben.

Cayce sagte hierzu: »**Jedes Individuum schwingt nach bestimmten Zahlen und Zahlenverhältnissen, je nach seinem Namen, Geburtsdatum und seiner Beziehung zu verschiedenen Aktivitäten. Erscheinen Zahlen, so bedeuten sie Stärke oder Schwäche, positive Gaben oder Abschreckendes, Veränderung oder Stabilität. Sie sind auch Vorzeichen oder Omen. Als Warnungen oder Aufforderungen und Hinweise können sie dem Individuum in jeder hilfreichen Weise dienen.**« Im folgenden wird die Deutung der Zahlen aus den Readings Edgar Cayces zitiert:

Eins: »**Eins ist die Grundlage aller ganzen Zahlen, Bruchteile und Vielfachen. Selbst das Universum in seiner Vielfalt manifestiert doch nur verschiedene Erscheinungsformen der einen Kraft, der einen Macht, des einen Geistes, der einen Energie, die bekannt sind als die universale Kraft, die schöpferische Energie – Gott.«** (1462-1)

»**Der Geist der Zahlen ist Eins, denn im Anfang war das Wort, und alles, das geschaffen ist, ist aus dem Wort.«** (1716-1)

Zwei: »**Zwei ist eine schwächere Zahl als Eins. Auch Zahlen wie Zwei, Vier, Sechs, Acht oder Zehn sind immer schwächer als ungerade Zahlen. Die ungeraden Zahlen zeigen eine Stärke, weil sie immer eine Eins enthalten, die Einheit der Stärke.**

Zwei ist eine Verbindung von Eins und Eins, sie leitet aber auch eine Teilung des Ganzen ein, des Einen. Während Zwei also eine Addition der Kraft, eine Stärkung bedeuten kann, mag es auch eine Schwächung sein, das zeigt sich in der Musik, in Gemälden, bei Metallen oder jedem beliebigen Element, das man hierbei in Erwägung ziehen kann.« (5751-15)

Drei: »**Die Drei ist eine Verbindung von Eins und Zwei. Das mehrt wiederum die Stärke, denn wir haben Zwei gegen Eins, oder Eins gegen Zwei. Die Stärke dieser Dreizahl finden wir in der Dreieinigkeit Gottes: Vater, Sohn und Heiliger Geist. Diese zeigt große Stärke.«** (5751-1)

Vier: Die Vierzahl symbolisiert die vier Elemente Erde, Luft, Feuer und Wasser. Wir sprechen auch von den vier Enden der Erde und den vier niederen Bewußtseinszentren oder Chakras des Menschen. Daher symbolisiert die Vier auch unseren Körper.

In der Bibel steht die Zahl *Vierzig* – eine erhobene Vier – an vielen Stellen symbolisch für eine Zeit der Reinigung, Prüfung oder Vorbereitung:

Sintflut (1 Mo 1,17)	40 Tage
Moses auf dem Berg Sinai (2 Mo 24,18)	40 Tage
Goliath verhöhnt Israel (1 Sm 17,16)	40 Tage
Kundschafter im Land Kanaan (4 Mo 13,25 (26))	40 Tage
Elias Reise zum Berg Horeb (1 Kö 19,8)	40 Tage

Frist für Ninive (Jon 3,4)	40 Tage
Jesus fastet in der Wüste (Mt 4,2)	40 Tage
Christus erscheint nach der Kreuzigung (Apg 1,3)	40 Tage
Vierzig Schläge (5 Mo 25,3)	40
Israeliten wandern in der Wüste (5 Mo 2,7)	40 Jahre
Jahre des Friedens (Ri 3,11)	40 Jahre

Cayce sagte für den Menschen der modernen Zeit eine vierzigjährige Prüfungszeit von 1958 bis 1998 voraus.

Fünf: »**Fünf steht für Aktivität, sei es im Sinne einer Addition ›Zwei plus Zwei plus Eins‹ oder ›Drei plus Zwei‹. Daher steht es auch für eine Fünfteilung oder eine Fünf-Achtel-Teilung, oder fünf eines jeden Bruchteiles jeder Aktivität.« (137–119)**

»**Fünf stellt eine sofortige Veränderung dar in der Aktivität eines jeden, mit dem es assoziiert wird.« (261–14)**

Sechs: »**Sechs sorgt für Schönheit und Symmetrie aller Zahlen. So kann Sechs die Stärke mehren (zwei Dreien).« (5751–1)**

»**Sechs kann jedoch entweder die Kraft oder die Schwäche von Drei mehren; das ist abhängig von den anderen Beziehungen.« (137–119)**

Im folgenden Traum kommen die Zahlen Sechs und Neun vor: »Ich erwachte, als ich laut sagte: ›Nein, ich bin einundfünfzig, nicht achtzehn. Sie irren sich. Ich bin nicht achtzehn, ich bin einundfünfzig.

Cayce: »**Hier sind die Ziffern Fünf und Eins vertreten; das macht zusammen Sechs. Eins und Acht macht Neun. Sich selbst als Sechs zu sehen bedeutet, daß der Träumende seine gegenwärtige Unstabilität erkennt. Die Neun zeigt an, daß die Stabilität von Neun möglich ist, wenn sie in der rechten Weise wirksam wird, denn Neun ist ein Abbild der Ganzheit.« (136D)**

Sieben: Die Zahl Sieben erscheint wieder und wieder in der geistigen Geschichte des Menschen. Die Schöpfung der Welt geschah in sieben Tagen (oder Phasen). Daher hat die Woche sieben Tage. Der Mensch hat sowohl sieben Bewußtseinszentren (Haupt-Chakras ohne Neben-Chakras) wie auch sieben Öffnungen im Kopf. Die sieben Bewußtseinszentren finden wir – symbolisch – wieder in den sieben Lichtern der Menora, dem siebenarmigen Leuchter der jüdischen Liturgie, in dem sieben Amen der gregorianischen Gesänge und im Weihrauchgefäß, das siebenmal zur Gemeinde hin geschwenkt wird. An Mohammeds goldener Schnur, die vom Himmel herabhängt, sind sieben Knoten, und dem Menschen stehen sieben Tugenden und sieben Todsünden zur Wahl. Selbst in den Märchen finden wir geistige Wahrheiten wieder, zum Beispiel bei Schneewittchen (das Göttliche im Innern) und den sieben Zwergen. Im Lukas-Evangelium 8,2 lesen wir, wie Jesus Maria Magdalena von sieben Teufeln befreite.

In den Sprüchen Salomos (6,31) steht geschrieben: »Wenn er (der Dieb) ergriffen wird, soll er's siebenfältig wiedergeben.«

Bei Jesaja heißt es im Kapitel 30,26: »Und des Mondes Schein wird sein wie der Sonne Schein, und der Sonne Schein wird siebenmal heller sein denn jetzt, zu der Zeit, wenn der Herr den Schaden seines Volkes verbinden und seine Wunden heilen wird.«

Im ersten Kapitel der Offenbarung finden wir geheimnisvolle Hinweise auf sieben Gemeinden, sieben Geister, sieben goldene Leuchter, sieben Sterne und sieben Engel. In Offb 8–9 werden die sieben Heimsuchungen nach der Eröffnung des siebten Siegels geschildert, in Offb 10,3 steht von »sieben Donnern« geschrieben. Diese Dinge erscheinen in Träumen häufig in Verbindung mit der Zahl Sieben oder siebenmal. Die sieben Gemeinden, Engel, Sterne und goldenen Leuchter stehen laut Cayce symbolisch für die sieben Bewußtseinszentren unseres Körpers, die in Verbindung mit sieben endokrinen Drüsen zu sehen sind. Die sieben Heimsuchungen stellen den negativen Gebrauch der Energie dar, die durch diese Drüsen fließt, und die sieben Donner sind die explosiven Umwälzungen im Leben, die uns Bestürzung bringen können, die aber oft den Menschen dahin führen, daß er seine Lebensweisheit zum Guten verändert.

Cayce sagte: »**Sieben symbolisiert die spirituellen Kräfte, wie wir es in allen Ritualen beobachten können, und zwar sowohl im Bereich der Naturkräfte wie auch bei den Kräften, auf die die Sinne des Menschen reagieren.**« (5751-1)

Fernerhin stellt Sieben gewöhnlich eine mystische Verbindung oder Vollendung dar.

Acht: »**Acht kann die verdoppelte Schwäche von Vier sein, aber auch eine Addition seiner Stärke. Acht kann auch symbolisch für Unschlüssigkeit stehen.**« (5751-1)

Neun: »**Neun stellt eine Erfüllung dar. Neun hat jedoch weder die Stärke von Zehn noch die Schwäche von Acht. Doch es bezeichnet eine Vollendung der natürlichen Ordnung der Dinge oder es ist ein Zeichen für bevorstehende Veränderungen im Leben.**« **(5751-1)**

»**Neun stellt einen Abschluß dar.**« **(137-119)**

Beim Kartenlesen symbolisiert die Pik-Neun den Tod; denn die Schippe sieht nicht nur aus wie ein totes Blatt, sondern erinnert auch an den Spaten, mit dem das Grab ausgeschaufelt wird. So gesehen, besteht eine gewisse Ähnlichkeit zu Cayces persönlichem Todes-Symbol, der Schere.

Zehn: »**In der Zahl Zehn finden wir einen gewissen Abschluß, eine selten zu findende Stärke. Diese resultiert aus der Kombination der manifestierten Kräfte. Es handelt sich um eine Vollendung durch die Rückkehr zum EINEN.**« **(5751-1)**

Elf: »**Elf wiederum zeigt sowohl die Schönheit als auch die Schwäche, die Zahlen besitzen können.**« **(5751-1)**

Zwölf: »**Zwölf ist eine Verbindung von Kräften, die jene Stärke in die Welt bringt, die notwendig ist, um diese spirituell wieder ›aufzufüllen‹. Die zwölf gewinnt rituelle Bedeutung, beispielsweise in den zwölf Jüngern Jesu, den zwölf Zeichen des Tierkreises, den zwölf Monaten des Jahres, den zwölf Laiben geheiligten Brotes in der Stiftshütte der Israeliten, den zwölf Söhnen Jakobs und in den zwölf Stämmen Israels. Man braucht zwanzig Stimmen, um zwölf zu überstimmen.**«

Laut Cayce wurde Jesus um Mitternacht geboren. Diese Stunde war somit nicht nur ein Zeichen seiner Vollendung und Vollkommenheit, sondern zeigte auch den Erlösungsauftrag für Seine geistige Kraft an, in den Bereich der Erde zu kommen, um die rein weltlichen Einflüsse zu besiegen.

So könnte ein Traum von einer Uhr, die Zwölf anzeigt, das Ende einer Erfahrungs- und den Beginn einer neuen Erfahrungswelt oder eines neuen Abschnittes bedeuten.

Mandalas: Manchmal zeigen sich Muster in den Träumen, zu denen sich nicht auf Anhieb ein Bezug herstellen läßt. Solche symmetrischen Muster nennt man Mandalas. Laut Cayce stammen viele dieser Traum-Mandalas aus früheren Leben und Erlebnissen, gleich ob auf der Erde oder in anderen Dimensionen des Bewußtseins. Das Unterbewußtsein oder Denkvermögen der

Seele, der ewige Teil unseres Wesens, wird vom Mandala angesprochen und stimuliert seinerseits das Bewußtsein zu einem weiteren Verständnis.

Die häufigsten Mandalas sind die, die das höhere Selbst darstellen. Diesen Prozeß der Integration der Bewußtseinsebenen kann man oft an den abstrakten Kritzeleien spirituell ausgerichteter Menschen erkennen. Sei es nun ein Gänseblümchen oder ein Kreis, von dessen Mitte Strahlen wie die Speichen eines Rades ausgehen, oder nur ein einziges, großes Auge; das spielt keine Rolle. Im Traum finden wir dann Symbole wie beispielsweise eine Blume, die in einem Blumentopf wächst. Der Integrationsprozeß der Bewußtseinsdimensionen ist auch an Symbolen zu erkennen wie einem Kreuz im Kreis, einem Kreis im Kreis oder einem Punkt im Kreis. Grundsätzlich ist der Kreis ein Zeichen der Vollendung, der Ganzheit.

Der Zauberkreis im Märchen, die Sonne, der Mond, die Schallplatte mit ihrer spiralförmigen Rille, die Bettfeder oder eine ansteigende Spirale – all diese Symbole können verschiedene Grade der Harmonie und Vollendung darstellen.

Der Halo oder – bei Lebewesen – der Heiligenschein ist ein noch deutlicheres Beispiel für ein Mandala; er wird automatisch mit »Heiligkeit« assoziiert.

Das Dreieck im Kreis zeigt die gleiche Einheit mit dem göttlichen Selbst an: Das Dreieck ist das Symbol für den Menschen auf der Erde, der Kreis ist Symbol für das Vollkommene, für Gott. In der Kombination zeigen diese Zeichen eine Vollendung von Idealen und Zielen.

Das Viereck oder Quadrat zeigt ein Gleichgewicht im Materiellen an. Das sehen wir in der Vierzahl der Elemente Erde, Luft, Feuer und Wasser und der niederen Bewußtseinszentren oder Chakras des Menschen, sowie in der Vierzahl der Evangelien, der Jahreszeiten, der Himmelsrichtungen usw.

Ein fünfeckiger Stern, das Pentagramm, hatte schon immer eine mystische Bedeutung. Cayce sagte, es stellte die Erfahrungen des Menschen dar, die er auf der Erde durch seine fünf Sinne gemacht hat.

Der sechseckige Stern, der Davidsstern, symbolisiert nicht nur die Verwicklung des Menschen in die Materie, sondern auch seine Entwicklung nach oben, zurück zu Gott. Das zeigen die beiden Dreiecke, aus denen der Davidsstern sich zusammensetzt: Das eine zeigt nach unten (Erde), das andere nach oben (Gott).

Der siebeneckige Stern zeigt die Vollkommenheit im Menschen durch seine sieben Bewußtseinszentren an.

Mandalas dieser verschiedenen Formen enthüllen dem Träumenden seinen inneren Zustand und regen ihn zu größeren Bemühungen an.

Muster, die einem Spinnennetz oder Labyrinth gleichen, zeigen Zustände innerer Verwirrung an.

Mäander, Zierlinien, Windungen: In Träumen erscheinen Mäanderformen oft in herrlichen Farben. Ein persischer Mäander könnte auf ein besonders starkes geistiges Wachstum in einem früheren Leben in Persien hindeuten, das nun gerade wieder zur Geltung kommt. Sieht der Mäander mehr ägyptisch aus, so könnte er sich auf ein Vorleben in Ägypten beziehen und bedeuten, daß gewisse Neigungen und Aktivitäten aus jener Existenz gerade jetzt wieder an Bedeutung gewinnen.

Manchmal erscheinen Mäanderformen in einem halbwachen Zustand. Dann erscheinen sie lebendig, denn sie drehen sich wie in einem Kaleidoskop und verlangsamen ihre Bewegung schließlich zu einem unglaublich schönen Muster. Ästhetische, harmonische Mäander zeigen einem spirituell ausgerichteten Menschen immer ein gewisses Maß geistigen Wachstums an.

Dem Ungläubigen mögen seine Träume einfach ein verwirrendes, störendes oder völlig gleichgültiges Phänomen seines Schlafes sein. Wer sich jedoch nach einem Wandel zum Besseren und nach Kommunikation mit seinem göttlichen Selbst sehnt, dem können seine Träume den Weg weisen. Dem hingebungsvollen Menschen, der danach trachtet, seinem Nächsten und Gott zu dienen, dem werden seine Träume eine Erkenntnishilfe bringen, auch Freude und Frieden, denn sie sind – der Spiegel der Seele.

Die Association for Research and Enlightenment, Inc., ist eine gemeinnützige Gesellschaft, deren Mitgliedschaft jedermann offensteht. Sie widmet ihre Arbeit dem geistigen Wachstum, ganzheitlicher Heilkunde und der parapsychologischen Forschung und ihren spirituellen Dimensionen, im besonderen bemüht sie sich um die praktische Anwendung und Nutzung der Readings von Edgar Cayce. Durch Veranstaltungsprogramme im ganzen Lande, Veröffentlichungen und Studiengruppen bietet die A. R. E. allen Interessierten praktische Informationen und Zugang zur individuellen Beschäftigung und zum besseren Verständnis ihrer selbst, anderer Menschen und des Universums als Ganzem. Die Mitglieder und Aktivitäten der A. R. E. sind in ihrem Heimatland, den Vereinigten Staaten von Amerika, konzentriert, doch überall in der Welt steigt das Interesse.

Die Zentrale der A. R. E. in Virginia Beach, Virginia, verfügt über ein Bibliotheks- und Tagungszentrum, Verwaltungsbüros und einen eigenen Verlag; es besteht eine Zusammenarbeit mit einem benachbarten Hotel. Die Bibliothek ist eine der größten metaphysisch-parapsychologischen Fachbüchereien des Landes. Weiterhin unterhält die A. R. E. eine Buchhandlung und einen Buchversand-Dienst; ungefähr 1000 Titel über ziemlich jeden Aspekt des geistigen Wachstums, der geistigen Entwicklung, der Parapsychologie, der transpersonalen Psychologie und der Weltreligionen stehen hier zur Verfügung. Ein landesweites Vortragsprogramm, eigene Veröffentlichungen, eine Bibliothek in Blindenschrift, ein Seminar und ein intensives Studiengruppen-Programm werden für die Mitglieder unterhalten.

Das A. R. E.-Zentrum, an der Kreuzung der 67th Street mit der Atlantic Avenue, ist das ganze Jahr über geöffnet. Besucher sind jederzeit willkommen. Weitere Auskünfte über die Association for Research and Enlightenment können bei folgender Adresse angefordert werden: Kontaktanschrift für Europa:

A. R. E.   A. R. E.
P. O. Box 595   Horst A. Goede
Virginia Beach   Schöne Aussicht 26
Virginia 23451   D-6200 Wiesbaden
U. S. A.   Tel.: 06121/524418

Stichwortverzeichnis

Die Stichwörter sind in alphabetischer Reihenfolge angeordnet. Die Umlaute ä, ö, ü und die in gleicher Weise ausgesprochenen Doppelbuchstaben ae, oe, ue werden behandelt wie die einfachen Vokale a, o, u.